梅尧臣·元好问传

朱东润 著

山西出版传媒集团
山西人民出版社

图书在版编目（CIP）数据

梅尧臣·元好问传 / 朱东润著 . -- 太原：山西人民出版社，2018.3
ISBN 978-7-203-10216-8

Ⅰ.①梅… Ⅱ.①朱… Ⅲ.①梅尧臣（1002-1060）—传记②元好问（1190-1257）—传记 Ⅳ.① K825.6

中国版本图书馆 CIP 数据核字 (2017) 第 318149 号

梅尧臣·元好问传

著　　者：朱东润
责任编辑：崔人杰
复　　审：贺　权
终　　审：来普亮
装帧设计：嫁衣工舍

出 版 者：山西出版传媒集团·山西人民出版社
地　　址：太原市建设南路 21 号
邮　　编：030012
发行营销：0351-4922220　4955996　4956039　4922127（传真）
天猫官网：http://sxrmcbs.tmall.com　电话：0351-4922159
E-mail：sxskcb@163.com　发行部
　　　　　sxskcb@126.com　总编室
网　　址：www.sxskcb.com

经 销 者：山西出版传媒集团·山西人民出版社
承 印 厂：山东新华印务有限责任公司

开　　本：710mm×1020mm　1/16
印　　张：23
字　　数：338 千字
印　　数：1—8000 册
版　　次：2018 年 3 月　第 1 版
印　　次：2018 年 3 月　第 1 次印刷
书　　号：ISBN 978-7-203-10216-8
定　　价：52.00 元

如有印装质量问题请与本社联系调换

目 录

梅尧臣传

序 / 1

第一章　成长的时代 / 1

第二章　主簿的才华 / 13

第三章　政治斗争的开始 / 29

第四章　西夏战事的阴影 / 47

第五章　赴任湖州 / 72

第六章　穷而后工的诗人 / 82

第七章　从扬州到陈州 / 119

第八章　监仓的前后 / 140

第九章　最后的安排 / 174

附录　书中主要人物简释 / 210

元好问传

第一章　元好问的先世及其时代 / 229

第二章　元好问的青少年时代 / 242

第三章　入仕的前夕 / 255

第四章　入仕 / 264

第五章　在汴京 / 282

第六章　三京的失守 / 303

第七章　汴京陷落以后 / 308

第八章　和严实的关系 / 314

第九章　取道河南 / 340

第十章　从邓州取道东平回家 / 346

梅尧臣传

序

　　自己是传记文学的爱好者，也曾经进行传记文学的创作。我写过政治家，写过哲学家，也写过诗人。这一本又是诗人的传记。我总觉得诗人是最需要写成传记的，这样我们对于他的作品才能获得进一步的理解。

　　诗人是时代的先觉，在战争的年代里，他站在最前列，在和平的年代里，他歌颂得最嘹亮。他的丰富而深刻的感情和他的身世存在着密切的联系。倘使我们对于他的时代和身世没有切实的体会，怎样理解他的作品呢？11世纪的吕大防开始做《杜诗年谱》，以后宋刻的诗文集，经常附有作者的年谱，正是从这一个认识出发的。但是他们的工作还很不够，不能充分地满足读者的要求。主要的原因在于他们做得太简单了。他们只注意到诗人的升沉否泰，而没有把他放到时代里去。脱离了时代，我们怎么能理解诗人的生活呢？

　　诗人不是政治家，在历史记载里不会留下沉重的踪迹；他又不是哲学家，没有长篇大著发挥他的惊人的宏论。因此我们对于诗人的理解常常不够。我们不知道他的时代和身世而仅仅从一字一句、一联一韵去探求，诗人在我们心目中的形象，已经不是时代的先觉而是韵律的工匠，这样就不会得到正确的认识了。在为诗人进行传记创作的过程当中，必须把树立诗人的形象作为自己的责任。道路中的难关是多的。材料不够必须知道如何搜求；传说太杂必须知道如何辨别，尤其重要的必须知道如何掌握分寸。进行创作的时期，对于传主不会不产生热情，但是这些自发的热情，往往会使我们失去应有的衡量。我们推许诗人同情人民吧，可不要忘却他出身的阶级，不可能使他和人民打成一片；我们歌颂他爱国吧，可不要忘却在这里常带有个人考虑的成分。从另一方面讲，我们进行批判，也不要忘却传主只是数百年以前的人物，我们不应向古人提出现代的要求。这一切都是难关，我们必须突破这些难关，才能进行创作，增进人们对于诗人的理解。

梅尧臣是11世纪前期的诗人，在他的领导下，宋诗打开一个新的局面，它出自唐诗而又不同于唐诗。宋代的批评家称他为"开山祖师"，这绝不是偶然的。我们是不是可以通过对于尧臣的进一步理解，因而更深入地理解古代诗歌的发展道路呢？这本传记是抱着这个目标而进行创作的，但是由于本人的政治水平和业务水平都存在着很大的限制，因此必然有很多的缺点和错误。希望同志们详细指示，使我可以进行不断的修订。

朱东润

1965年4月

第一章　成长的时代

真宗咸平五年壬寅（1002）一岁

从皖南峄山山脚宛转北向的宛溪，经过宛陵城下，和绩溪东来的句溪合流，带着欢腾的浪花，直奔水阳镇，这时称水阳江。水阳江浪涛滚滚，过了黄池以后，再会合青弋江，直至芜湖入长江。这一大段地区，是自古以来有名的宣城郡。六朝时候，多少豪门贵族、诗人文士都愿意到宣城当一任地方长官，那时称为宣城太守，他们的主要目的，是到这里来，享受这山水的胜景。

宣城城北是一座有名的昭亭山，唐代以后，又称敬亭山。古代对于山的高度估计不够正确，一般称为"高数百丈"，是当地的主要名胜。敬亭山的山脉和城内的陵阳山相接，城下便是宛溪和句溪。宛溪因为水势宛转曲折得名，句溪也是看到溪水的回环掩映，好像篆书的"句"字，因此称为句溪。这虽是山间溪流的常事，可是正因为山水的环抱，引起人的爱慕，宣城古名宛陵，是从宛溪和陵阳山得名的。

古来的名胜，当是诗人的圣地。南齐的优秀诗人谢朓就曾做过一任宣城太守，留下不少优美的诗篇。他从当时的首都建康（今南京市）出发，心中充满无限的欢愉，有一首诗说起：

江路西南永，归流东北骛。

> 天际识归舟，云中辨江树。
> 旅思倦摇摇，孤游昔已屡。
> 既欢怀禄情，复协沧洲趣。
> 嚣尘自兹隔，赏心于此遇。
> 虽无玄豹姿，终隐南山雾。
> ——《之宣城郡出新林浦向板桥》

在宣城的时候，他的名句——

> ……
> 寒城一以眺，平楚正苍然。
> ……
> ——《宣城郡内登望》

在区区十字之中，勾勒出地区的荒寒。在另一首里——

> 余雪映青山，寒雾开白日。
> 暧暧江村见，离离海树出。
> ……
> ——《高斋视事》

更把宣城的全貌完全写出了。

唐代的大诗人李白在宣城躭待不短的时期，他爱宣城的山水，怀念古代的谢朓，留下的诗篇更多了。最有名的是他的一首五绝：

> 众鸟高飞尽，孤云独去闲。
> 相看两不厌，只有敬亭山。
> ——《敬亭独坐》

这里写出客中的孤寂,也写出敬亭山的可爱。他还有一首五律:

> 江城如画里,山晚望晴空。
> 两水夹明镜,双桥落彩虹。
> 人烟寒橘柚,秋色老梧桐。
> 谁念北楼上,临风怀谢公。
> ——《秋登宣城谢朓北楼》

这里的两水指宛溪、句溪,双桥是宛溪上的凤凰桥、济川桥,都是隋代兴建的。谢朓在宣城有高斋,后人在这里建立北楼,又称为谢朓楼。李白《宣州谢朓楼饯别校书叔云》就是在这里作的。

虽然从 5 世纪以来,宣城已经成为诗人流连之地,可是一直到 11 世纪的初年,才产生了自己的诗人。

在宛溪、句溪合流的所在,住着一户梅家,大兄梅让,表字克逊,二弟梅询,表字昌言。兄弟二人虽是一母所生,可是梅询聪明俊秀,二十六岁成了进士,以后不断地在仕途中前进。哥哥梅让,始终守着家园,有时梅询也问起哥哥,是不是愿意出仕。那时宋代,是一个官僚的乐园,一个人做了官,可以带挈他的儿子做官,官大的还可以带挈他的兄弟、侄儿,甚至门客、私人医师都做官。这是所谓门荫制,是封建统治的一种方式。可是梅让不愿意做官,梅询的这一条友爱的心肠,只好暂时搁起。

梅让娶妻束氏,夫妇和好,过着清闲的日子,可是没有子嗣。看着梅让已是四十开外的人了,束氏只得由他再娶一房张氏。这位张氏可真是一位宜男的福星,虽然第一胎没有长成,但是张氏之后一连生了五子,最大的长大以后取名尧臣,生于真宗咸平五年(1002)四月十七日。

咸平五年是宋代值得纪念的一个年份,这一年宋王朝开始衰颓的信号从地平线升起了,可是当时还没有注意到这一点。在中国历史里,宋王朝本来是一个积弱的朝代。从宋太祖起就没有胆量面对当时的民族矛盾,积极奋斗,加以克服。他把兵力消耗在对内战争方面，待得宋王朝勉强统一，已经没有对外作战的锐气。太宗即位，鼓足勇气，平定北汉以后，进军燕山，可是经过高梁河一战大败，燕云十六州继续掌握在契丹族的手中，更没有收复的希望。不过，十六州的割让，是后晋石敬瑭时代媚外的结果，宋王朝虽然没有收复什么，可是也还没有失陷什么，这个责任并不在宋王朝的肩上。

真宗是北宋第三位皇帝，他是一位平庸的人物，更不比他的伯父太祖和父亲太宗了。他的希望是在宝座上度过一些安闲舒适的生活。可是没有经过努力，哪能获得这样的生活呢？正因为他不是一位积极有为的君主，因此他就得准备接受一次又一次的打击。

第一次打击是从西边来的。现代陕北神木、榆林、横山一带，在唐末时代，由党项族在这里定居。他们的首领拓跋思恭在黄巢起义部队进占长安的时候，和唐王朝勾结，取得唐王朝的欢心，官拜检校司空、同中书门下平章事，拜夏国公，赐姓李。姓李也好，姓拓跋也好，什么官什么爵都好，实际上他是党项族的首领，在陕北长城线上，树立自己的地盘。这个情形，通过五代，直至宋初，没有太大的变化。北宋时代，传至李继捧，这是一位比较软弱的人物，恰巧遇到宋太宗，多少还有些树立威信的兴趣，通过一些谈判，继捧入朝，献出银、夏、绥、宥四州，西边的情况，表面上是安定了。可是继捧的一位族弟李继迁领导了主张分裂的部下，重新树起独立的旗帜，同时再向契丹请求援兵。契丹看到这是牵制宋王朝的机会，立即册封继迁为夏国王，并且把义成公主许给他。宋太宗看到契丹和继迁结成同盟，随即派继捧到西边发动，赐名赵保忠。保忠已经成为宋王朝的傀儡，在西边还有什么力量可言，还凭什么打倒继迁呢！他向宋王朝保证继迁决心悔过，随时可以交出军权。宋王朝接受这个保证，随即赐继迁名为赵保吉。统治者认为保忠、保吉，西边依然是赵姓的天下。这样恰恰是古人所说的掩目捕雀，只是一种自欺欺人的办法。李继捧失败了，最后剩得单枪匹马空手逃回。李继迁不管自己姓李姓赵，是继迁或是保吉，他也不管契丹王朝或是宋王朝，是战是和，是斗争或是投降，总之他抓紧一切可能抓到的机会，终于在长城边上割据银、夏、绥、宥、静五州，恢复祖先的独立状态，并加以巩固。

咸平元年（998）真宗即位，那一年决心承认继迁独立的事实，并授以定难节度使的名义，可是继迁却看清楚了宋王朝的脆弱，准备进行一次狠狠的打击。唐王朝全盛的时代，它的势力一直透过大戈壁，通向西域。甘州、肃州、瓜州、沙州，现代的张掖、酒泉、安西、敦煌这一带，久已成为中国文化的走廊。在吐蕃入侵以后，有时连长安都受到敌人的威胁，那一带定居的汉人，在烽火蔓延中，才发现自己是西陲的孤儿，这一切在流传的敦煌曲子里都可以看到。宋王朝来了，他们对于中原重新产生兴趣，宋王朝也曾表示了一定的好意，然而这都是没有血色的空言。继迁看出了这一点，决心向西扩展，拿下灵州（现代的宁夏灵武），进而截断宋王朝和河西走廊的通道，这样便可以随时鲸吞甘、肃、瓜、沙大量的人民和土地。

战争的号角响了，宋真宗和大臣们商量，假使他们还想得起河西走廊，除了接受李继迁的挑衅，为保卫西陲的人民而作战，还有什么可考虑呢？但是河西走廊太远了，何况中间还隔着凉州，正为吐蕃族潘罗支所盘踞，遮断了汴京的视线。尽管永兴军通判何亮上《安边书》，认为灵州势在必救，放弃灵州以后，西北边境要受到很大的损失，但是大臣们多主张放弃，认为保卫灵州，必须消耗大量的人力物力，消耗王朝的力量，去保卫一座不能坚守的孤城，是一种错误的策略。宰相李沆甚至肯定地说："继迁不死，灵州必不可守，不如把保卫灵州的部队和当地的居民撤回，让关中居民的担子全部放下。"李沆是当时负有人望的大臣，他的这一套放弃灵州的理论使少年的真宗踌躇起来。

梅询中了进士以后，做过一任利丰监判官，一任杭州仁和县县官，这时正以著作佐郎的身份召试中书，直集贤院。他的官位不高，可是他的才能已经得到皇帝的注意。在这一次争论不决时，梅询上书请求联系吐蕃的潘罗支，由潘罗支向李继迁进军，打下夏州以后，把夏州交给潘罗支。在这个策略之下，可以不动一兵一卒，救了灵州，也消灭了李继迁，这是以蛮夷攻蛮夷，对于宋王朝没有丝毫的损失。

当然，这是怯弱，是唆使边境部族相互攻击从中取利的策略。可是这正是那个时代的产物，从保卫灵州的观点看，至少总比放弃灵州要高明一些。

真宗犹豫了一下，召见梅询，问起："那么派谁去和潘罗支联系啊？"

梅询慷慨地说："只要能够解除战祸，保卫灵州，一个梅询是不值得顾惜的。"

真宗一边派遣援军支援灵州，一边又考虑到历史记录里吐蕃族几次背盟的现实。经过不断的迟疑，援军没有能到达灵州，潘罗支的部族也没有能够发动，而李继迁已经在三月间攻陷灵州，不久后他把灵州改称西平府，建立了他的独立王国。从此以后，西夏的势力向西发展，终于吞没了甘、肃、瓜、沙的广大地区，连带把西北的许多部族，以及汉人在内，完全置于他的统治之下。而宋王朝则因为陕北的威胁暂告解除，重新过一段苟安的日子。真宗甚至懊恨当日没有听李沆的忠告，以致扰乱心里的宁静。两年以后，景德元年（1004）的七月，李沆病重，真宗因为这位年老的宰相垂危了，问起国家大政首先应当注意哪些问题。

"不进用浮薄喜事之人，这是首先要注意的。"李沆说。

"是哪几个？"

"梅询、曾致尧、李夷庚等都是。"

梅询是曾经获得真宗的赏识的，可是，从这一年起，他在仕途中，不断地遭到风险，始终没有获得重用。

景德元年，宋王朝和契丹的关系又突然紧张起来。宋王朝从开国那年起和契丹始终存在着敌对的状态。太宗以后，真宗咸平二年就曾和契丹发生过冲突。真宗四年、真宗六年，每年都发生过遭遇战。景德元年九月，契丹大举南下的消息传开了。朝廷大臣，有的主张南迁金陵，有的主张西迁成都，逃跑的声浪不断喊出。亏得宰相寇准坚决主张真宗亲征，迎头痛击，才稳定了这个局面。寇准是有他的一番布置的。他把河北的大军围成一个大包围圈，只待契丹深入，准备给他一个全军覆没。他要求皇帝出征，主要在于表示抗战到底的决心，振奋全军的士气。十月，真宗大本营的前锋到达澶州，即现代河南省的濮阳境内，不料大战的决定迫在眉睫的时候，真宗的决心动摇了，准备南奔金陵。寇准毅然地说："陛下到今天，只可前进一尺，不可后退一寸，河北数十万大军日夜盼望皇帝北上，看到大驾，士气准得提高百倍。万一大驾南回,那时万众瓦解,敌人乘势突击,要想到达金陵,是千万办不到了。"

经过寇准的劝导,和殿前都指挥使高琼的坚持,真宗大驾终于跨过黄河,鼓励河北大军的军心。契丹的君主圣宗,因为在几次遭遇战中受到挫折,统军萧挞览又被宋人用床子弩射死,作战的锐气也消磨了。最后在宋使曹利用的谈判中,宋王朝和契丹王朝达成和解,称为兄弟之国,宋王朝每年给契丹银十万两、绢二十万匹的岁币,作为和解的条件。从这一次和解的实质看,这是宋王朝在对外关系史又一次的失败,可是因为在合约中说明两朝兄弟的关系,宋王朝为兄,契丹为弟,不管契丹是不是也和汉族一样地尊重那一条长幼有序的封建伦理,至少宋王朝已经赢得了一次精神胜利,而宋朝人民除了供养皇帝和皇帝部下成千上万的大小官吏这些剥削者以外,还得再去供养皇帝不敢面对的敌人。

在和战未决的时候,真宗为了应付右侧的威胁,在准备北征的前夕,提拔太常博士谢涛以考功员外郎名义知曹州。谢涛是当时朝野知名的能臣,到任以后,随即进行准备,应付敌人的冒进,一边又截留上贡的粮食以备万一。战事解决,合约确定以后不久,谢涛也调离曹州。

真宗景德元年甲辰(1004)三岁

咸平五年,尧臣出生,景德元年,他也只有三岁,再加上宣城远在江南东路,离前方千里或数千里,不可能受到战事的影响,甚至几乎接触不到战事的消息,他对于当时的国家大事是一无所知的,可是他从十三岁起离开家庭,跟随着在任做官的叔父梅询,二十六岁结婚,娶的就是谢涛的女儿。咸平五年和景德元年这两次国家大事的直接参与者不可能不把当时的具体情况和他们自己的体会,在朝夕相处、耳濡目染的日子里,用多样的方式传达给尧臣。

关于尧臣幼年的情况,我们所知的不多,只知道他住在双溪,有时他也说:"正住句溪尾。"[1]长大以后,他常常怀念故乡的山水,高高的昭亭山、

---

[1] 《宛陵文集》卷三十三《早发》。

粼粼的溪水，都能引起他的怀念之情。他不是在诗中说过吗？

>……
>昭亭山苍苍，寒溪水潆潆。
>句清宛微浑，三洲分细浪。
>小艇下滩来，群鸥舞潭上。
>……
>——《宛陵文集》卷二十一《三十二弟寺丞归宣城因寄太守孙学士》

他的《宣州杂诗二十首》抒写了中年以后对于故乡的回忆，特别使他怀念的是鸭脚树。这种树现代称为公孙树，有时也称银杏树或白果树，松柏科落叶乔木。中国南方较多，北方较少，宋代的时候，汴京还不多见。这种树最可爱的地方，就是它那高高的姿态，从平地一直冲上，也许到两三丈，一根杈枝也没有，甚至一片树叶也看不见。两丈以外，才挺出臂膀来，一挺就是七八条或更多，这时蓊蓊郁郁地分头向上，树干还是劲直，可是在劲直里透出说不尽的气势。四五丈向上就只看到一大簇，也辨不出是干、是枝、是枯梗、是新条，只是密密的一丛。在这个场所，这棵树已经不是一棵树了，它的本身就仿佛是一座森林，在浓密到看不见天日的境界里，生长着无边无际的宝树。这种树的树叶，宋人称作鸭脚，其实更像蝴蝶，只要微风一吹，数千数万的蝴蝶，就在树上扑扑地乱飞。秋深以后，无数的黄蝴蝶，翩翩起飞，洒满了一地。树叶的清香，总是那么幽幽的一缕。落叶的气息还得浓郁一些，不像绿叶那样湿润。要是在秋风渐紧以后，踏着霜叶，在银杏树林走过，脚底下沙沙地，说不清是霜的音调，还是黄叶的音调。再嗅那浓烈的香味，哪能不使得这位青年的诗人为之神往呢！

尧臣诗中多次提到鸭脚树。他说：

>……
>江南有嘉树，修耸入天插。

叶如栏边迹，子剥杏中甲。
　　持之奉汉官，百果不相压。
　　非甘复非酸，淡苦众所狎。
　　……
　　　　——《宛陵文集》卷四十一《鸭脚子》

　　高林似吴鸭，满树蹼铺铺。
　　结子繁黄李，炮仁莹翠珠。
　　神农本草阙，夏《禹贡》书无。
　　遂压葡萄贵，秋来遍上都。
　　　　——《宛陵文集》卷四十三《宣州杂诗》

　　……
　　鸭脚类绿李，其名因叶高。
　　吾乡宣城郡，每以此为劳。
　　种树三十年，结子防山猱。
　　剥核手无肤，持置宫省曹[1]。
　　——《宛陵文集》卷五十三《永叔内翰遗李太傅家新生鸭脚》

这里正看到在他幼年时期，鸭脚树给他留下的印象。

真宗祥符六年癸丑（1013）十二岁

尧臣十二岁的那一年，他的叔叔梅询正在荆湖北路转运使任上。一位在广州做官的官员邵煜病了，他的儿子听到消息，到转运使衙门请求调发驿马，往广州省亲，转运使也就轻易地批准了。在封建社会里，公私不分是常有的

---

[1]　句末疑有误字，诸本皆同，无可校改。

情况,何况省亲总还算是孝心,更应当得到额外的照顾。可是从江陵到广州,千里迢迢,跋山涉水,经不起长途劳顿,马死在路上了。马一死便得到追问,是哪一站的?是谁批准动用驿马的?最后当然要由梅询负责。经过处理,梅询被削一级,改为襄州通判[1]。通判是降级了,可是当时的襄州,是京西南路的首州,管得宽,邓、随、金、房、均、郢、唐七州和光化军都归襄州管辖[2],京西南路照例是由一位位高权重的人担名,其实是由通判负责的,所以实权也还不小。

调任的时候,梅询又和哥哥梅让讲起,要他做官。梅让总不愿意,最后由梅询把尧臣带去,一则尧臣早已学会作诗,跟着叔叔可以多读一些书;二则即使日后考试无名,也可从门荫这条路上搏个一官半职。尧臣离家这一年才十二岁,但是也可能是十三岁[3]。

真宗祥符七年甲寅(1014)十三岁

尧臣还记得他从梅询初到襄州的情况。他在诗里谈道:

> 昔我从仲父,三年在河内。
> 春游丹水上,花木弄粉黛。
> 人夸走马来,尽眼看没背。
> 薄暮半醉归,插花红簇队。
> ……[4]

---

[1] 《续资治通鉴长编》卷八十一。
[2] 《宋史》卷八十五《地理考》。
[3] 《宛陵文集》卷十《早夏陪知府学士登叠嶂楼》作于庆历四年(1044),有句:"伊我去间井,迩来三十秋。"自庆历四年上推三十年为祥符七年(1014)。
[4] 《宛陵文集》卷二十三《寄怀刘使君敞》。夏敬观以丹水发源于陕西、东入河南,经内乡、淅川,其地为宋时之邓州,询未尝官邓州,唯天禧元年为陕西转运使,天圣初又曾知陕府,此诗追述少年之游是尧臣曾往陕府,居叔询任所。敬观所言以陕府为河内,似不可信,不知梅询曾为襄州通判,内乡淅川,正在所治之内。

少年时代，生活总是美满的，尧臣在叔叔的任上，一直没有感到孤寂。从此直到他出去做官，始终跟随着梅询。

梅询在二十几岁上便发达，是一位诗人，文章也写得好，早在咸平四年，真宗便打算让他做知制诰，担负秘书厅的工作，因为宰相李沆提出杨亿，这工作给杨亿拿去了。咸平五年，在保卫灵州时，梅询冒了尖，得到安抚副使的职务[1]，可是没有能到任，灵州就丢了。李沆总认为梅询轻薄，甚至在自己的最后一刹那，还要真宗切勿重用梅询。

关于梅询的为人，我们所知不多，主张保卫灵州是对的，但是他那投机冒险的作风，也在这一次活动中可以看到。欧阳修曾记起梅询在任的时候，每天清晨，总得焚香两炉，待到香气氤氲，便把两个袖管罩住香炉，好在那时人袖管长，袖口也大，因此尽可罩得，只待香气满袖，这才把袖口撮拢，升堂入座。坐定以后，两袖撒开，异香满堂。当时达官贵人之中，盛度极肥，丁谓极瘦，梅询好香，再加上窦元宾的不喜修饰，经时未尝沐浴，官场人口顺，称为"盛肥丁瘦，梅香窦臭"。[2]

自天圣七年（1029）至庆历三年（1043）吕夷简当国，除了中断两年以外，他执掌朝政，前后十三年。11世纪的初期，政治界中风波迭起，但是吕夷简是一位最有才干的人物。梅询后期的政治生活，主要依靠他和夷简的关系。在吕夷简和范仲淹对立的时候，相互指为朋党，梅询应当划在吕党之列。不过我们必须知道，封建时代的朋党，谈不到什么政纲政策，人和人之间，只从个人恩怨出发。我们不能根据后代政党的观念，讨论古代的朋党。

还有一位值得一提的是夏竦。宝元元年（1038）宋王朝在对西夏作战中，以夏竦判永兴军兼陕西经略安抚招讨使，担负起统帅的责任。梅询送夏竦出征，有诗一首，中间说起"亚夫金鼓从天下，韩信旌旗背水阵"。夏竦看到这首诗，特别把这一联刻石。不幸的是夏竦的出征，没有成功，最后以解除兵权而结束。庆历三年（1043）仁宗任命夏竦为枢密使，给他军政大权，引

---

[1] 见《宋史·吐蕃传》。
[2] 欧阳修《归田录》卷二。

起了台谏的反对，夏竦也终于不能到任。

　　梅询在政治界中是一位能臣，和他接近的吕夷简、夏竦，都有他们掌握权势的一套办法，对于国家的贡献虽然不大，但是在保证个人的名位方面，各有独到之处。可是也正因为这一点，他们为清议所反对。在梅询的政治生活中，有时也不免因为私人关系而受到影响。

第二章　主簿的才华

仁宗天圣五年丁卯（1027）二十六岁

　　封建时代的政治界，是充满惊涛骇浪的。梅询的一生，经过不少的升沉。从鄂州到苏州，再调陕西转运使，正在逐步上升的过程当中，一个浪头打来，降调怀州团练副使，再贬池州团练副使。不久以后，真宗死了，太子即位，后世称为仁宗。真宗末年，因为真宗精神失常，宰相寇准、丁谓分成两派。寇准是比较正直的，但是丁谓是一个不择手段的阴谋家，趁着真宗精神恍惚时，排挤寇准，独掌政权，及至真宗死后，王曾、冯拯当政，丁谓下台，一直贬到崖州。梅询的降调和丁谓的当权有一定的关系，仁宗天圣元年（1023）以后，他又逐步回升，由知广德军，改知楚州、寿州。天圣六年（1028）迁工部郎中、直集贤院，他重新回到汴京。

　　在这多年的迁调当中，尧臣一直跟随着梅询，他的诗名和才华早已露尖了，但是在考试中遭到不少的挫折，始终没有挣得一名进士。在他二十六岁那一年，梅询为尧臣举行婚事，替哥哥梅让完成了一项心愿。夫人谢氏，浙西富阳人，这年才二十岁。尧臣的岳父谢涛，是当时的名人，这时正以西京留守司秘书监的名义家居洛阳。他因为年纪大了，日常和方士等谈论一些服食医药之事，对于尧臣所起的影响不大。可是他的儿子谢绛在诗文创作和行政才能方面，都已经获得较大的成就，尧臣对他是非常钦佩的。

梅、谢两家分居江南东路和浙江西路，先代又没有亲戚的关系，这次的结合，主要只是由于梅询、谢涛官位相当，此外尧臣的才华可能也起一些作用。尧臣对于谢氏，事先并不认识，但他对于婚后的生活，是极其满意的，直到谢氏三十七岁身殁以后，尧臣还是不断地回忆。

梅询看着侄儿年龄大了，在考试上一时还没有出路，只得吩咐尧臣从门荫这条道路出身，补太庙斋郎。尧臣感到一些委屈，但是也没有其他的办法。婚后不久，他调到桐城主簿任上去了。主簿是当时县级的官吏，掌"出纳官物，销注簿书"这一类的职务，所幸桐城离宣城不远，尧臣对于家乡还有一些照应。

尧臣在桐城的情况，我们不清楚。后来他在一首诗里曾经提到过出行遇虎的故事。

> 我昔吏桐乡，穷山使屡蹑。路险独后来，心危常自怯。下顾云容容，前溪未可涉。半崖风飒然，惊鸟争坠叶。修蔓不知名，丹实坼在荚。林端野鼠飞，缘挽一何捷。马行闻虎气，竖耳鼻息歙。遂投山家宿，骇汗衣尚浃。归来抚童仆，前事语妻妾。吾妻常有言，艰勤壮时业。安慕终日间[1]，笑媚看妇靥。自是甘努力，于今无所慑。……
>
> ——《宛陵文集》卷二十六《初冬夜坐忆桐城山行》

大约在这个时期，尧臣多少还有些沉湎于闺房之乐。作为一个县级官吏，有时他要经历一些道途的辛苦，何况那时桐城山间还有猛虎，更使人胆战心惊。幸得谢氏不断地鼓励他上进，他这才走上奋发有为的道路。

仁宗天圣九年辛未（1031）三十岁

两年以后，天圣九年（1031）他调任河南县主簿。河南县是西京洛阳的

---

[1] 间，《四库全书集部》《宛陵集》卷二十六为"闲"。校订者注。

首县。宋代有东京、西京。东京是当时的政治中枢；西京是陪都，当时的大官僚卸任以后，多半在西京，因此是人物的渊薮。尧臣调河南县，应当作为升级，何况谢涛当时正在洛阳呢。

尧臣初到洛阳的时候，西昆诗派诗人钱惟演正以武胜军节度使同平章事的名义判河南府兼西京留守，是洛阳长官。惟演是吴越国王钱俶之子，钱俶归宋以后，钱家成为当时的贵族，惟演又和杨亿、刘筠，同为西昆诗派的领袖，因此他成为一时的人望。仁宗即位之初，惟演拜枢密使，官位与宰相相同，实权仅次于宰相。他是一位八面玲珑的人物。真宗在位的时候，刘皇后权势极盛，他把妹妹嫁给刘后的哥哥刘美；丁谓当权，他和丁谓结成亲家；仁宗即位以后，惟演又把仁宗的小姨，郭皇后的妹妹，娶回家为媳妇。他运用了多方面的裙带关系，争取宰相的名位，可是当时的大臣们指出惟演是皇家的姻亲，不宜掌握政权，因此尽管给他"同平章事"的名义，其实只是虚衔，晚年不得不在许州、河阳、洛阳、随州打圈子，始终不能做到实际的宰相，这成为他的终身憾事。

这一年三月里，洛阳城里来了一位新科进士，庐陵人欧阳修，字永叔，年二十五岁。这一位进士，瘦瘦的个儿，眼睛有些近视，平时爱唱些山歌小调之类，可是爱读书，在诗文方面，都能力争上进，这时他正以西京留守推官的名义来到洛阳，不久后就和尧臣成了朋友。

还有两位兄弟，都是新进进士：尹源，字子渐；尹洙，字师鲁。他们这时也在洛阳。尹源做过芮城、河阳两任县官，尹洙做过山南东道掌书记、伊阳县官。尹洙在古文的创作方面，功力较深，为同辈所佩服。

欧阳修有《七交》七首，叙述同游的七人[1]：河南府张推官汝士字尧夫、尹书记洙、杨户曹字子聪、梅主簿尧臣字圣俞、张判官太素、王秀才复字几道和他自己。他在一首诗中说起尧臣：

---

[1] 七交：是和欧阳修一起交游的六人，加上自己一共七人。分别是：张汝士（字尧夫）、尹洙（字师鲁）、杨愈（字子聪）、梅尧臣（字圣俞）、张太素、王复（字几道）、欧阳修（字永叔）。

>圣俞翘楚才，乃是东南秀。玉山高岑岑，映我觉形陋。《离骚》喻香草，诗人识鸟兽。城中争拥鼻，欲学不能就。平日礼文贤，宁久滞奔走。
>
>——《欧阳文忠公集》卷五十一·外集第一《梅主簿》

他也说到自己：

>余本漫浪者，兹亦漫为官。胡然类鸥夷，讬载随车辕。时士不俛眉，默默谁与言。赖有洛中俊，日许相跻攀。饮德醉醇酎，袭馨佩春兰。平时罢军檄，文酒聊相欢。
>
>——《欧阳文忠公集》卷五十一·外集第一《自叙》

在这一群人中占领导地位的还是尧臣的妻兄谢绛，字希深，他比尧臣长七岁，但是成熟多了。十五岁的时候，他以门荫起家，试秘书省校书郎，此后他又考中进士，做了一任知县，还朝，充秘阁校理，无论京官、外官，陆续做了好几任，尧臣到洛阳的时候，他正以祠部员外郎、直集贤院的名义，调任河南府通判。在洛阳，除了钱惟演以外，通判是最高负责者。在文学方面，他得到西昆派首领杨亿的器重；在政治方面，他有一套行政经验；和人讨论问题的时候，非常随和，但是总能贯彻自己的主张，因此博得"土面观音"的外号。

在谢绛的领导下，洛阳成为诗人、文人的中心，文学史上所说的宋代诗文革新，是在这个情况之下发动的。尧臣后来多次提到当日的情况：

>……
>谢公唱西都，予预欧尹观。
>乃复元和盛，一变将为难。
>……
>
>——《宛陵文集》卷四十六《依韵和王平甫见寄》

> 当年仕宦忘其卑，朝出饮酒夜赋诗。
> 伊川嵩室恣游览，烂熳遍历焉有遗。
> 是时交朋最为盛，连值三相[1]更保厘。
> 谢公主盟文变古，欧阳才大何可涯。
> 我於其间不量力，岂异鹏抟蒿鷃随。
> ……

——《宛陵文集》卷五十九《依韵和答王安之因石榴诗见赠》

宋代诗文革新的发动是从这里开始的，但是在当时并没有提出革新的要求。梅尧臣、尹洙、欧阳修只是在西昆派诗人钱惟演和得到西昆派领袖杨亿推崇的谢绛两人领导下，进行创作活动。他们不但没有强烈的政治主张，甚至连韩愈、柳宗元、元稹、白居易那样的创作动机也没有。这不是贬低梅尧臣等这一班人，而只是当时的事实。从尧臣的这一首诗可以看到：

> 我来自楚君自吴，相遇泛波衔舳舻。时时举酒共笑乐，莫问罍盎有与无。醉忆曩同吾永叔，倒冠落佩来西都。是时豪快不顾俗，留守[2]赠檄少尹俱。高吟持去拥鼻学，雅阕付唱纤腰姝。山东腐儒漫侧目，洛下才子争归趋。自兹离散二十载，不复更有一日娱。如今旧友已无几，岁晚得子欣为徒。

——《宛陵文集》卷十三《四月二十七日与王正仲饮》

应当说他们的生活是比较浪漫的，这才能引起洛下才子的归趋和山东腐儒的侧目。在天圣、明道的中间，契丹、西夏的威胁久已解除了，一般人士重新过着愉快享乐的日子，尧臣等也没有例外。《宛陵文集》和欧阳修集中

---

[1] 三相指李迪、钱惟演、王曙。三人先后为西京留守。李迪、王曙皆官至同平章事，惟演亦带同平章事衔，故言三相。
[2] 留守，钱惟演；少尹，谢绛。

都有《拟玉台体七首》，分咏《欲眠》《携手曲》《雨中归》《别后》《夜夜曲》《落日窗中坐》《领边绣》。尧臣还有《无题》一首：

斗觉琼枝瘦，慵开宝鉴妆。
临风恐仙去，倚扇怯歌长。
绿桂薰轻服，灵符佩缥囊。
西邻空自赋，不解到君傍。
——《宛陵文集》卷二

这些诗不能说明尧臣和欧阳修已经和西昆派绝缘了。

但是也就在同时我们在《宛陵文集》中能读到《田家四时》《伤桑》《观理稼》《新茧》这类的诗题，说明劳动人民已经在尧臣诗集中出现了。尽管他的生活和劳动人民的生活，中间还存在一大段距离，但是他已经能隐隐约约地写出人民的痛苦。

今朝田事毕，野老立门前。
拊颈望飞鸟，负暄话余年。
自从备丁壮，及此常苦煎。
卒岁岂堪念，鹑衣著更穿。
——《宛陵文集》卷一《田家四时》

稂莠日已长，匆匆芟薙初。
来时露沾屦，归去月侵锄。
一腹馁犹甚，百骸勤有余。
吾无力耕苦，谬读古人书。
——同卷《观理稼》

是洛阳才子吗？但是在他的诗歌里，劳动人民已经出现，这里可能和他的生活经历有一定的关系。尧臣的父亲住在宣城的乡间，即使他未必直接参加劳动，但是和劳动人民结下了深厚的联系，因此尧臣也多少能体会到劳动人民的欢乐和酸辛。但是还很不够，生活有待于进一步地深化，才能把尧臣锻炼成为人民的诗人。

钱惟演对于尧臣不断地加以提携。他是西京留守，洛阳的第一位大官，但是他是诗人；主簿、推官、知县甚至山南东道掌书记，只是一些起码官，还有像王复那样的人，什么官都不是，但是他们都是诗人。作为诗人，他们和钱惟演是平等的。惟演有时陪同他们游普明院，游嵩山，至今《宛陵文集》里还留下不少诗篇，记载着梅尧臣和惟演的同游。

一次，谢绛、欧阳修同游嵩山。在畅游以后，他们取道颖阳，直抵龙门、香山。雪花在空中飞舞，不久以后，漫山遍野成为粉妆玉琢的世界。他们攀登石楼，远望洛阳，只看到烟霭弥漫。

"看呀，"有人说，"伊水那边有人骑马来了。"

"不止一匹。还有车，一辆、两辆，竟是一大队。"

原来惟演估计谢绛等这次游山，遇到大雪，回不了洛阳，因此派随从官带同官厨和歌妓都来了。

随从官传达了惟演的好意："留守相公吩咐，游山辛苦了，请在龙门好好休息，赏览雪景，府里的公事有限，用不到急于回衙。"

谢绛调任河南府通判以后，因为近亲避嫌的关系，尧臣又自河南县主簿调任河阳县主簿，连同前述的桐城县主簿，一共连任主簿三次。河阳县在现代河南孟县的南面，离洛阳很近，河阳三城节度使李迪，本来是从河南府调任的，是尧臣的老上司；古代对于工作的要求，不很严格，因此尧臣常时往来于洛阳、河阳之间，和洛阳的一些朋友，交游还是很密。

仁宗明道元年壬申（1032）三十一岁

明道元年的初夏，钱惟演在府第里建双桂楼，谢绛、尹洙、欧阳修和尧臣都在座。

惟演说起："大伙合计一下，是不是能做一篇《双桂楼记》？"

欧阳修的文笔较快，不久就完成了。

尹洙看着欧阳修作文，成功以后，取来读过，放下道："永叔这一篇，用一千字写成，可是我看五百字就够了。"惟演在尹洙写成之后赞叹不置，这样更刺激了大家学习古文的决心，必须简短扼要，不能有任何多余的字句。尧臣看过两人的作品，说起"师鲁、永叔的《双桂楼记》已经说尽了，我来一首律诗吧"。

留守相公新创双桂楼

藻栋起霄间，芳条俯可攀。

晚云谈次改，高鸟坐中还。

日映城边树，虹明雨外山。

唯应谢池月，来照衮衣闲。

——《宛陵文集》卷二

惟演看到全篇扣题很紧，极口称道，只说"篇末两句，当不起，当不起"。他对谢绛他们指出，他们日后都是文学侍从之选，必须留意史学，察往知来，吸取古人的经验，作为将来应付国家需要的准备。

秋风起了，钱惟演约着文士们到南庄欣赏柘枝舞。舞后大家作诗，这一次又是欧阳修先成，尧臣随即和他一首

和永叔柘枝歌留守相公南庄按舞

渔阳三叠音隆隆，红蕖乱坼当秋风。披香拥雾出妖嫇，妩眉壮发翩惊鸿。锵锵杂佩离芳渚，珠帽红靴振金缕。相迎垂手势如倾，障袂倚謌词欲吐。最怜应节乍低昂，便转疾徐皆可睹。飘扬初认雪回风，踯躅还看茧萦绪。小小宁闻怨曲长，盈盈自解依俦侣。艺奇体妙按者谁，金貂大尹宴清池。绮茵绣幄粲辉映，玳簪珠履何委蛇。是时郊原新退暑，天清气爽过林墅。淮王载酒昔尝闻，谢公携妓那

能数。始知事简乐民和,不猒来观柘枝舞。

——《宛陵文集》卷二

尧臣在洛阳的往来中,想起洛阳是古代文人会聚之地,白居易在香山,有《香山九老图》,何不就朋辈之中,也来这么一个打算呢?当然,他不便把谢绛计算在内,就眼前人计算,只有八位。好吧,就算八老[1],还得对于每一位奉上一个称号。尹洙好辩,称为"辩老",王复循规蹈矩,称为"循老",还有其他几位,都带上雅号。那么欧阳修呢?他们认为他自由自在、放纵不羁,称为"逸老"。尧臣是带头的,温文尔雅,对于"懿老"之称,确实当之无愧了。他们之中,尹洙、尧臣,总算过了三十,有些只有二十五六岁,互称为老,本来滑稽。不管他,就此喊出了。可是欧阳修对于"逸老"之称,总觉得把他的散漫,提得太突出了,两次给尧臣提出抗议,录一首于此:

修[2]启。捧来简,释所以名老之义甚详。修常仰希隽游,所望正在规益,岂敢求辩博文才之过美哉!前承以"逸"名之,自量素行少岸检,直欲使当此称,然伏内思,平日脱冠散发,傲卧笑谈,乃是交情已照,外遗形骸而然尔,诸君便以轻逸待我,故不能无言。今若以才辩不穷为"逸",又不足以当之也。师鲁之"辩",亦仲尼、孟子之功也。子聪之"俊",《诗》所谓"誉髦之士"乎。公慥[3]之"慧",亦《大雅》之明哲。几道之"循",有颜子之中庸。尧夫之"晦",子野[4]之"默",得《易》之君子晦明、语默之道。圣俞之"懿",是尤为全德之称矣。必欲不遗,"达"字敢不闻命,然宜尽焚往来问答之简,使后之人以诸君自以"达"名我,而非苦

---

[1] 八老:尹洙(师鲁),辩老;杨愈(子聪),俊老;王顾(公慥),慧老;王复(几道),循老;张汝士(尧夫),晦老;张先(子野),默老;尧臣(圣俞),懿老;欧阳修(永叔),逸老,改达老。校订者注。
[2] 原文当作"修",编集时改作"某"字,今还原。下同。
[3] 王公慥,名顾。
[4] 张先,字子野。

求而得也。

——《欧阳文忠公集书简》卷六《与梅圣俞》

欧阳修认为"达老"这称号还可以接受,"逸老"之称必须坚拒。这只是小节,但是我们必须知道古人也和后人一样,在年轻的时候,也可以开玩笑,不一定都是道貌岸然。其次我们也看到在这群年轻人当中,梅尧臣的领导地位是很突出的。

明道元年二月尧臣和欧阳修、杨子聪等游嵩山,九月以后,谢绛奉诏至嵩山祭神。封建时代,祭神是一件大事,皇帝祭天以外,还得指派大臣祭四海和五岳,中岳嵩山当然从洛阳指派人员就近往祭了。谢绛去的时候,欧阳修、杨子聪是以读祝、捧币的名义前去的,再加上尹洙和王复,一行五人,随带仆从,同行登山。在旅途中尹洙的故事,欧阳修、杨子聪的民歌,王复的洞箫,解除了不少的寂寞。谢绛想起河阳的尧臣,因此在通信中把这一次登山的情况描绘一遍,尧臣有长诗五百字,转述这一次的旅程,中间说起:

……
尹子体雄恔,攀缘愈习狃。
欧阳称壮龄,疲软屡颠踣。
竞欢相扶持,芒屦恣践蹂。
……

他把尹洙、欧阳修的形象描绘出来。再上去到了山顶:

……
绝顶瞰诸峰,嗌然轻宇宙。
遥思谢尘烦,欲知群鸟兽。
……

他们遇到一位苦行的高僧：

> ……
> 东崖暗壑中，释子持经咒。
> 于今二十年，饮食同猿狖。
> 君子聆法音，充尔溢肤腠。
> 尝期蹑屐过，吾侪色先愀。
> 遂乖真谛言，兹亦甘自咎。
> ……

在山顶度过了这一晚，九月十四日夜间，月色皓洁，在诗中也刻画出来，次日再游少室。

> ……中顶会几望，凉蟾皓如昼。纷纷坐谈谑，草草具觞豆。清露湿巾裳，谁人苦羸瘦。便即忘形骸，胡为恋缨绶。或疑桂官近，斯语岂狂瞀。归来游少室，嶅崒殊引脰。石室迢递过，探访仍邂逅。扪萝上岑邃，仙屋何广袤。乳水出其间，涓涓自成溜。……

最后他们下山了，在归途中，说故事的，唱民歌的，都在诗中出现：

> ……
> 匆匆遂宵征，胜事皆可复。
> 俚歌纵喧哗，怪说多驳糅。
> 凌晨关塞阳，追赏颜匪厚。
> 穷极四百里，宁惮疲左右。
> ……

——《宛陵文集》卷二《希深惠书言与师鲁永叔子聪几道游嵩因诵而韵之》

从这首诗歌里，我们可以看到尧臣的成就。在这五百字中，他把嵩山之游，完全抒写出来，雄伟阔大之中，也有情韵和诙诡。在这里看到杜甫和韩愈集中长篇的技巧。当然他还落在杜甫、韩愈之下，但是他的气魄和功力，已经不是西昆派所能笼罩的了。

谢绛对于尧臣，一向是一位老大哥，他给尧臣以帮助，同时也给他以规劝。在接读这首长诗以后，他的赞赏，强烈到可以感动后人：

> ……忽得五百言诗，自始及末诵次游观之美，如指诸掌，而又语重韵险，亡有一字近浮靡而涉缪异，则知足下于雅颂为深。刘宾客有言：'人之神妙，其在于诗'，以明诗之难能于文笔百倍矣。今足下以文示人为略，以诗晓人为精。吾徒将不足游其藩，况敢与奥阼也？叹感叹感。……
> ——谢绛《又答梅圣俞书》，见《欧阳文忠公集》附录

欧阳修的复信更充满他和尧臣间深切的情感：

> 修再拜圣俞二哥。昨日贤弟至，辱寄书，并前所寄二书及梦中诗，又五百言诗，频于学士[1]处见手迹，每一睹之，便如相对。别后虽尹氏弟兄[2]、王三[3]并至，然幕中事比圣俞在此时差多。盖东都兴造，日有须求，仓卒供办，未尝暂休息。职此，未始得从容聚首，独游嵩事一胜尔。然而历览中春之游，山水之状皆如故，独昔之青林翠壑，今为槁叶。又目前不见圣俞，回忆当时之事，未一岁间再至，寻见前迹，已若梦中。又河阳咫尺，顾足下若万千里。又曩日恨不得同者尹十二、王三，今反俱游，而圣俞独不至。人生不一岁，参差遂如此。因思百年中，升沉生死，离合异同，不知后会

---

[1] 谢绛。
[2] 尹渐、尹洙。
[3] 王复。

复几人，得同不得同也！自足下去后，未尝作诗，前枉制未及和。尹十二去，应能尽说此中事，故略不论。知与师鲁相见，少酒为欢，值无酒寄去，奈何。渐寒，千万自爱。不宣。修白。

——《欧阳文忠公集·书简》卷六，《与梅圣俞》

仁宗明道二年癸酉（1033）三十二岁

　　洛阳是文人学士诗酒流连的场所，但是欢乐的后面，也还有不少的忧虑。钱惟演想和皇帝拉拢，作为进身的地步，受到打击以后，又找到一条道路。仁宗的母亲李宸妃，人已死了，追谥章懿太后，惟演正在计划和李家结亲。御史中丞范讽听到这个消息，立即上奏。他说惟演不应当考虑和章懿太后家结亲；他又说在章献刘太后听政的时候，惟演和刘太后家结亲，权威太盛，岂能一误再误。最后他说惟演必须降黜以儆效尤。

　　仁宗和宰相们商议，认为刘太后听政的时候，惟演曾经得到重视，可是刘太后上年刚刚去世，还没有下葬，便把惟演下黜，自己心中也有所不忍。

　　这一下激怒了这位御史中丞了。范讽带着任命状，当时称为告身，一直到皇帝面前。他说："微臣奉有诏书，日内必须前往洛阳，经营皇陵，倘使惟演仍在西京，他手下的刺客正多，微臣实在没有前去的胆量。"他决心把告身还给皇上，不再当这个御史中丞了。御史官的纱帽掼下了。仁宗没有办法，只有让惟演先去随州，回到他的崇德军[1]节度使本任，连带他的儿子也受到贬斥。

　　对于惟演，这又是一次严重的打击。就算真和李家结亲，又犯了什么法？难道李家便永远不结亲了吗？明道二年八月中，调任随州的诏书下来，当然还得准备，到十二月中旬，眼看不能把这次行期再向后推移了，惟演才决定起程。尧臣随众送行，过龙门，一直到彭婆镇。惟演一边为送行的人员置酒，一边吩咐歌女唱曲。

---

[1] 崇德军：此处误，应为"崇信军"。校订者注。

玉楼春

城上风光莺语乱。城下烟波春拍岸。

绿杨芳草几时休,泪眼愁肠先已断。

情怀渐变成衰晚。鸾鉴朱颜惊暗换。

昔年多病厌芳尊,今日芳尊惟恐浅。

在哽咽的歌声中,送客们看到这白发满鬓、形容憔悴的老上司,都感到一阵心酸。钱惟演没有觉得,只是一味地劝酒。歌女们的歌声又起了:

……昔年多病厌芳尊,今日芳尊惟恐浅。

眼泪簌簌地下来,惟演的眼泪、尧臣的眼泪,还有其他送客的眼泪。崇信军节度使的军马登道了,尧臣回到洛阳,有诗一首:

钱彭城公赴随州龙门道上作

零雨送车轮,初清远陌尘。

归藩汉东国,遮道洛阳人。

伊水照虹旆,楚山怀玉麟。

征轩不可恋,梗洇返城闉。

——《宛陵文集》卷三

惟演抱病离开洛阳,到了随州不久,就在景祐元年(1034)去世了。当他去世以后,尧臣有挽歌三首,录二首于此:

随州钱相公挽歌

昔日伤归国,今朝叹举輴。

忧愁传楚些,殄悴感周诗。

文草明时访，忠言故吏知。
居常呜咽涕，翻作众人悲。

去年伊水上，倾府望云岑。
路转犹回首，人谁不殒心。
可怜飞语后，挤恨九幽深。
从此埋英骨，空令泪满襟。

——同前

　　关于惟演的为人，我们知道不多，《续资治通鉴长编》曾经指出他急于求进，《宋史本传》甚至说他"急于柄用，阿附希进，遂丧名节"。急于求进是真的，但是在封建社会的官僚阶级里，这只是阶级性的一种表现，我们以此责备个别的官僚阶级分子，就不免片面了。从另一方面讲，《宛陵文集》中的挽歌，向不轻下一字，尧臣说"忠言故吏知"，指出惟演的忠言谠论，不为外间所知，这是一点。其次他说到"飞语""挤恨"，这就把范讽的诬陷，完全指出，谁能相信西昆派的才子，竟是一个刺客的主使者呢？

　　钱惟演去任以后，继任者王曙，对于尧臣的诗文，也是非常激赏的，他曾经指出两百年来，不曾有过同样的作品，这很可能意味着他认为尧臣的诗文，是唐元和、长庆以来不曾有过的。关于王曙，还有一个故事，相传王曙到官以后，看到西京留守的属员，爱好游宴，曾经有一次板着脸对他们说：

　　"诸位纵酒过度，没有看到寇莱公晚年的受祸吗？[1]"

　　"看到了，"一位站起对答道，"可是莱公的受祸，不是因为纵酒过度，而是因为年龄已高，不肯退休，老不知足啊。"

　　这个答复，使得这一位高年的西京留守默然了。

　　这个答复的属员，《宋史·王曙传》指为欧阳修，邵伯温《河南邵氏闻见录》指为梅尧臣。看来，还是《宋史》是根据可靠材料记下的。理由有三：

---

[1] 寇准，封莱国公，后为丁谓所排，贬崖州司户参军。王曙是寇准的女婿。

（一）尧臣官为河阳县主簿，与欧阳修官为西京留守推官不同，欧阳修是属员，梅尧臣不是；（二）钱惟演在十二月离洛阳，尧臣也在同月入汴，因此他和王曙的接触不多；（三）尧臣在这段时间里，比较平和，时人称为"懿老"，欧阳修比较轻率，称为"逸老"。对王曙说的话，虽然没有什么不妥，不免有些轻率。不过，我们也应当公正地指出，王曙入京拜枢密使同平章事以后，首先推荐欧阳修为秘阁校理，他毕竟还具有一定的风度。

第三章　政治斗争的开始

仁宗景祐元年甲戌（1034）三十三岁

明道二年的寒冬，送别钱惟演以后，尧臣也到汴京去了，这一次去是为了应进士试。他做过三任主簿，但是还没有挣到一名进士，因此必须前去。从后代看，考进士不过是为做官，做了官何必赴考呢？但是宋代人认为必须中进士，才算是正途出身，因此常有做官多年，还得准备应试的，尧臣也有这样的看法。

欧阳修在送别尧臣以后，曾有这样的诗句：

>……
>诏书走东下，丞相忽南迁。
>送之伊水头，相顾泪潸潸。
>腊月相公去，君随赴春官。
>送君白马寺，独入东上门。
>故府谁同在，新年独未还。
>当时作此语，闻者已依然。
>——《欧阳文忠公外集》卷二《书怀感事寄梅圣俞》

这一年考试，尧臣失败了，集中有《西宫怨》一首：

> 汉宫中选时，天下谁为校？
> 宠至莫言非，恩移难恃貌。
> 一朝居别馆，悔妒何由效？
> 买赋岂无金？其如君不乐。
> ——《宛陵文集》卷三

他的表兄施伯侃同样也遭遇失败，那时梅询正在并州任内，因此伯侃决定还是到梅询那里去。尧臣寄居汴京御桥，生活感到潦倒，在伯侃动身那天，只能作诗一首：

外兄施伯侃下第赴并门叔父招

> 共是干时者，同为失意人。
> 言趋太原召，如慰宛陵亲。
> 笳鼓听临塞，琴书未离身。
> 别君无斗酒，当识士安贫。
> ——同前

考试失败，官没有丢，尧臣任职德兴县了。德兴县在江南西路，令当然是一县之长，可是宋代的官制非常紊乱，德兴县令用不着去德兴县，后来欧阳修在《梅圣俞墓志铭》里，说尧臣以德兴县令知建德县，指出这一个事实。

洛阳还有一个朋友，这时也在东京，这是富弼，字彦国，河南人。尧臣做河阳县主簿的时候，富弼签书河阳判官，欧阳修在《书怀感事》里曾经写到当时这些朋友：

……希深好风骨，迥出风尘间。师鲁心磊落，高谈义与轩。子渐口若讷，诵书坐千言。彦国善饮酒，百盏颜未丹。几道事闲远，风流如谢安。子聪作参军，常跨破虎鞯。子野乃秃翁，戏弄时脱冠。次公[1]才旷奇，王霸驰笔端。圣俞善吟哦，共嘲为阆仙。……

——《欧阳文忠公外集》卷二

尧臣和富弼相互钦佩，但是过往却不太密切。这时富弼在政治界中虽开始露出头角，还没有引起太多的注意。尧臣的县令发表以后，富弼的绛州通判也发表。尧臣在送别诗中，提到两人的处境：

彦国通判绛州

结友时未久，情亲心已照。氛埃外自遣，风月还同调。复与任浮沉，未尝趋近要。以此虽处贫，宁防俗者诮。今将辞我去，尽日来谈笑。穷巷敞茅茨，高言出廊庙。且作朱绂行，聊能发光耀。当亦就铜墨，远之江海徼。山郭寂无喧，云川不妨钓。所嗟胡越人，千里烦登眺。

——《宛陵文集》卷三

从"穷巷敞茅茨，高言出廊庙"两句，可以看到这两位年轻人对于国事的关心。政海中虽然还没有滔天的风波，但是远处的乌云已经逐步积集，一场大风波就要来临了。

尧臣对于叽叽喳喳挑剔拨弄的小人痛恨之至，他的心情也变了。在洛阳的时候，他是一位自由自在的少年诗人，现在却有些急躁，愤懑的辞句开始从诗篇里出现。他诅咒坏人，但是对于他们最后的失败，却没有感到任何的怀疑。

---

[1] 次公，未详。疑为"孙长卿"。校订者补注。

聚蚊

日落月复昏,飞蚊稍离隙。聚空雷殷殷,舞庭烟幂幂。蛛网徒尔施,螗斧讵能磔。猛蝎亦助恶,腹毒将肆螫。不能有两翅,索索缘暗壁。贵人居大第,蛟绡围枕席。嗟尔于其中,宁夸觜如戟。忍哉傍穷困,曾未哀癯瘠。利吻竟相侵,饮血自求益。蝙蝠空翱翔,何尝为屏获。鸣蝉饱风露,亦不惭喙息。薨薨勿久恃,会有东方白。

——《宛陵文集》卷三

"穷困"不是指一般人民,因为当时的梅尧臣,虽然对于人民有他的同情,但是还不可能深刻地体会人民的艰苦,他所指的只是和他一样的政治失败者,所以欧阳修只能这样安慰他:

……
江南美山水,水木正秋明。
自古佳丽国,能助诗人情。
喧嚣不可久,片席何时征?

——《欧阳文忠公外集》卷二《和圣俞聚蚊》

尧臣的《余居御桥南夜闻袄鸟鸣效昌黎体》也是同一时期写出的。在这首诗里,他说道:

尝忆楚乡有袄鸟,一身九首如赘疣。
或时月暗过闾里,缓音低语若有求。
小儿藏头妇灭火,闭门鸡犬不尔留。
我问楚俗何苦尔,云是鬼车载鬼游。
鬼车载鬼奚所及,抽人之筋系车辀。

——《宛陵文集》卷三

他的诗变了,这里看到的是诙诡、变幻。当然,正如他所说的,他是从韩愈那学到的。有了这样的成就,当然和贾岛分路,"共嘲为阆仙",这时已经成为陈迹了。

景祐元年三月间,谢绛在汴京担任开封府判官的工作,不久以后,他以度支判官、兵部员外郎的名义直集贤院。八月间又奉命为契丹生辰使,那时宋王朝和契丹是兄弟之国,每年互派生辰使、正旦使。谢绛因为父亲谢涛年老,请求另派,十月间改派杨偕。在谢绛请求改派的过程中,尧臣知建德县的任务发表,八月,他向谢绛告别。别后有诗,提起"把酒非前夕,追欢忆去年"。他对于明道二年和谢绛在洛阳的欢聚,还是不胜惘然的。

仁宗景祐二年乙亥(1035)三十四岁

尧臣从汴京到家,已是景祐元年的岁暮了,次年端午前后,才到建德上任。建德县属江南路的池州,后代称为秋浦县,又改至德县,现代和邻县东流合并,称为至东县[1]。尧臣虽然是第一次做知县官,但是以前做过三任主簿官,对于民情应当知道一些,可是他在桐城任上,还很年轻,没有经验;在河南、河阳两任,他这主簿官是浮在上层的,饮酒赋诗,对于人民并没有实际的接触。到了建德,情况完全不同了,一切都得从头学起,因此他对于人民更接近、更了解。

到任之初,看到县衙门是一圈竹篱笆,东缺一角,西缺一方,破破烂烂的连破庙也不如。怀着满腹的不高兴,他和县吏们商量,准备筑一道土围墙,把县衙圈起来。

"土质太松,办不到啊。"县吏说,"夏天雨水多,土墙一倒,就这样冲垮了。"

尧臣估计一下,这里面八成有诡。竹篱笆是向人民征收的,冬天修西边,

---

[1] 原文误。1959年5月15日,东流县、至德县合并为东至县,时属安庆专区,今属池州市。校订者注。

春天修北边，就为县吏安下一个常年向人民敲诈的无底洞。筑围墙也许目前辛苦一些，可是辛苦一时，安静多年。他坚持要筑围墙，事情果然办通。他了解到事必躬亲，也了解到在县官和人民之间，还有县吏这一个中间阶层，必须注意。

仁宗景祐三年丙子（1036）三十五岁

建德是一个小县，事情是不多的，可是宋王朝中央政治斗争的喧轰，不断地传到这个丘陵区的县城。景祐三年四月间的一场大爆裂，终于把尧臣从他的书斋中喊醒了。

11世纪初期封建王朝的政治斗争是没有多大原则性的，最初多半是由于私人间的摩擦。偶尔有人找到一些较好的借口，便把这场斗争说得有声有色。万一这些人赢得胜利，把对方打下去，他们就上台了。上台的时候，依然也是拖亲带友维持一个空场面。已经下台的一帮人，雄心不死，准备重新上台，而在台上的一帮人，人数多了，本来良的就不多，倒不是良莠不齐，实际上是分配无方，利害冲突，内部发生矛盾，于是再闹摩擦，把早先的情况，彻头重演。在这些人中间，我们也不能说他们统统一样，没有一个彼善于此，可是必须记清，好的也有一定的局限，因为他们还是封建统治阶级的成员，不可能不受到阶级性的限制。

景祐三年政治斗争的根子，应当说从明道二年就伏下了。天圣元年，仁宗即位改元，实际上政权掌握在嫡母刘太后手里，天圣前后九年，明道前后二年，十一年之间，刘太后统治国家，仁宗是不敢过问的。明道二年三月，刘太后死了，朝廷中的政治斗争开始。只要指出某人曾经得到太后的重视，便成为他下台的张本。钱惟演的失势，其故即在于此。四月，仁宗和宰相吕夷简商议，认为枢密使张耆，枢密副使夏竦阿附太后，决定罢免二人，刷新朝政。

回宫以后，仁宗和郭皇后谈及。

"张耆、夏竦是阿附太后的，"郭皇后说，"可是夷简也不是没有阿附啊。要刷新朝政就得从吕夷简刷新起。"

四月间，刷新的命令下来了，吕夷简、张耆、夏竦同时罢免，这就种下了郭皇后和吕夷简二人之间的矛盾。十月，宰相张士逊因为不称职下台，重新启用吕夷简。仅仅过了两个月，皇帝宫中的家务闹开了。仁宗宫中尚美人、杨美人得宠，郭皇后气不过，一巴掌打过去，恰巧皇帝从中调解，巴掌打到皇帝颈子上，仁宗受不了这个闷气，和宰相吕夷简商议，决心要废郭皇后。夷简看到皇帝颈子上一道道的血印，极口赞成废后，第一个反对的是右司谏范仲淹，他认为这个主张必须停止，千万不能执行。可是皇帝已经决定了，吕夷简盼咐下来，谏官章疏，一概不受。仲淹和御史中丞孔仲辅[1]合计，率同谏官，共称皇后不当废。章疏传不进皇宫，怎么办？仲淹等准备进宫面奏。待到他们走到殿门的时候，殿门已经关上了。

道辅拍着殿门，大呼一声："皇后被废，奈何不听台谏进言？"

事情已经闹到这样，皇帝盼咐谏官们到中书省公议。

道辅、仲淹率同一班谏官直到中书省，宰相吕夷简迎着大众坐下。

"人臣之于帝后，犹人子之于父母，父母不和，固宜谏止，奈何顺父出母？"道辅侃侃地说开了。谏官们也纷纷地提出质问。

夷简安详应答道："废后自有故事。"

仲淹说："相公不过引汉光武废后故事，这是光武的错误，不值得学习的。自古只有昏君才废皇后，皇上是尧舜之主，可是相公偏偏劝皇帝学昏君，这是什么道理？"

话说僵了，夷简站起来拱着两手道："诸位见到皇上的时候，再努力陈谏吧。"

斗争的形势已经揭开了，可是夷简是一位老练的封建官僚，他取得皇帝的同意，发表孔道辅知泰州，范仲淹知睦州的命令。皇帝的圣旨是违抗得了的吗？他一边押道辅、仲淹从速赴任，一边指出台谏不得直扣宫门，惊动中外。

---

[1] 孔仲辅，应为孔道辅，见《宋史·孔道辅传》。校订者注。

郭皇后废了，封为净妃，道号玉京冲妙仙师，景祐元年出居瑶华宫。尚美人也入道，杨美人安置别宅。这一年九月，立曹氏为皇后。皇宫里的问题解决了，但是朝廷之上，不久就形成两派的对立。老练的吕夷简没有一定的原则，但是他有灵活的手腕，有升降予夺的大权，凭他自己的估计，一个人准能应付范仲淹这些人，何况他的背后，有撑腰的皇帝，和一大群唯唯诺诺俯首听命的官僚。他的对手孔道辅已经去世了，现在的领导人是范仲淹。范仲淹不是贬去睦州了吗？可是我们必须了解，尽管仁宗竭力支持吕夷简，但是封建时代的皇帝，有他们心传的一套办法。他们决不让一派单独执政，造成一面倒的局势，以致危及他们自己的存在。景祐元年的十月，范仲淹又以天章阁待制的名义入汴，不久以后，他的权知开封府发表，形成汴京的另一派政治势力。

景祐三年五月，范仲淹向吕夷简进攻了。他认为吕夷简的为人，处处徇私，皇上必须知道用人迟速升降的规律，不能完全委托宰相。他画上一幅升官图，当着仁宗、夷简指出："这样做是合法的，这样做是不合法的，这样是公，这样是私。"

夷简的内心进行打算，倘使人事调动，也有一定的规律，那么自己的升降予夺的大权在哪里，又凭什么去指挥那一班俯首听命的官僚？这一幅升官图，不是拆毁自己政治基础的蓝图是什么？

在斗争中，夷简指出仲淹的迂阔好进、有名无实。仲淹再进四论：（一）帝王好尚论；（二）选任贤能论；（三）近名论；（四）推委臣下论。尤其是第四篇，直接刺中夷简的要害。仁宗自称以大权委丞相，仲淹指出皇上只能——

> ……委以人臣之职，不委以人君之权……若乃区别邪正，进退左右，操荣辱之柄，制英雄之命，此人主之权也，不可尽委于下矣……当推委之际，擢十人，上从其九，是九分之恩，出于下矣。如此，则数年之间左右前后皆权臣之党也。若黜辱十人，上从其九，是九分之威出于下矣。如此，则数年之间中外远近无敢忤权臣者故下之

情不达而上之势孤矣……若留意逸豫，不孜孜于求贤，亲选之时，无贤可用，则进退赏罚，复归于下。虽有爵禄，不足为上之恩。虽有诛罚，不足为上之威矣。

——《范文正公集》卷五

仲淹有的是一套封建政治理论，他指出仁宗必须自己掌握大权，不能把大权交给丞相。这是什么意思呢？夷简认为仲淹"越职言事，荐引朋党，离间君臣"。仁宗在夷简的坚持之下，同时也认为群臣结为朋党，必然要威胁整个的统治机构。五月初九日，权知开封府范仲淹落职，知饶州。

秘书丞、集贤校理余靖上疏，认为范仲淹论及大臣，重加贬黜，恐非太平之致，请收回成命。十四日余靖落职，监筠州酒税。太子中允、秘阁校勘尹洙上疏，自言仲淹既以朋党得罪，自己曾受仲淹论荐，请求连坐，十八日尹洙落职，监郢州酒税。

十天之内，范仲淹、余靖、尹洙相继被贬斥，当时的台谏，负有进言之责，但是他们噤若寒蝉，一言不发，馆阁校勘欧阳修因为右司谏高若讷不但没有为范仲淹仗义执言，反而随声诋诮，给若讷去一封信，他说：

……前日范希文[1]贬官后，与足下相见于安道[2]家。足下诋诮希文为人。予始闻之，疑是戏言，及见希鲁，亦说足下深非希文所为，然后其疑遂决。希文平生刚正、好学、通古今，其立朝有本末，天下所共知。今又以言事触宰相得罪。足下既不能为辨其非辜，又畏有识者之责己，遂随而诋之，以为当黜，是可怪也。夫人之性，刚果懦软，秉之于天，不可勉强。虽圣人亦不以不能责人之必能。今足下家有老母，身惜官位，惧饥寒而顾利禄，不敢一忤宰相以近刑祸，此乃庸人之常情，不过作一不才谏官尔。虽朝廷君子，亦将闵足下之不能，而不责以必能也。今乃不然，反昂然自得，了无愧

---

[1] 范仲淹。
[2] 余靖。

畏，便毁其贤以为当黜，庶乎饰己不言之过。夫力所不敢为，乃愚者之不逮；以智文其过，此君子之贼也。……昨日安道贬官，师鲁待罪，足下犹能以面目见士大夫，出入朝中称谏官，是足下不复知人间有羞耻事尔。

——《欧阳文忠公外集》卷十七《与高司谏书》

欧阳修不是言官，因此他不得不责望若讷，这是正确的。若讷受不了欧阳修的责难，随即把原信缴给皇上，请求严加戒谕，免惑众听。二十一日，欧阳修落职，为夷陵县令，十三天之内，范仲淹、余靖、尹洙、欧阳修相继落职，贬窜南方。仁宗正在不断地用诏书把他们这一群人凝聚起来。西京留守蔡襄作《四贤一不肖诗》[1]，四贤指范仲淹等四人，不肖指高若讷，更用诗歌的形式，把政治斗争的情况广泛流传。泗州通判陈恢上疏请根究作诗者之罪，不提防左司谏韩琦对陈恢又来一次弹劾，认为他越职希恩，必须严加贬黜以绝奸谀。战线越拉越长了，仁宗感到有些厌倦，一概不问，只得下诏严戒百官越职言事。光禄寺主簿苏舜钦上书，仍请皇帝纳谏，他说道"伏望陛下需发德音，追寝前诏，憗于采纳，下及刍荛，求睹四海之安危，垂念朝廷之阙失"[2]。

宋王朝中央政治斗争的呼声，不断地传到山区的县城。尧臣和尹洙、欧阳修都是洛阳的旧交。余靖虽不太熟，可是范仲淹是洛阳的旧交，在汴京和洛阳，都常来往[3]，他对于仲淹的抱负是熟悉的，但是从另一方面讲，吕夷简和叔叔梅询是至交，尧臣对他也不陌生。假如当时确有朋党，尧臣应当站在哪一边呢？

在抉择方面，尧臣没有露出一瞬的迟疑，他认为仲淹的立场，完全为的是国家大局，为的是宋王朝的安危，仲淹和啄木鸟一样，啄去老树的蠹虫，

---

[1] 蔡襄《忠惠公集》卷三。
[2] 《苏舜钦集》卷十一《乞纳谏书》。
[3] 《宛陵文集》卷十五《闻高平公姐谢述哀感旧以助挽歌三首》之二："京洛同逃酒，单袍跨马归。"

不幸地却为园主人所摧毁。

彼䴕吟

䴕木喙虽长，不啄柏与松。松柏本坚直，中心无蠹虫。广庭木云美，不与松柏比。臃肿质性虚，朽蝎招猛觜。主人赫然怒，我爱尔何毁。弹射出穷山，群鸟亦相喜。啁啾弄好音，自谓得天理。哀哉彼䴕禽，吻血徒为尔。鹰鹯不搏击，狐兔纵横起。况兹树腹息，力去宜滨死。

——《宛陵文集》卷四

尧臣对于腐朽的宋王朝，没有什么幻想，所以说"广庭木云美，不与松柏比"，既然臃肿腐朽，那么不啄去害虫，还有什么其他的办法呢？"吻血徒为尔"，指出彼䴕之死，只是为树木，在彼䴕既死之后，树木也决然逃不了死亡的命运。"力去宜滨死"是指树木之死。

尧臣对于仲淹的同情，不仅见于隐隐约约的《彼䴕吟》，还有直陈所怀的三首诗：

闻欧阳永叔谪夷陵

共在西都日，居常慷慨言。
今婴明主怒，直雪谏臣冤。
谪向蛮荆去，行当雾雨繁。
黄牛三峡近，切莫听愁猿。

——《宛陵文集》卷四

闻尹师鲁谪富水

朝见谏臣逐，暮章从谪官。
附炎人所易，抱义尔惟难。
宁作沉泥玉，无为媚渚兰。

心知归有日，时向斗牛看。

——同前

寄饶州范待制

山水番君国，文章汉侍臣。
古来中酒地，今见独醒人。
坐啸安浮俗，谈诗接上宾。
何由趋盛府，徒尔望清尘。

——同前

尧臣的态度非常鲜明，没有任何的隐讳，也不可能作任何的误解。这正是"梅诗"的特色，也是"宋诗"的特色。"宁作沉泥玉，无为媚渚兰"，正是经过千锤百炼才能得到的诗句。尧臣自己远贬建德，何尝不是"沉泥玉"呢？景祐元年赴任建德的时候，他曾提到"无由恋中国，不久之南方"。景祐二年，欧阳修探问他的动静，他只能说"君问我何为？但云思寡过"[1]。尧臣胸中，也是满腹的牢骚，但是他有决心做"沉泥玉"，在这一点上，他和仲淹这一群人，是完全一致的。

最能道出尧臣内心世界的是他的《灵乌赋》。

乌之谓灵者何？噫，岂独是乌也。夫人之灵，大者贤，小者智。兽之灵，大者麟，小者驹。虫之灵，大者龙，小者龟。鸟之灵，大者凤，小者乌。贤不时而用智给给兮，为世所趋；麟不时而出驹流汗兮，扰扰于脩途。龙不时而见龟七十二钻兮，宁自保其坚躯。凤不时而鸣乌哑哑兮，招唾骂于邑间。乌兮，事将兆而献忠，人反谓尔多凶。凶不本于尔，尔又安能凶。凶人自凶，尔告之凶，是以为凶。尔之不告兮，凶岂能吉？告而先知兮，谓凶从尔出。胡不若凤

---

[1] 《宛陵文集》卷四《得欧阳永叔回书云见来客问予动静备详》。

之时鸣，人不怪兮不惊。龟自神而刳壳，驹负骏而死行，智鹜能而日役，体劬劬兮丧精。乌兮尔灵，吾今语汝，庶或汝听：结尔舌兮钤尔喙，尔饮喙兮尔自遂。同翱翔兮八九子，勿噪啼兮勿睥睨，往来城头无尔累。

——《宛陵文集》卷六十

后面五句见到尧臣对于仲淹的关切。仲淹读到这篇赋以后，也作了一篇《灵乌赋》。他在赋中说："梅君圣俞作是赋，曾不我鄙，而寄以为好。因勉而和之。"仲淹的赋，开始就是"灵乌灵乌，尔之为禽兮，何不高翔而远翥？何为号呼于人兮，告吉凶而逢怒？方将折尔翅而烹尔躯，徒悔焉而亡路。彼哑哑兮如诉，请臆对而心谕。"他承认自己是灵乌，也了解到因为告人吉凶，乌的前面正展开一条死亡的道路，但是他不因为这样而有所退缩，有所畏避。"君不见仲尼之云兮'予欲无言'。累累四方，曾不得而已焉？又不见孟轲之志兮，养其浩然。皇皇三月，曾何敢以休焉？此小者优优，而大者乾乾。我乌也勤于母兮自天，爱于主兮自天；人有言兮是然，人无言兮是然。"[1]

仲淹抱定决心，正和《离骚》的作者一样：

余固知謇謇之为患兮，忍而不能舍也；指九天以为正兮，夫唯灵修之故也。

他把忠而不舍的精神，和骚人的九死不悔联系起来，这一切更引起尧臣的羡慕。"古来中酒地，今见独醒人"，把仲淹提到不同一般人的高度。

从另一方面看，他把他们的政敌在《猛虎行》里给以具体的形象：

山木暮苍苍，风凄茆叶黄。有虎始离穴，熊罴安敢当。掉尾为

---

[1] 《范文正公集》卷一《灵乌赋》。

旗纛，磨牙为剑铓。猛气吞赤豹，雄威蹑封狼。不贪犬与豕，不窥藩与墙。当途食人肉，所获乃堂堂。食人既我分，安得为不祥。麋鹿岂非命，其类宁不伤。满野设置网，竞以充圆方。而欲我无杀，奈何饥馁肠。

——《宛陵文集》卷四《猛虎行》

这是一首非常深刻的讽刺诗。在这里，我们看到一篇"吃人逻辑"的作品。在猛虎的眼光里，吃人是一件堂堂正正的事。固然人对于吃人会有一些同类的伤感，但是麋鹿对于麋鹿还不是同样悲伤，麋鹿既然可吃，人当然也是可吃的了。还有，人在满山遍野都安排了罗网和陷阱，把猎获的动物作为平日的食品，偏偏要虎不吃人那怎样来满足猛虎的饥肠呢？

中国诗里，讽刺一向是被容许的，在古代甚至还认为这是人民对于统治者进行政治斗争的有力武器。但是在传统的作品里，讽刺诗都写得很含蓄、很曲折，即使有时在剧烈冲突中，写得比较直率一些，但是像《猛虎行》这样辛辣的讽刺，把吃人逻辑写得这样血淋淋的，毕竟是非常罕见的。明代王世贞的《袁江流》以将近两千字的篇幅，对于严嵩、严世蕃父子进行辛酸苦辣的挞伐，确实是一篇名著，但是那是站在人的立场上对于坏人进行抨击，而尧臣这一篇却是站在猛虎的立场上宣扬他的"吃人逻辑"，因此他的讽刺更深刻、更沉痛。

把吕夷简写成这样的猛虎，是不是恰当呢？应当说这是不恰当的，因为夷简虽是居心深沉、没有原则的大官僚，为了保持个人的权威，对于任何人没有什么顾惜，他比猛虎还要毒辣，但是他并没有像《猛虎行》那样，正面提出吃人的主张。我们可以从下面两个故事看出。

明道初年，范仲淹为右司谏的时候，王随为参知政事。宰相吕夷简对王随不满意，对仲淹说起：

"王参政近来带同师巫入宫，还有很多类似的事，真是不成话了！希文，你看是不是应当提一提？"

"关于王参政的事，仲淹不很熟悉，一时还不便提出。"仲淹说。

夷简看到仲淹不准备对于王随提出弹劾，唯恐事机泄漏，事后他和王随闲谈反而说起："日前范司谏对于师巫入宫一事，打算进行弹劾。夷简知道以后，把事情的曲折和他说明，现在算是结束了。"

王随很感激夷简的好意，可是对于仲淹却在无形之中提高了警惕。

又有一次，仲淹和夷简闲谈人物时，夷简和仲淹说：

"人才有的是，可是从我所见到的看，没有节行之士啊。"

"天下固有人，可是相公没有看到，"仲淹说，"相公把人才都看作没有节行的，那时有节行的也就不会给相公看到了。"[1]

吕夷简不是猛虎，可是他有时却比猛虎来得更凶恶。我们读到《猛虎行》的时候，可能要希望尧臣写得更深刻一些。

对于统治者感到深沉的失望以后，必然会更进一步向人民靠拢，尧臣有过一些同情人民的作品，现在更靠近了。

田家

南山尝种豆，碎荚落风雨。

空收一束萁，无物充煎釜。

——《宛陵文集》卷四

陶者

陶尽门前土，屋上无片瓦。

十指不沾泥，鳞鳞居大厦。

——同前

在这漫长的日子里，尧臣对于国家的前途，感到栗栗危惧，但是自己在这深山的小县里，能做些什么呢？他不止一次地说到自己的立场。

---

[1] 二事皆见《韩魏王遗事》。

巧妇

巧妇口流血，辛勤非一朝。
莽荼时补缀，风雨畏漂摇。
所托树枝弱，而嗟巢室翘。
周公诚自感，聊复赋《鸱鸮》。

——同前

县署丛竹

袅袅幽亭竹，团团自结丛。
寒生绿樽上，影入翠屏中。
陶柳应惭弱，潘花只竞红。
方持雪霜操，不敢倚春风。

——同前

这两首诗都是用的比兴，在次年的诗中，他直接揭开：

古意

月缺不改光，剑折不改刚。
月缺魄易满，剑折铸复良。
势利压山岳，难屈志士肠。
男儿自有守，可杀不可苟。

——《宛陵文集》卷五

在这首诗中，尧臣的立场，已经无可怀疑了，但是志士之肠、男儿之守，究竟是怎么样呢？尧臣不可能提得更具体。他在《观博阳山火》这首诗里指出：

……
青松心已烂，蔓草根未焦。

> 小农候春锄，寒客失冬樵。
> 谁知兼并子，平陆闲肥饶。
> 不易天地意，长养非一朝。
>
> ——同前

他理解到贫农在耕地遭到掠夺以后，只能到深山里开荒，向森林边缘，蔓草丛生的场所去要粮食，他也知道平川肥饶的土地，都被剥削者掠夺占有了。他感到不平，但是最后只是无力地说出"不易天地意，长养非一朝"。

仁宗景祐四年丁丑（1037）三十六岁

同样地，他在次年到汴京去的途中，看到汴水暴涨，纤夫的痛苦，尽管有非常深刻的同情：

> ……输卒引纤兮，蓬首裸体剧缧囚。赤日上煎兮，胶津臡气塞咽喉。胸荡肩挨同轭牛，足进复退不得休，竟持纸币挂庙陬，微风飘扬如喜收。

可是他的结论只是：

> 我今语神神听不？何不归海事阳侯。
> 穿鱼大龟非尔俦，奚必区区此汴沟。
> 惊愚骇俗得肴羞，去就当决何迟留。
>
> ——《宛陵文集》卷五《庙子湾辞》

尧臣指出人民的痛苦，但是他提不出解决痛苦的方法。他甚至认为这是天命，无法改变这种痛苦的命运，最多也只能吁请神道接受纤夫的恳求，给他们让出一条生存的道路。命运为什么不能改变呢？神道倘使不肯接受人的吁请,我们应当提出怎样的斗争的方法呢?尧臣没能告诉我们。那么即使他真的"月缺不改光,剑折不改刚",这样的光辉和刚强究竟能起一些什么作用呢?尧臣受到时代和阶级的限制,无法做出有力的答复,我们也就无法苛求古人了。

第四章　西夏战事的阴影

仁宗景祐五年，又称宝元元年戊寅（1038）三十七岁

在建德的生活，看看已满三年了。在最后这一年，他把任务交给继任徐元舆，准备再回汴京。范仲淹约他到江西去，同游庐山。在仲淹席上，一位吃过河豚的朋友和他提到这个美味，尧臣留下有名的四句诗：

> 春洲生荻芽，春岸飞杨花。
> 河豚当是时，贵不数鱼虾。
> ……
> ——《宛陵文集》卷五《范饶州坐中客语食河豚鱼》

这一年春天，欧阳修自夷陵县令调乾德县。乾德在现代湖北省老河口市光化县，因为距汴京较近，就是说他所受的政治处分减轻了。初调乾德的时候，他听到尧臣改任京官，向他致贺，说："圣俞久滞州县，今而泰矣，下交欣慰，何可胜言。"[1] 实际上在京中候试的生活也是穷困潦倒。早年的朋友欧阳修在乾德县，尹洙在长水县，不但远离汴京，而且是风尘仆仆，在政

---

[1]　《欧阳文忠公集·书简》卷六《与梅圣俞》。

治方面，找不到一些出路。这一年冬天来得特别早，九月间大雪飘飘，堆满了汴京的大街小巷。尧臣有诗一首：

九月都下对雪寄永叔师鲁

阴风中夜鸣，密雪逗晓积。
谁言有蓬巷？但见铺瑶席。
忽忆在山中，开户群峰白。
当时吟不厌，尽日坐岩石。
彷徨怀故人，憔悴为迁客。
欲泛剡溪船，路长安可适？

——《宛陵文集》卷五

在汴京，他结识了刘敞，北宋时代一位有名的博学之士。这时刘敞年仅二十五岁，但是在学识上已经有了一定的成就，他最初要尊尧臣为师，尧臣没有接受，他们之间的友谊，一直维持到尧臣身殁的那一年。初识的时候，尧臣有诗：

依韵和刘敞秀才

安得采虚名，师道欲吾广？虽然存术业，曾不计少长！孔孟久已亡，富贵得亦偒；后生不闻义，前辈惧为党。退之昔独传，力振功不赏；舌吻张洪钟，小大扣必响。近世复泯灭，务觉多忽悦。今子诚有志，方驾已屡枉。自惭怀道浅，所得可下上。正如种青松，而欲讬朽壤？典册皆可寻，圣言皆可仰。幸无增我过[1]，此语固不爽。

——同前

自从吕夷简和范仲淹交恶以后，统治阶级的内部矛盾不断发展，逐渐成

---

[1] 幸无，"无"原作"与"，《宋诗抄》作"幸无"。

为两个不同的派别，当时称为朋党。作为最高的统治者，皇帝不愿意群臣之间完全一致，因为一致了，皇帝无从操纵，但是也不愿意他们之间党派鲜明，因为太鲜明了，他们有了自己的领袖，皇帝更无从掌握，所以十月间仁宗下诏严戒朋党，可是一纸空文，也无从解决政治上的实际问题。

仁宗宝元元年戊寅（1038）三十七岁

十一月改元宝元元年，改元以后，在圜丘合祀天地，古代称为祫礼，是封建时代一种隆重的典礼。尧臣进诗三首：（一）宝元圣德诗；（二）祫享观礼十二韵；（三）祫礼颂圣德诗。在最后这一首诗里，他说：

> ……于时都人，于时妇女。于时蛮夷，异口同语。天子万年，仁圣之主。臣时执册，与物咸睹。敢播于诗，庶闻九土。
> ——《宛陵文集》卷六《祫礼颂圣德诗》

尧臣是同情人民的，为什么又颂扬盛德呢？这正和杜甫的三大礼赋，是同样的悲喜剧。

祫礼颂圣的诗献上去了，可是尧臣的政治道路还没有打开。寄居在汴京的斗室之中，他不由得怀念高年八十的老父，他有《思归赋》一首：

> 禄有可慕，禄有可去。何则，移孝为忠，曾无内顾，则禄可慕而可据。上有慈颜，以喜以惧，故禄可去而不可寓。噫，吾父八十，母发亦素，尚尔为吏，夐焉遐路，嗷嗷晨乌，其子反哺，我岂不如，郁其谁诉。
> ——《宛陵文集》卷六十

在皇帝祫祭大典告成之日，尧臣在京怀念父母之时，天上的乌云集合了，终于掀起一场滔天的巨浪，吞没了一切浮夸的虚文和私人的恩怨。西夏的赵元昊崛起西北，整个的宋王朝，重新陷入了进退两难当中。

咸平五年，李继迁攻陷灵州，改为西平府，建立了他的独立王国。次年进攻凉州，夺取西凉府。潘罗支伪降，但是随即发动吐蕃的部队，把敌人打退。继迁中流矢，不久身死，由儿子德明继立。德明用赵宋王朝赐姓，史家称为赵德明。景德三年，宋王朝授德明定难节度使，封西平王。独立王国还是独立王国，不过这个王国对宋王朝保持了一定的君臣关系，一直维持到天圣九年。

天圣九年，赵德明死，子元昊继立。宋王朝和西夏的关系，进入了一个新的阶段。一般史家都把德明写成一位恭顺的藩王，其实在继迁的战争不息，实力消耗以后，需要一个休养生息的阶段，宋王朝又因为内部腐朽，对于沿边的潜祸，无力过问，这就造成相安无事的情况。德明在日，元昊已经在天圣六年，袭取甘州，及至德明已死，他更向西进兵，终于夺取了瓜、沙、肃三州。他的地盘向西边扩大了，东自陕西省的东北角，西至河西走廊的全部，羌人、汉人还有部分的吐蕃人都受到他的统治。他在兴州建兴庆府，置十六司，作为统治的核心，结集了雄兵三十余万，准备在争取契丹的基础上，随时向宋王朝的延路进攻。

元昊的野心暴露，在当时已经成为公开的秘密。景祐五年正月雷震，皇帝照例要来一套修身反省的故事，同时下诏百官征求直言。大理评事、监在京店宅务苏舜钦应诏上书，他指出：

……天人之应，古今之鉴，大可恐惧。岂王者安于逸豫，信任近狎，而不省政事乎？庙堂之上，有非才冒禄，窃弄威福而侵上事者乎？又岂施设之政，有不便于民者乎？深宫之中，有阴教不谨，以媚道进者乎？西北羌夷，有背盟犯顺之心乎？臣从远方来，不知近事，心疑而口不敢道也。所怪者，朝廷见此大异，不修阙政，以厌天戒、安民心，默然不恤，如无事之时；谏官、御史，不闻进牍铺白灾害之端，以开上心。然民情汹汹，聚首横议，咸有忧悸之色。臣以世受君禄，身齿国命，涵濡惠泽，以长此躯，……惊怛流汗，欲尽吐肝胆，以拜封奏。又见范仲淹以刚直忤奸臣，言不用而身窜谪；降诏天下，不许越职言事。臣不避权右，必恐横罹中伤，无补于国，因自悲嗟，不知所措。……

——《苏舜钦集》卷十一《诣匦通疏》

从这篇奏疏里，我们可以看到景祐、宝元间的实际情况。在吕夷简、范仲淹的政治斗争以后，仁宗下诏禁止越职言事，但是统治阶级的内部矛盾正在不断地发展，皇帝后宫的争宠献媚，已经不是什么秘密，而西夏的背盟犯顺、跃跃欲试之心又为臣僚所共知。

景祐五年十月，就是宋王朝举行祫祭大礼的前一月，元昊称帝，建元天授，他一边称帝，一边对宋称臣，请求册封。他上表仁宗，略言：

……臣祖宗本出帝胄，当东晋之末运，创后魏之初基。远祖思恭，当唐季率兵拯难，受封赐姓。祖继迁心知兵要，手握乾符，大举义旗，悉降诸部。临河五郡，不旋踵而归；沿边七州，悉差肩而克。父德明嗣奉世基，勉从朝命。臣偶以狂斐，创小番文字，改大汉衣冠……文字既行，礼乐既张，器用既备，吐蕃、塔塔、张掖、交河，莫不从服。称王则不喜，朝帝则是从。辐辏屡期，山呼齐举，伏愿一垓之疆土，建万乘之邦家。再让靡遑，群集又迫，事不得已，显而行之。遂以十月十一日，郊坛备礼，为世祖始文本武、兴法建礼、仁孝皇帝，国号大夏，建元天授。伏望许以西郊之地，册为南面之君。敢竭愚庸，常敦欢好。

——《宋史纪事本末》卷三十

元昊的称帝与否，从后代看，这只是封建社会里寻常的事故，但是在11世纪的宋人看来，这里便有切身的利害。从北宋开国起，因为宋王朝和契丹王朝的对峙，人民逐步地看清自己和王朝休戚相关，契丹进一步扩张，便意味着自己必须接受外族的统治。仁宗至和二年范镇曾说："今契丹五十年不敢南人为寇者，贪金缯之利厚也。就使弃利为寇，则大河以北，妇人女子皆是乘城之人。"[1] 这句话一点也没有夸张。为了保障自己不受外族的统治，每一个人都看到必须武装自己击退敌人的进逼。从宋王朝的统治者看，元昊的称帝，只是定难节度使对于中央王朝的叛变，但是从人民看，问题的严重远过于此，这里意味着外族的进一步扩张，特别是对于关中的扩张，自己势必接受外族的统治，这里不是王朝之间的斗争而是民族之间、阶级之间、文化之间的斗争。再进一步讲，西夏向关中进逼，契丹王朝必然不肯坐视不理，何况此时元昊已经和契丹王朝结亲，两国之间已经形成联盟的关系。我们知道，结亲不一定是政治上的同盟，因为封建朝代的君主，通常是多妻制的实行者，不会因为一个妇女而进行战争，但是这时契丹、西夏间的婚姻，恰恰是军事和政治方面的勾结已经成熟的进一步证明，一旦契丹、西夏双方进逼，宋王朝是没有多大的前途的。仁宗可能还没有考虑到这个问题，但是比较敏感的士大夫，已经不能不感到问题的急迫。

尧臣是一位诗人，他做过三任主簿、一任知县，现在只是汴京城内的小官僚。个人生活的枯燥，使他想起早日还乡，但是国家处境的艰危，更使他胸中无时或释。他能做些什么呢？首先必须把自己的思想武装起来。他把《孙子》仔细读过，决心把这部书好好注释一番。

在国难逐步严重起来的时候，一头埋进古书注释中，可能引起世人的疑问，但是事实已经证明，在阶级斗争和民族斗争里，对于《孙子》的探讨，常常能解决不少的问题。

从南宋后期起，流行《十家注孙子》，但是在北宋时期多用曹操、杜牧、陈皞三家注，称为《三家孙子》。宝元元年尧臣注《孙子》，但是我们没有看到他的原本，尧臣也没有对于此书新注做出必要的说明。我们可以从欧阳修《孙子后序》看到尧臣的主张：

……夫使武自用其书，止于疆伯，及曹公用之，然亦终不能灭

---

[1] 见《续资治通鉴长编》卷一百七十九。

吴、蜀,岂武之术尽于此乎,抑用之不极其能也?后之学者徒见其书,又各牵于已见,是以注者虽多而少当也。独吾友圣俞不然,尝评武之书曰:"此战国相倾之说也。三代王者之师,司马九伐之法,武不及也。"然亦爱其文略而意深,其行师用兵、料敌制胜,亦皆有法,……而注者汩之,或失其意。乃自为注。凡谬[1]于偏见者皆抉去,传以己意而发之,然后武之说不汩而明。吾知此书当与三家并传,而后世取其说者,往往于吾圣俞多焉。圣俞为人谨质温恭,衣冠进趋,眇然儒者也。后世之视其书者,与太史公疑张子房为壮夫何异。

——《欧阳文忠公集》卷四十二《孙子后序》

尧臣注《孙子》,花了很大的精力,但是因为不是从实地经验出发,我们也很难做出具体的衡量。从他的诗歌里,也许可以看到他对于军事行动的看法。宝元三年有诗:

依韵和李君读余注《孙子》

我世本儒术,所谈圣人篇。圣篇辟乎道,信谓天地根。众贤发蕴奥,授业称专门。传笺与注解,璨璨今犹存。始欲沿其学,陈迹不可言。唯余兵家说,自昔罕所论。因暇聊发箧,故腴尚可温。将为文者备,岂必握武贲。终资仁义师,焉愧道德藩。挥毫试析理,已厌前辈繁。信有一日长,可压千载魂。未涉勿言浅,寻流方见源。庙谋盛夔契,正议灭乌孙。吾徒诚合进,尚念有亲尊。

——《宛陵文集》卷七

这一年宋王朝对于元昊的战争,已经揭开序幕了,所以有最后的四句,但是尧臣还是一位小小的县官,一边固然说是"吾徒诚合进",但是他正怀着请缨无路之悲,只能说是"尚念有亲尊"了。

---

[1] 原文"膠",疑为"谬"所误。校订者注。

康定二年，他有代人寄夏竦一首，那时夏竦正以陕西经略安抚招讨使判永兴军的名义驻兵鄜州：

> 宝元元年西夏叛，天子命将临戎行。二年孟春果来寇，高奴城下皆氐羌。五原偏师急赴敌，昼夜不息趋战场。马烦人怠当劲虏，虽持利器安得强。二师覆败乃自取，岂是廊庙谋不臧。朝廷又选益经略，三幕贤俊务所长。或取李悝备边策，或欲五道出朔方。仲夏科民挟弓矢，季冬括驴赍道粮。官军未进复犯塞，搴旗杀将何倡狂。遂令士卒愈沮气，欲使乘障胆不张。我愿助画迹且远，侧身西望空凄凉。庶几一言可裨益，临风欲寄鸟翼翔。所宜畜锐保城壁，转馈先在通行商。守而勿追彼自困，境上未免小夺攘。譬如蚊虻嘬肤体，实於肌血无大伤。此言虽小可喻远，幸公采用不我忘。……
> ——同卷《寄永兴招讨夏太尉》

在这首诗里，尧臣提出他的战略对策。宋王朝和西夏的战争中，大军都是从河南调去，很少是当地的兵士，在北宋力行中央集权的时候，这原是必然的。军队来自河南，加以那时对于西夏都认为是区区的小国，经不起一击。远来的军队，对于当地的情况完全不能理解，再加以无知的夸大狂，急于求战，这就为宋王朝大军的一再败溃创造了必然的条件。尧臣主张以重兵控制坚城，足食足兵，对于边区小城小镇的得失不必计较。可能他是从宋师屡败之后，获得这样的认识。能从失败中汲取教训，正是制胜的策略。

还有一首诗是嘉祐三年作的，那时庞籍正以故相坐镇并州，周介之的并州通判发表以后，尧臣有赠别一首：

> 相公秉文武，视卒如婴儿。今往佐其军，岂不重抚绥。我有愚者虑，赠君临路岐。相公居并州，拓土曾不疑。羌戎起潜变，一旦覆我师。我师无不勇，将吏实易之，常抱雪耻志，此旨君所知。兵家尤戒贪，持重养以威。正当土门路，自昔屯虎貔。朔朝及旨望，

大校饫酒卮。未若投单醪，共饮河水湄。古人维其均，今人意参差。临事欲之死，身往心已移。上能同甘苦，下必同安危。愿君因议论，兹语何难为。

——《宛陵文集》卷三十二《送周介之学士通判定州》

庞籍曾经参加对西夏的战争，因此尧臣特别提到当日的情况。嘉祐三年虽然战争平息多年了，但是从战争中所获得的经验教训，还是有用的。尧臣指出宋军的失败，主要由于轻敌，战士是勇敢的，没有好领导，战事只能以失败结束。他又指出在军队中官兵平等的必要性，认为将帅能与士兵同甘共苦，战事才能有胜利的把握。平时对士兵加以歧视，到临阵的时候，没有不失败的。

尧臣没有战争的经验，但是对于战略战术的探讨，不能不认为他有一定的成就。是什么思想在那里支撑他呢？当然这是由于他对国家、对人民有强烈的责任感，使他在不利的环境中坚持探讨，终于获得这样的成就。

从尧臣的生活里，我们看到他和朋友们常时谈到作战。一次他在骑马外出的时候，坠地伤臂，刘敞有诗一首：

圣俞坠马伤臂，以其好言兵调之

知兵心自许，见谓百夫雄。
上马常慷慨，堕车宁困穷。
诚非代大匠，疑欲作三公。
匹似陈汤病，犹成绝域功。

——《公是集》卷二十二

刘敞这首诗是开玩笑的，可是也正由此可见尧臣跃跃欲试的情况。在敌人进迫的时候，诗人的吟咏，有时会成为战士的咤叱。

对于尧臣注《孙子》，当时也曾有过评价。嘉祐元年（1056）尧臣为国子监直讲，其时胡瑗有《上仁宗兴武学疏》：

> 臣瑗闻，顷岁吴育已建议兴武学，但官非其人，不久而废。今梅尧臣曾注《孙子》，大明深义，孙复以下，皆明经旨；臣曾任边陲，颇知武事。若使梅尧臣兼隶武学，每日只讲《论语》，使知仁义忠孝之道，讲《孙》、《吴》，使知制胜御敌之术，于武臣子孙中，选有智略者三二百人教习之，则一二年必有成效。臣已选《武学规矩》一卷进呈。

胡瑗是北宋一位有名的道学家和教育家，在宋王朝和西夏作战的当中，曾经由范仲淹的推荐，参加实际工作，具有一定的作战认识。从他的推荐，我们可以看到尧臣的注《孙子》，是有切实体会的。

仁宗宝元二年己卯（1039）三十八岁

宝元二年的春天，尧臣以知襄城县的政治任务出京了。在这个时候，谢绛也奉有知邓州的任务。郎舅二人同时出京。襄城离汴京不远，但是由于谢绛的提议，二人先到邓州一下。

邓州是河南南部有名的富庶区域，湍水由西向东南流下，离州城一百二十里，有一座水库，称为美阳堰，因为保障水源，人民又在堰外筑了一二十座墩子，形成了堰外之堰。大堰崩溃，必得调动民夫修堰，增加人民的劳役，因此怎样可以解除这些劳役，便成为关心民事者的第一个课题。

谢绛到了邓州以后，打听到当地的老奸巨猾，逐年堆积修堰的茭草，坐待大堤崩溃，卖给公家修堰，取得高价；大堰不崩溃，他们便会决堰，造成人民的灾害。人民的命运，完全落在老奸巨猾的手里。在情况完全明了之后，谢绛决心在城西三里兴修新水库，认为这座水库离城近，容易掌握。人民可以获得灌溉的利益，同时又可以解除逐年大修的劳役。

尧臣在邓州，想起欧阳修在乾德，离邓州不远，因此约他前来。欧阳修的复信说：

> 某顿首启：前者见邸报，有襄城之命，乃知当与谢公偕行。然窃料旧尹当徙蜀，圣俞即留领县事。襄城居孔道，音信自此可日至，是以慢然未能作书。及县，走接太守，还，乃知前至南阳。南阳去邑，其间一驿尔。某当请见，直以公新下车，方布条教，伸威信，门生故人未宜往累于其间，须其旬浃少定尔。又恐圣俞莫能久留，或略命驾见过，此大幸也。为别五六岁，贬徙三年，水陆走一万二千里，乃于此处得见故人，所以不避百余里，劳君子而坐邀也。颙俟颙俟，相见旦夕尔，他不复道。
>
> ——《欧阳文忠公集·书简》卷六《与梅圣俞》

这次的见面，在邓州和乾德之间的清风镇，会面的时候，不仅是梅、欧二人，还有谢绛。事后尧臣有《代书寄欧阳永叔四十韵》，书中说到欧阳修也曾邀尧臣去乾德，不过没有去成：

> ……即欲朋簪盍，翻为俗事牵。爱婴娇哑哑，嗜寝复便便。鸡黍烦为具，轮辕岂得前。寄声勤以谢，幸子恕而怜。来贶诚为望，论情恐未捐。尝亲马南郡，果谒谢临川。遂得窥颜色，重忻论简编。聊咨别后著，大出箧中篇。问传轻何学，言诗诋郑笺。漂流信穷厄，探讨愈精专。道旧终忘倦，评文欲废眠。宁知主人贵，但见左鱼悬。所至同风月，相欢忆涧瀍。清歌嗟在耳，素发怪侵颠。翠堞时登眺，芳洲屡泝沿。难醒拨醅醆，殊厌落头鲜。坐竹听啼鸟，临流聒嘒蝉。孤亭起归梦，南陌去扬鞭。……
>
> ——《宛陵文集》卷六

从初夏到邓州以后，到八月底，尧臣已经不能再留了。他决定九月初一前往襄城。告别谢绛之后，他又和曹姓的一位官妓分别。有一首《一日曲》：

……昨日一见郎，目色曾不渝。结爱从此笃，暂隔犹恐疏。如何遂从宦，去涉千里途！郎跨青骢马，妾乘白雪驹。送郎郎未速，别妾妾乃孤。不如水中鳞，双双倚绿蒲。不如云间鹄，两两下平湖。鱼鸟尚有托，妾今谁与俱？去去约春华，终朝怨日赊。一心思杏子，便拟见梅花。梅花几时吐，频搯栏杆[1]数。东风若见郎，重为歌金缕。

——同前

宋代对于行政官的要求，不像后代严格，因此公署中有官妓，这一群歌女，按时要到官府参见，遇到宴会的时候，列队奏乐，有时还得陪同饮酒。曹姓也是歌女中的一名，《一日曲》是"曹"字的分写。

襄城是古代周襄王的故城，尧臣到襄城以后，满可以发一些怀古的幽情了。但是他怀念的却是陕北地区西夏对宋的进攻。《孙子注》早已进呈了，是不是可以给自己一个报国的机会呢？没有消息。

初冬时期，雪花纷飞，尧臣有《襄城对雪》二首，录一首：

登城望密雪，浩浩川野昏。
谁思五原下，甲色千里屯。
冻禽立枯枝，饥兽啮陈根。
念彼无衣褐，愧此貂裘温。

——同前

十一月的下旬，邓州的消息传到，谢绛死了。对于尧臣，这是一个重大的打击。尧臣在政治方面，有极大的抱负，他同情人民的艰苦，愤恨外族的侵凌，满怀着一腔为国为民的心愿，但是他在政治上没有多大的出路。那时是重视科举的时代，他的朋友尹洙就曾说过："带兵数十万，恢复燕云，凯歌回国，献俘太庙，都抵不上状元及第的光荣。"[2] 从今天看，这是非常可

---

[1] 原文"竿"，疑误。校订者注。
[2] 见田况《儒林公议》。

笑的言论，怎能把恢复失地的功业和区区个人的名位相比呢？可是我们必须记得尹洙是北宋时代有名的硬汉子，他和权贵对立，在对西夏的战争中，曾经亲临前敌，努力作战，因此我们不能把他看作一位羡慕浮荣的人物，为什么他会这样说呢？为什么南宋的文天祥直到临终的时候，还念念不忘他是"状元宰相"呢？那个时代，在科举方面的光荣，不是一种虚荣，而是为日后的政治发展铺平了道路。可是尧臣在考试中失败了，这条路眼看已经走不通。当然，这也不能说是完全绝望，不是也可以通过知己的推荐逐步提升吗？最亲近的是叔叔梅询，现在梅询已经衰老了，梅询所依仗的是吕夷简，可是尧臣和夷简有不同的政治立场，即使叔叔能给自己说话，夷简也不会出力，所以这条路又堵死了。洛阳的朋友尽管多，可是大家都浮沉下僚，无力推荐，因此唯一可以为尧臣出力的只有谢绛，谢绛的职务虽然只是邓州知州，可是他是尚书兵部员外郎，知制诰，在政治上具有相当的潜力，有能力，有抱负，只要他在邓州做出成绩来，随时可入汴京，担负领导工作，所以谢绛之死，对于尧臣是一个重大打击。

尧臣哪能不记起洛阳的生活呢？谢绛虽然比自己大不了几岁，但是凭他在各方面的成就，对于自己隐隐起了师友之间的作用。尧臣也记得在游嵩山的时候，自己还年轻，在武后封祀碑上，镌下了自己的姓名，后来谢绛就曾在信札中提出"武后封祀碑故存，自号大周，当时名贤皆镌姓名于碑阴，不虞后代之讥其不典也。碑之空无字处，圣俞记乐理国而下四人同游，镌刻尤精。仆意古帝王祀天神纪功德于此，当时甚美甚盛，后之君子不必废之坏之也"。[1]这几句提得很宛转，但是却是批评，批评了尧臣对于古迹的破坏。在洛阳时，尧臣同一群少年人作诗作文，除了钱惟演以外，能给尧臣以鼓励的不是谢绛又是谁呢？远的不必说，宝元二年四月以来，五个月中，在邓州和谢绛几乎是论诗言政，形影不离，然而现在谢绛死了，谁能想到八十日的别离会把平生知己化作地下故交呢？尧臣在挽诗里说：

---

[1] 谢绛《游嵩山寄梅殿丞书》。

忽惊南郊信，半夜雪中来。
遂哭寝门外，始嗟梁木摧。
文章千古盛，风韵故人哀。
忆昨临湍水，谁知隔夜台。

平昔闻严助，承明厌直庐。
请章来未久，捐馆遽何如。
无复淮南谕，曾成太史书。
苍苍不可问，挥涕望輀车。
——《宛陵文集》卷六《南阳谢紫微挽词》

尧臣对于谢绛的后事，考虑得很多，他想到要为谢绛下葬，还得给谢家买一些田庄和市房，供给遗族的生活。尧臣看定了洪家的庄园，准备按月从官俸里扣出一份钱来进行这一项买卖。欧阳修听到以后，和他说：

某顿首启：谷正来，得所示书。及见与谢家书，甚详。云买洪氏庄与卜葬、市屋业，皆其所急者也。又云减俸为助，此特圣俞患于力弱，不能厚报知己而然尔。恐于谢氏无益，而于圣俞有损尔。圣俞若此月减三五千，如失万钱，谢氏族大费多，得之未觉甚助。谢家亦自有书，必言，幸思之也。洪氏庄极佳尔，不须圣俞竭囊橐，此固亲朋好事，然幸其可以自办尔，望圣俞力为干之。某行必为带钱去。葬地已就此营卜。及市屋业差有绪，然次不可仓卒尔。他细故，尽谕谷正，可询之。谢氏醵赙已止，皆如雅意。某年尽必到襄城。祭文挽词极佳。冬冷保重。
——《欧阳文忠公集·书简》卷六《与梅圣俞》

欧阳修这封信，是他在邓州写的。这一年夏间，欧阳修自乾德县调为镇南掌书记、权武成军判官。武成军在当时的滑州，今河南省滑县。冬间他在建德交卸以后，先到邓州吊丧，所以有这封信。尧臣急于支援谢家，固然是出于亲谊，但是也正看到他那不知打算的生活态度，宋代的官俸是非常优厚的，可是在不知打算的情况下，也就必然地为尧臣的终身穷困埋下了种子。

十二月欧阳修自邓州，取道南阳，前来襄城，尧臣郊迎，有诗一首：

> 郭门临汝水，镜色入高衢。鞍马过其上，尘襟荡已无。及郊逢故友，出涕各沾襦。神物丧头角，空存尾与躯。沟木失匠斫，谁施蓝与朱？并辔不能语，斯文其已夫。归来授予[1]馆，自为炊雕胡。且勿厌兹会，日月易于徂。
>
> ——《宛陵文集》卷六《永叔自南阳至余郊迓焉首访谢公奄然相与流涕》

这一次的会面，罩上一层悲惨的阴影，因为谢绛死后，他们丧失了一位领袖，正如诗中所说的"神物丧头角，空存尾与躯"。

通过这一年，西夏的战事更迫在眉睫了。赵元昊称帝以后，宝元二年六月，宋王朝下诏，削元昊官爵。七月移知永兴军夏竦知泾州，兼泾原秦凤缘边经略安抚使、泾原路都部署；知延州范雍兼鄜延环庆路缘边经略安抚使，鄜延路都部署。宋代在这时候，还是以文臣主兵，这一次的布署是把陕西的重任交给夏竦、范雍二人。安抚使是大元帅，都部署是总指挥，实际执行指挥责任的是武人，鄜延环庆路副都部署刘平，鄜延副都部署石元孙，都是有名的勇将。

仁宗宝元三年，又称康定元年庚辰（1040）三十九岁

宝元三年正月战事爆发，元昊大军进攻延州。延州是范雍的防地。范雍手下没有重兵，只得急调刘平、石元孙来救。那时二人都在庆州，现代甘肃庆阳县，得到命令，赶忙集合步骑大军，急救延安，绕道保安，赶到万安城，

---

[1] 诸本皆作予，疑当作子。

刘平是一员勇将，他和部下说起："义士救人之急，义当赴汤蹈火，何况这一次是国家大事。"他和石元孙带同骑兵先进，步兵大队继后。他们到三川口西十里，扎下大营。这时鄜延都监黄德和的军队，巡检万俟政、郭遵的部队也到了。五将所部，合共一万余人，在刘平的指挥下，直到三川口，和西夏大军相遇。两军都摆下偃月阵，采取互相包抄的形势。西夏军发动两次进攻都被宋军打退，战场上丢下死尸，第一次是六七百人，第二次是八九百人。刘平的左耳和右腿都中了箭，战事仍在胶着中。太阳偏西的时候，西夏军队发动第三次进攻，宋军阵脚动了，退后二十余步。黄德和在阵后，看到形势不利，随即调动直属部队两千余人退保西南山。不动犹可，这一动，全军大溃，刘平派儿子宜孙前往，号召德和集合，德和不听，连同宜孙，一直退到甘泉。

刘平看到黄德和的部下溃退，大军已经分散，赶忙收拾残军，集合一千多人，在西南山下，扎下七座寨子。这一夜，西夏军队派人到寨边，问宋军主将在哪里，宋军都不答应。西夏再派人送文书来，宋军把人也宰了。一切都准备着，等待天明。

四更天的时候，绕着宋军的周围都是西夏军，一阵阵的呼声起了，他们喊着："这一点残军败卒，不降何待！"

"狗东西，"刘平教部下回答说，"你不降，我降谁？明天大兵到了，你们经不起一击的。"

二十四日的清晨，曙光刚刚出现的时候，西夏军叫降的呼声又发动了："快些投降，不降就杀，统统杀完。"

刘平派人回答说："你们要和吗？替你们奏明皇上就和下了。"

西夏的指挥官鞭梢一动，大军从四下里把宋军包围。刘平、石元孙面对着进攻最猛的东面做出顽强抵抗的布置。在敌骑的冲击下，这残余的一千多人，又被截成两部分，最后终于被西夏军吞没了，刘平、石元孙都成为敌人的俘虏。

延安城被围七日，得到刘平等溃败的消息以后，全城人心惶惶，不知所为，恰巧降下一场大雪，漫山漫谷白皑皑的一片。西夏军唯恐后路一经被截，粮草接济不上，无从继续作战，这才全部撤退，延州获得安全，却失去了两位副都部署和一万多军队。

宋夏正式开战以后，在第一个回合里，宋王朝的军队溃败了。在准备对策的当中，参知政事宋庠请求严守潼关。宋庠是一位状元，他准备放弃潼关以西陕西、甘肃大片的国土，状元平时读的书不知道哪里去了，可见科举确实不是一条求人才的道路。皇上一边下诏吐蕃唃厮啰要他乘元昊率兵东进的当中，发动部下，直逼西夏，待到元昊溃败以后，授唃厮啰以银夏节度使，这是没落阶级的以夷攻夷的策略。唃厮啰接到诏书，但是因为实力不足，无法进行。

仁宗康定元年庚辰（1040）三十九岁

二月间下诏改元，把宝元三年改为康定元年，当然这是出于一种期待安定的心理，可是也无法解决具体的问题。在改元的当中，下诏悉许中外臣庶上书议朝政得失。自从景祐三年，范仲淹等被贬，禁止百官越职言事之后，经过四年，终于在外患压力下，重新开放言禁。本来范仲淹等已经逐步内移，现在又到他们抬头的日子了。

三月，以莱州团练使葛怀敏为泾原路副都部署、秦凤两路经略安抚副使。怀敏也是当时的一员勇将，起用以后，仁宗皇帝把名将曹玮曾经用过的头盔、铁甲赐给怀敏，预祝他迎接新的胜利。怀敏奉命出征，请求以太子中允知长水县尹洙权签书泾原秦凤路经略安抚判官。

襄城只是一个小县，从宝元二年以来，尧臣一直沉默在苦闷之中，生活的沉寂、亲友的死亡，对他已经是很重的负担，可是开年以来的败溃，更给他极大的痛苦。他侧耳聆音，但是听不到一些好消息。现在情形转变了，他的朋友尹洙出来了，而且担负着对夏作战的重任，怎能不使他欢欣鼓舞呢？

闻尹师鲁赴泾州幕

胡骑犯边来，汉兵皆死战。昨闻卫将军，贤俊多所荐。知君虑不浅，永对未央殿。天子喜有言，轺车因召见。筹画当冕旒，袍鱼赐银茜。曰臣岂身谋，而邀陛下睠。青衫出二崤，白马如飞电。关山冒风露，儿女泣霜霰。军客壮士多，剑艺匹夫炫。贾谊非俗儒，慎无轻寡变。

——《宛陵文集》卷七

宋代是一个官制混乱的时代，尹洙的官是"太子中允"，但是他的职务是"知长水县"，现在经过葛怀敏的推荐，他又是"权签书泾原、秦凤路经略安抚使判官"。从京官到外官，从文官到武官，一切都是灵活的，在这个情形之下，宋代的官制，也有它的可取之处。尧臣这时是"知襄城县"，他会不会也考虑到身临前敌，贡献他的力量呢？肯定的，他是这样想的，不然，他进呈《孙子注》是为的什么？他在诗里曾说起：

……
信有一日长，可压千载魂。
未涉勿言浅，寻流方见源。
……

这是何等的自负。可是他总感到请缨无路的悲哀，只要读到他这一年作的《吊李膺辞》，也许可以给我们一些指示。

李膺是东汉的一位名士，他看到当时的宦官专政，和窦武合谋，准备讨伐宦官，但是最后失败了，为宦官所杀。尧臣歌颂李膺的为人：

……
风载独高而罕接兮，号龙门而无凡辙。
允简亢不容於时兮，玉虽碎而犹洁。
痛汉纲之颓纪兮，又何毁乎贤哲。
历千古而可悲兮，故余不得而面结。
……

以下他又谈到自己在襄城：

> 叨此邦而长民兮，过旧垅而增咽。
> 嗟异代之有遇兮，若登履乎闑阒。
> 对风树之萧萧兮，想魂气之未竭。
> 聊感慨於斯兮，写忧心之惙惙。
> ——《宛陵文集》卷七《吊李膺辞》

北宋时代是没有什么宦官之祸的，尧臣的感慨，当然不在于此。他所痛心的是一位忧国忧民的贤者没有机会把个人的聪明才智贡献给国家和人民，反而颠沛流离，终于献出了自己的生命。

康定元年的秋天，连日暴雨，山水大发，一直冲进襄城县的衙门。尧臣最初想把城门堵上，可是瀰瀰的怒涛，破门而入。耳边只听得民居接二连三地在洪流里倒下。人民从屋内爬到屋顶，从屋顶爬到树梢，有诗可证。

观水　并序

庚辰秋七月，汝水暴至溢岸，亲率县徒以土塞郭门，居者知其事危，皆结菴于木末，彷徨愁叹，故作是诗。

> 秋水漫长堤，郊原上下迷。
> 孤城闭板筑，高树见巢栖。
> 耳厌蛙声极，沤生雨点齐。
> 渚间牛不办，谁为扫阴霓。
> ——《宛陵文集》卷七

大水后城中坏庐舍千余作诗自咎

> 不如无道国，而水冒城郭。
> 岂敢问天灾，但惭为政恶。

湍回万瓦裂，槎向千林阁。

独此怀百忧，思归卧云壑。

——《宛陵文集》卷七

从现代的认识水平看，平时没有做好整理水道的工作，以致大水一发，破坏城市，这是政治的失败，不是自然的灾害。尧臣这样地认识问题是正确的。他没有考虑到如何善后，只是想到解职而去，这里还存在着一定的局限。旧时的士大夫，认识水平只能如此。

尧臣对于当时所称的天灾，能够知道引咎，那他对于人祸的痛恨，当然是可想而知了。西夏的战争发动以后，陕西一带，到处抓丁拉夫，搞得民不聊生。早在宝元二年，太子中允直集贤院富弼曾经奏称：

……窃见自去年十二月至今年四月，未及半年之内，相继三度拣军，皆遣使臣，传布命宣，每至郡邑，无不张皇，仍带殿侍数员，番次押人赴阙。村民恐惧，谓点乡军，故有奔窜山林，钻凿支体，不顾伤毁，苟避刺黥。久乃知其非然，其如终是已惑。三拣兵士，厥数臣则不知，然观此施为，所获必鲜。若其事频惊众，则莫甚於兹。臣又伏思，内则省廷，外则转运司以至州县，勤劳供职，严峻用刑，所急之须，唯财赋是务，尽农亩之税，山泽之利，舟车屋宇，虫鱼草木，凡百所有，无一不征，共知困穷，都为赋敛。自来天下财货所入，十中八九赡军，军可谓多矣，财可谓耗矣。今始用武，遽称乏人，即不知向时所赡之军何在，所耗之财何益。殊未战斗，已大惊扰，万一或致败衂，频有杀伤，须行补添，别设应援，至时又不知调发者何所，拣选者几番！比之今来，必大兴作。凡系兵籍，既已不充，所谓乡军，岂免强配。此时百姓所惧，将来必见不虚。若果行之，所患非细。……

——《续资治通鉴长编》卷一二四

康定元年以后，西夏的形势愈急，宋王朝的恐惧愈甚，对于人民的压迫愈重，恶性循环已经开始了。不仅陕西，汴洛一带都不得免，尤其可怕的是逐层加码。宋王朝中央督责转运使，转运使督责州官，州官督责县官，上层的要求压着，下层又不断提高以讨好上层，层层的压力，最后都压到人民头上。

尧臣作诗的功力不断发展，在诗中表现的斗争性不断加强，但是在对于人民的同情，在为人民提出他们的呼号这些方面，应当说在这一年他已经达到最高峰，因为这是他做知县官的最后一年，同时也是人民没头没脑陷于水深火热中的一年。人民有极深的痛苦，而作为有良心的接近人民的知县官，恰恰又是开出宋诗这一条沉着朴实的道路的诗人，因此出现了《田家语》《汝坟贫女》这些名篇：

田家语　并序

庚辰诏书，凡民三丁籍一，立校与长，号弓箭手，用备不虞。主司欲以多媚上，急责郡吏；郡吏畏，不敢辩，遂以属县令。互搜民口，虽老幼不得免。上下愁怨，天雨淫淫，岂助圣上抚育之意耶？因录田家之言次为文，以俟采诗者。

谁道田家乐？春税秋未足。里胥扣我门，日夕苦煎促。盛夏流潦多，白水高于屋。水既害我菽，蝗又食我粟。前月诏书来，生齿复版录。三丁籍一壮，恶使操弓韣。州符今又严，老吏操鞭朴。搜索稚与艾，惟存跛无目。田间敢怨嗟，父子各悲哭。南亩焉可事？买箭[1]卖牛犊。愁气变久雨，铛缶空无粥。盲跛不能耕，死亡在迟速。我闻诚所惭，徒尔叨君禄。却咏《归去来》，刘薪向深谷。

——《宛陵文集》卷七

这是一首内心发出的呼号，可是《汝坟贫女》更深入一步，在那首诗里，读者只能看到血泪：

---

[1] 诸本皆作箭，疑当作剑。

汝坟贫女

时再点弓手,老幼俱集,大雨甚寒,道死者百余人,自壤河至昆阳、老牛陂,僵尸相继。

汝坟贫家女,行哭音凄怆。自言有老父,孤独无丁壮。郡吏来何暴,县令不敢抗。督遣勿稽留,龙钟去携杖。勤勤嘱四邻,幸愿相依傍。适闻间里归,闻讯疑犹强。果然寒雨中,僵死壤河上。弱质无以托,横尸无以葬。生女不如男,虽存何所当。拊膺呼苍天,生死将奈向。

——同前

从真宗时代的孙何起,就提出学习杜甫的口号;到这时的梅尧臣,才算是真正的结了果实。《三吏》《三别》到《田家语》《汝坟贫女》,才算真正找到接班人。倘使我们深入探讨,我们会看到"遂以属县令""县令不敢抗",这两句中的县令,就是梅尧臣。他不是置身事外,表面上表示同情,实际上推卸责任,而是挺身而出,承认自己的过错。在对于弓箭手这一场无声的屠杀中,尧臣痛切地感到自己的责任。"却咏《归去来》""拊膺呼苍天",尽管尧臣在襄城任上还不足一年,他深深地感到这样的知县,虽然号称"民之父母",实际只是"民之蟊贼",自己是干不了这项工作的。

他这一年还有两首小诗:

昆阳城

试看昆阳下,白骨犹衔镞。
莫愿隍水头,更添新鬼哭。

——同前

疲马

疲马不畏鞭,暮途知几千。

> 当须量马力，始得君马全。
>
> ——同前

　　他轸念着人民的生命，同样也轸念着国家的前途。他指出在死亡的道路上，人民不再顾惜自己，可是担负国家重任的，必须轸念人民，才能保全国家的元气。当然，他对于将来，并没有失去希望，而是认为即使遭遇到挫折，前途还有无限光明。

寒草

> 寒草才变枯，陈根已含绿。
> 始知天地仁，谁道风霜酷。
>
> ——同前

　　秋间他曾接受上级的委任，到叶县和鲁山，会同地方官调查农业的生产情况，这项工作，当时称为"按田"，是每个知县官常有的使命。道中有诗：

鲁山山行

> 适与野情惬，千山高复低。
> 好峰随处改，幽径独行迷。
> 霜落熊升树，林空鹿饮溪。
> 人家在何许，云外一声鸡。
>
> ——同前

　　在《宛陵文集》中，这是一首非常细致的诗。"霜落"一联，体贴入微。陆游《感旧》诗首有"霜郊熊扑树，雪路马蒙氇"一联，正是从尧臣脱化的。细按之，梅诗言"霜落"，又言"熊升树"，是两个境界，由于霜落一望无际，而熊升树远瞩，后一境界是由前一境界而来。层次井然。陆诗"霜郊熊扑树"只是一个境界。倘使仅就这一联而论，梅诗是胜过陆诗的。

这一年二月，由于陕西安抚使的推荐，吏部员外郎知越州范仲淹复天章阁待制、知永兴军。永兴军是现代的西安。当时在和西夏作战中，鄜延环庆是一路，以黄河东岸的河中府（现代山西的永济县）为后方，泾原秦凤又是一路，以永兴军为后方。仲淹知永兴军，已经担负起支援前方的责任。在他没有到任的时候，四月，改陕西都转运使。五月，徙泾原秦凤路缘边经略安抚使，夏竦为陕西都部署兼经略安抚招讨使，以韩琦为枢密直学士、范仲淹为龙图阁直学士，并为陕西经略安抚副使。简单一点说，这时是以夏竦担负对外作战的重任，以韩琦、范仲淹为副，共同负责。

范仲淹担负起对西夏作战的重任，首先汲引欧阳修为掌书记，欧阳修不就。这件事吴冲在欧阳修行状中说起：

……及范公之使陕西，辟公偕往，朝廷从之。时天下久无事，一旦西陲用兵，士之负材能者，皆欲因时有所施设，而范公望临一时，好贤下士，故士之乐从者众。公独叹曰："吾初论范公事，岂以为己利哉，同其退不同其进可也。"卒辞焉。……

这几句很突兀。欧阳修曾因论范仲淹事，被贬为夷陵令，这是事实。为什么仲淹到陕西去，欧阳修不能同去呢？到陕西去，倘使只是为了范仲淹个人，欧阳修可以不去；到陕西去是为了对夏作战，不去岂不是规避作战的责任吗？但是问题不在这里。欧阳修曾和尧臣说起：

……安抚（指范仲淹）见辟不行，非惟奉亲避嫌而已。从军常事，何害奉亲？朋党盖当世俗见指，吾徒宁有党耶？直以见招掌书记，遂不去矣。……

——《欧阳文忠公集·书简》卷六《与梅圣俞》

"掌书记"是专作四六文笺奏的私人秘书，这是欧阳修所不愿就的。从这里我们看到范仲淹对于同患难的欧阳修，还不能做出恰如其分的估计，以致欧阳修也不愿前往,这就难免在朋友之间产生裂痕了。

六月间,欧阳修自权武成军节度判官复为馆阁校勘,十月转太子中允。尧臣解职襄阳县事,由吏部铨选兼湖州酒税。他决心在秋后先去邓州会葬谢绛,明年再回宣城,由宣城赴任。

立冬以后,汴京城内风雪交加,有时尘土飞扬,霭雾弥天,更使人感到气都透不过来,欧阳修和陆经在斋中联句,有寄尧臣一首:

> 寒窗明夜月(欧),散佚耿灯火。破砚裂冰澌(陆),败席荐霜笴。废书浩长吟(欧),想子实劳我。清篇追曹刘(陆),苦语侔岛可。酣饮每颓山(欧),谈笑工灸輠。驾言当有期(陆),岁晚何未果。幽梦乱如云(欧),别愁牢若锁。雪水渐涟漪(陆),春枝将婀娜。客心莫迟留(欧),苑葩即纷堕。何当迎笑前(陆),相逢嘲饭颗(欧)。
> ——《欧阳文忠公集》卷五十四《冬夕小斋联句寄梅圣俞》

联句寄到邓州,引起尧臣一阵欢笑。他想起欧阳修曾和自己说过,认为脱离不了终身的穷饿,想不到他们两位也是同样酸寒。他随即和诗,附加小注:

依韵和永叔子履[1]冬夕小斋联句见寄

> 遥知夜相过,对语冷无火。险辞斗尖奇,冻地抽笋笴。啥成欲寄谁,谈极唯思我。学术穷后先,文字少许可。敢将蠡测海,有似脂出輠。必饿尝见忧,此病各又果。弊驾当还都,重门不须锞。到时春怡怡,万柳枝娜娜。定应人折赠,只恐絮已堕。行橐且不贫,明珠藏百颗。
> ——《宛陵文集》卷七

---

[1] 陆经,字子履。

第五章　赴任湖州

仁宗康定二年辛巳（1041）四十岁

尧臣在康定元年八月到邓州会葬谢绛以后，一直耽搁下来。第二年的春间，和谢绛的次子景温同至垅山，有《仲春同师直至垅山雪中宿穰亭》《依韵和雪中马上》《和师直早春雪后五垅道中作》《依韵和师直晚步遍览五垅川》四首。师直即景温，垅山可能是谢绛的葬地。

初夏来了，尧臣准备入汴，领取赴任文凭。道中先过许州，这一年梅询七十八岁，在知许州任内，尧臣探望一下，有《寄永兴招讨夏太尉代人》一首。夏太尉即夏竦，是梅询的旧交，可能这一首是代梅询作的。这年六月十日，梅询病故。在初夏的时候，七十八岁的老翁，不会有什么从军的企图。是不是尧臣有通过梅询、夏竦的关系，为自己的投笔从戎，做一些联系的意图呢？这是很可能的，但是没有具体的证明。

在宋王朝和西夏战争胶着时，梅尧臣对于兵书有一定的探讨，因而希望获得机会，把力量贡献给国家，这不但不是可鄙而是可取的，有民族气节的志士应当采取的道路。尧臣也许会想起经略安抚招讨副使范仲淹吧。他和仲淹有过"京洛同逃酒"的友谊，应当是可以坦白地提出的，但是范仲淹已经是龙图阁直学士了，尧臣连一名进士都没有挣到手，身份悬殊，还有什么可说的？不说尧臣，就连欧阳修也只落得一个"掌书记"的空名，欧阳修都不屑就，尧臣能就吗？

这一切都会使得尧臣感到深深的不愉快。三十岁的尧臣可能正如欧阳修后来所说的"仁厚乐易"，但是这十年中的艰辛，使他完全不同了。有时他竟是郁塞愤悗。我们可以从他这一年的诗里看到。

桓妒妻

昔闻桓司马，妻妾貌甚都。其妻南郡主，悍妒谁与俱。持刀拥群婢，径往将必屠。妾时在窗前，解鬟临镜梳。鬓发云垂地，莹姿冰照壶。妾初见主来，绾髻下庭隅。敛手语出处，国破家已殂。无心来至此，岂愿奉君娱。今日苟见杀，虽死生不殊。主乃掷刃前，抱持一长吁。曰我见犹怜，何况是老奴！盛怒反为喜，哀矜非始图。嫉忌尚服美，伤哉今亦无。

——《宛陵文集》卷七

这首诗的本事，只是《世说新语》的改写，并没有特殊的成就，可是末句的感伤，深刻地抒写了尧臣的心境。尧臣还记得欧阳修在辞掌书记时，曾和范仲淹说过："若夫参决军谋，经划财利，料敌制胜，在于幕府，苟不乏人，则军奏书记，一末事耳，有不待修而堪者矣。……伏见自至关西，辟士甚众。古人所与成事者必有国士共之，非唯在上者以知人为难，士虽贫贱，以身许人，固亦未易。欲其尽死，必深相知，知之不尽，士不为用，今奇怪豪隽之士，往往蒙见收择，顾用之如何尔，然尚虑山林草莽，有挺特知义，慷慨自重之士，未得出于门下也，宜少思焉。"[1]

洛阳旧交，还有一位尹洙，也在陕西担任着一定的责任。韩琦曾经不止一次指出尹洙和范仲淹的分别：

---

[1] 《欧阳文忠公集》卷四十九《答陕西安抚使范龙图辞辟命书》。

韩魏公[1]曰：希文[2]尝劝以谓身安而后国家可保，师鲁以谓不然，直谓临国家事，更不当顾身。公虽重希文之说，然性之所善，以师鲁为惬尔。

——《韩魏公别录》

公谓挺然忠义，奋不顾身，师鲁之所存也。身安而后国家可保，明消息盈虚之理，希文之所存也。敢问二公孰贤。公曰：立一节，则师鲁可也，考其终身，不免终亦无所济。若成就大事以济天下，则希文可也。

——《韩魏公遗事》

韩琦、范仲淹、尹洙、欧阳修和梅尧臣是同时人，他们之间，存在着或深或浅的交谊。倘使给他们排排队，我们会看到韩琦、范仲淹的行政官气味，和尹洙、欧阳修、梅尧臣的书生气味都特别重一些。他们都是封建社会的士大夫，但是有所不同。行政官要考量如何把事情搞好，要做到这样，首先要考虑到自己的安全，说得露骨一些，不免要有一些个人的打算。书生不是这样，他从书本子里看到一些封建社会的立身准则，对人对事，有时按照书本子提出要求，成败利钝在所不计。五人之中，范仲淹和梅尧臣都显得更极端、更偏激，这就为两人之间埋下了不可调和的矛盾。是不是可以说范仲淹是官僚，梅尧臣是理想家呢？可能还有这个必要，但是可以肯定他们的距离是在不断扩大的。

二月间在好水川又发生了一次较大的战役。好水川在现在宁夏隆德县东，距固原不远。陕西军事以经略安抚使夏竦总其成，其下两位副使，范仲淹主持鄜延一路，韩琦主持泾原一路。宋王朝派翰林学士晁宗悫到陕西问夏竦究竟是主攻主守。夏竦是老官僚了，做出两套计划，一套主攻，一套主守，派韩琦、尹洙进京面陈。仁宗皇帝年轻，主张进攻，大臣们又认为侥幸成功，不是万全之计，最后决定把问题重新交给前方讨论。范仲淹认为兵连祸结，

---

[1] 韩魏公，韩琦。校订者注。
[2] 希文，范仲淹，字希文。校订者注。

结束无日,不能全面进攻,应当把鄜延一路留下以为牵制之计。韩琦认为就是两路同时进兵,还未能必胜,倘使鄜延以牵制为名,屯兵不进,由泾原一路,孤军冒进,必难幸免。宋王朝二十万大军,沿边设防,但是因为指挥不能统一,始终不能采取主动,终于遭到第二次的溃败。

二月间,韩琦巡边,得到西夏已经出动的消息,随即发动大军一万八千人,由环庆副部属任福率领,以泾原都监桑怿为先锋。临发的时候,韩琦吩咐任福掌握情况,看到敌军势大,不能交锋的时候,必须据险设伏,截断敌人的退路,不必开战。他还和任福说:"不遵命令,有功亦斩。"

在桑怿前进的当中,经过一次遭遇战,杀敌数百,敌人的马、羊和骆驼给他截获不少,同时又听到敌兵不多的消息,放心前进。任福的部队也赶上了,十三日晚,任福、桑怿合军在好水川,此外朱观、武英的部队屯龙落川,隔山相去五里。十四日清晨,全军出发,至龙竿城北,面对西夏大军,这才看清中了敌人诱敌之计,但是已经没有退兵的余地了。

宋军的阵势还没有摆好,敌人的铁骑已经冲来,从早晨到中午,战事一直在激荡中。宋军看到敌人不断地压迫上来,只得向山脚靠拢,正在靠近的时候,敌人又从山头杀下,腹背受敌,阵势大乱,桑怿战死。

任福身中十余箭,小校刘进劝他出走。任福毅然地说:"在这个战役里,我是大将,只有以死报国。"他手执四刃铁简,拍马前进,不料敌人的长枪,从左颊戳进,把他喉管截断,随即身死。武英亦死。只有朱观带着残兵一千余人,据守土寨,敌人从四面逼近,他也指挥军士四面射击,一直坚持到天黑。敌人收兵以后,他随后撤退,保全了一部分实力。在这个战役里,将校死者数百人,军士死者六千余人。

战事的消息,不断传到后方,尧臣有诗两首:

故原[1] 战

落日探兵至,黄尘钞骑多。

---

[1] 故原,疑即固原,下同。

邀勋轻赴敌，转战背长河。

大将中流矢，残兵空负戈。

散亡归不得，掩抑泣山阿。

——《宛陵文集》卷八

故原有战卒死而复苏来说当时事

纵横尸暴积，万殒少全生。

饮雨活胡地，脱身归汉城。

野貛穿废灶，妖鹏啸空营。

侵骨剑疮在，无人为不惊。

——同前

秋天以后，尧臣从许州回到汴京，领取文凭，准备赴湖州就任，欧阳修正拟为尧臣送别，尧臣骑着一匹老马，一步一跛到了。

"永叔，这一下要到南方去了，不知哪一天会面。"尧臣说。

"是啊，"欧阳修也嗟叹着，"不知哪一天才得会面啊。"他一边招呼摆酒，一边派人把大理寺丞集贤校理陆经找来。三人开怀畅饮。他们谈诗，谈国家大事，也谈到对夏的战争。欧阳修更谈到《孙子注》，谈到尧臣的怀才不遇。席上欧阳修有诗一首：

圣俞会饮　时圣俞赴湖州

倾壶岂徒强君饮，解带且复留君谈。洛阳旧友一时散，十年会合无二三。京师旱久尘土热，忽值晚雨凉纤纤。滑公井泉酿最美，赤泥印酒新开缄。更吟君句胜啖炙，杏花妍媚春酣酣。[1]吾交豪俊天下选，谁得众美如君兼。诗工镌刻露天骨，将论纵横轻玉钤。遗篇最爱孙武说，往往曹杜遭夷芟。关西幕府不能辟，陇山败将死可

---

[1] 君诗有"春风酣酣杏正妍"之句。

惭。嗟余身贱不敢荐，四十白发犹青衫。吴兴太守诗亦好，往奏玉瑄和英咸。杯行到手莫辞醉，明日举棹天东南。

——《欧阳文忠公集》卷一

从这首诗里我们可以看到范仲淹和梅尧臣之间的矛盾从哪里来的。也可以看到为什么仲淹辟欧阳修为掌书记，但是最终收到欧阳修的拒绝。欧阳修所说的"山川草莽，挺特知义慷慨自重之士"，绝不是漫无所指的。

尧臣也有一首，题为《醉中留别永叔子履》：

新霜未落汴水浅，轻舸惟恐东下迟。绕城借得老病马，一步一跛饮人疲。到君官舍欲取别，君惜我去频增嘻。便步鬌奴呼子履[1]，又令开席罗酒卮。逡巡陈子[2]果亦至，共坐小室聊伸眉。烹鸡庖兔下箸美，盘实飣饾栗与梨。萧萧细雨作寒色，厌厌尽醉安可辞。门前有客莫许报，我方剧饮冠帻欹。文章或论到渊奥，轻重曾不遗毫厘。间以辨谑每绝倒，岂顾明日无晨炊。六街禁夜犹未去，童仆窃讶吾侪痴。谈兵究弊又何益，万口不谓儒者知。酒酣耳热试发泄，二子尚乃惊我为。露才扬己古来恶，卷舌噤口南方驰。江湖秋老鳜鲈熟，归奉甘旨诚其宜。但愿音尘寄鸟翼，慎勿却效儿女悲。

——《宛陵文集》卷八

欧阳修朗诵着"谈兵究弊又何益，万口不谓儒者知"，真感到有些唏嘘欲绝。他一边吟味自己"嗟余身贱不敢荐"一句，看看尧臣高高的个儿，满头白发，一领青衫，入宦十多年，到今只是一个不第的秀才，在封建社会里，这是一幅何等失意的图画。

尧臣出京的时候，汴水正在枯涸中，船不能进。汴水实际上是一条渠道，上流的黄河，从此流向东南，横贯淮南东西两路，直达大运河，是宋代联系

---

[1] 子履，陆经。校订者注。
[2] 诸本皆作陈，当作陆，陆经字子履。

东南的大动脉。因为河水涨落无常,汴水无法保持一定的流量,加以河沙沉淀,更形成渠道的阻塞。尧臣想起洛阳旧交的富弼,十年以前的书生,现在官为知谏院,对于国家大事,是一位看得到、说得出,而且担得起的人物。尧臣寄富弼一首诗:

汴水斗减舟不能进因寄彦国舍人

朝落几寸水,暮添[1]几寸沙。
深滩鳌背出,浅浪龙鳞斜。
秋风忽又恶,越舫嗟初阁。
坐想披垣人,犹如在寥廓。

——同前

那一年宋祁知寿州,尧臣过寿州时,有《望仙亭》诗。宋祁的哥哥宋庠知扬州,尧臣路过扬州,宋庠送给他白鹅,尧臣有《过扬州参政宋谏议遗白鹅》诗。从扬州过江,有《金山寺》诗,诗序极精炼,是散文中的佳作:

金山寺　并序

昔尝闻谢紫微[2]言金山之胜,峰崿攒水上,秀拔殊众山,环以台殿,高下随势,向使善工摹画,不能尽其美。初恨未游,赴官吴兴,船次瓜洲,值海汐冬落,孤港未通,独行江际,始见故所闻金山者,与谢公之说无异也。因借小舟以往,乃陟回阁,上上方,历绝顶以问山阿,危亭曲轩,穷极山水之趣。一草一木,虽未萼发,而或青或涓,皆森植可爱。东小峰谓之鹘山,有海鹘雄雌栖其上,每岁生雏,羽翩既成,与之纵飞,迷而后返,有年矣。恶禽猛兽[3]不敢来兹以搏鱼鸟,其亦不取近山之物以为食,可义也夫。薄暮返舟,寺僧乞

---

[1] 添,朱东润《梅尧臣集编年校注》《宛陵集》,皆作"长"。校订者注。
[2] 谢紫微,谢绛。校订者注。
[3] 兽,朱东润《梅尧臣集编年校注》《宛陵集》,皆作"鸷"。校订者注。

诗，强为之句以应其请。偶然而来，不得仿佛，敢与前贤名迹耶。

  吴客独来后，楚梽归夕曛。山形无地接，寺界与波分。巢鹘宁窥物，驯鸥自作群。老僧忘岁月，石上看江云。

——同前

  这时金山孤立江上，还没有和长江南岸接在一处，因此"山形无地接"一联，成为写金山的名句。

  从金山过江是润州，即现代的镇江。在这里他遇到裴煜（字如晦），刁约（字经臣），都是尧臣的好友，刁约后来还成为他的亲戚。

  庆历二年三月间，尧臣到达湖州监盐税任上，税官究竟和州县官不同，责任轻一些，事务也不那么繁重。且喜知湖州事的胡宿（字武平常州人）也是一位有名的诗人。欧阳修在送行诗上不曾说过吗："吴兴太守诗亦好，往奏玉瑄和咸英。"欧阳修在送别尧臣那年，又有《送胡学士知湖州》诗，说起"武平天下才，四十滞铅椠。忽乘使君舟，归榜不可缆。都门春渐动，柳色绿将暗。挂帆千里风，水阔江滟滟。……"胡宿出京虽比尧臣略早，但是到任已在庆历二年，正和尧臣同时。尧臣和胡宿处得很好，他们常时共同怀念汴京的友好。九月十五的晚间，他们同在北楼瞭望三万六千顷的太湖，这次以后，他们又曾同游余山。

  余山在湖州城东十八里，两峰对峙，中间隔一条小溪，溪东曰东余山，溪西曰西余山。西余山新建了一座宁化寺，庆历二年十一月，尧臣陪同胡宿游西余山，事后胡宿有一篇《题湖州西余山宁化寺弄云亭记》：

  ……庆历壬午，余假守在霅，客有诧兹山之胜者始欲一往，仲冬乘雪初霁，晏温少寒，因与治中诸僚暨一二禅老刺舟而造焉。履莓苔、扣萝茑，凡三休甫达于上方，荫长松、坐磐石，踌躇四顾，有倏然遐举之想。……

——《温恭集》卷三十五

尧臣是"治中诸僚"的一位，他有《冬日陪胡武平游西余精舍》诗：

> 侵晨霜气严，溪口冰已合。
> 乌榜将进迟，寒篙旋摧拉。
> 遥看松竹深，雪崖藏山衲。
> 登临兴都尽，薄暮还清霅。[1]
>
> ——《宛陵文集》卷九

他们在湖州唱和诗不少，直到庆历三年八月，胡宿的母亲去世，他才离开湖州，回籍守制。胡宿在湖州两年中，筑石塘一百多里，解除了湖州水旱的威胁，后人称为胡公塘。在他临去的时候，尧臣有《送胡武平》一首，突出地提起筑塘的工程：

> 来见江南昏，使君咏汀蘋。再看蘋叶老，汀畔送归人。人归多慕恋，遗惠在兹民。始时绕郊郭，水不通蹄轮。公来作新塘，直抵吴松垠。新塘建舆梁，济越脱鞟仁。言度新塘去，随迹如鱼鳞。从今新塘树，便与蔽芾均。我虽备僚属，笔舌敢妄陈。因行录所美，愿与国风振。
>
> ——《宛陵文集》卷九

仁宗庆历四年甲申（1044）四十三岁

尧臣的内侄谢景温，中进士以后，庆历四年为江东转运判官，曾约尧臣到青龙江。青龙江在现在上海市青浦区，是当时海上船舶出入的港口，尧臣去的时候，渔民正在拖着鲸鱼入港，进行宰割。

---

[1] 崖，其他诸书皆作"屋"；还，其他书皆作"沿"。校订者注。

青龙海上观潮

　　百川倒蹙水欲裂，不久却回如鼻吸。老鱼无守随上下，阁向沧洲空怨泣。推鳞伐肉转千艘，骨节专车无大及。几年养此膏血躯，一旦翻为渔者给。无情之水谁可凭，将作寻常自出入。何时更看弄潮儿，头戴火盆来就湿。

　　　　　　　　　　　　　——《宛陵文集》卷十

在湖州两年了，眼看又要调任，尧臣在和景温痛饮以后，把满腹牢骚向诗中倾吐：

　　共君相别三四年，岩岩瘦骨还依然。唯髭比旧多且黑，学术久已不可肩。嗟余老大无所用，白发冉冉将侵颠。文章自是与时背，妻饿儿啼无一钱。幸得诗书销白日，岂顾富贵摩青天。而今饮酒亦复少，未及再酌肠如煎。前夕与君欢且饮，饮才数盏我已眠。鸡鸣犬吠似聒耳，举头屋室皆左旋。起来整巾不称意，挂帆直走沧海边。便欲骑鲸去万里，列缺不借霹雳鞭。气沮心衰便欲睡，梦魂先到萍渚前。与君无复更留醉，醉死谁能如谪仙。

　　　　　　——《宛陵文集》卷十《回自青龙呈谢师直》[1]

尧臣在湖州看到牡丹，但是他的行期已定，所以在《牡丹》诗里说：

　　……明年更开余已去，风雨摧残可奈何。

　　　　　　　　　　　　　　　　——同前

在三四月的当中，他偕同眷属，从湖州回宣城，没有耽搁多久，他又回汴京了。

---

[1]　师直，谢景温字。

第六章　穷而后工的诗人

庆历四年甲申（1044）四十三岁

庆历四年的夏天，尧臣经过扬州，淮南都转运按察使王素调任泾原路经略安抚使，正值新科进士、江都县主簿王琪在邵伯堰设席饯送，尧臣也在座。宋王朝和西夏的战争，到这一年已经接近尾声，但是敌人的威胁依然存在，所以尧臣诗中说：

> 未破河西寇，朝廷尚有忧。
> 淮南命儒帅，塞上足封侯。
> 莫摐黄金甲，须存百胜谋。
> 昔尝经黠虏，今去正防秋。

——《宛陵文集》卷十《邵伯堰下王君玉[1]饯王仲义[2]赴渭州经略席上命赋》

从邵伯[3]向北，官船在运河中缓缓地前进。七月七日的深夜，牵牛、织女的星座正在天空发出闪耀的光辉，两岸的黑影伴随着棹声逐步后退，突然

---

[1] 君玉，王琪的字。校订者注。
[2] 仲义，王素的字。校订者注。
[3] 邵伯，地方名，今江苏扬州市江都区邵伯镇。校订者注。

官舱发出一片哭声，尧臣的夫人谢氏丢下这十七年的伴侣和她的三个儿女而死了。

亲人的死亡，总是深刻的悲哀，何况对于尧臣这是十七年来曾经共过辛苦艰难的妻子呢？到达汴京以后，尧臣请欧阳修为谢氏作墓志铭，他说：

>……甚矣吾贫可知也，然谢氏怡然处之。治其家，有常法，其饮食器皿虽不及丰侈，而必精于旨；其衣无故新，而浣濯缝纫必洁以完，所至官舍虽卑陋，而庭宇洒扫必肃以严；其平居语言容止，必怡以和。吾穷于世久矣，其出而幸与贤士大夫游而乐，入则见吾妻之怡怡而忘其忧，使吾不以富贵贫贱累其心者，抑吾妻之助也。吾尝与士大夫语，谢氏多从户屏窃听之，间则尽能商榷其人才能贤否及时事之得失，皆有条理。吾官吴兴，或自外醉而归，必问曰："今日孰与饮而乐乎？"闻其贤者也，则悦；否则叹曰："君所交一时贤隽，岂其屈己下之耶？惟以道德焉，故合者尤寡。今与斯人饮而欢邪？"是岁南方旱，仰见飞蝗而叹曰："今西兵未解，天下重困，盗贼暴起于江淮，而天旱且蝗若此，我为妇人，死而得君葬我，幸矣。"其所以能安居贫而不困者，其性识明而知道理，多此类。……
>
>——《欧阳文忠公集》卷三十六《南阳县君谢氏墓志铭》

尧臣内心的悲哀，经过欧阳修的叙述，因为文字组织完密、委曲婉转地传达出来，可是尧臣自己的诗，把深刻的感受，尽情倾泻，给人更沉痛的印象：

悼亡三首

结发为夫妇，于今十七年。
相看犹不足，何况是长捐。
我鬓已多白，此身宁久全？
终当与同穴，未死泪涟涟。

> 每出身如梦，逢人强意多。
> 归来仍寂寞，欲语向谁何？
> 窗冷孤萤入，宵长一雁过。
> 世间无最苦，精爽此销磨。
>
> 从来有修短，岂敢问苍天。
> 看尽人间妇，无如美且贤。
> 譬令愚者寿，何不假其年。
> 忍此连城宝，沉埋向九泉。
> ——《宛陵文集》卷十

对于谢氏的怀念，尧臣终身没有忘却，尤其使他痛心的，是谢氏临终那一刹那。她被病魔折磨得不能说话了，在万象俱寂、一灯如豆时，她抚摸着尧臣的手，眼神已经干枯了，却还是盯着丈夫。庆历五年尧臣又有一首诗：

> 自尔归我家，未尝厌贫窭。
> 夜终每至子，朝饭辄过午。
> 十日九食齑，一日傥有脯。
> 东西十八年，相与共甘苦。
> 本期百岁恩，岂料一夕去。
> 尚念临终时，拊我不能语。
> 此身今虽存，竟当共为土。
> ——《宛陵文集》卷二十四《怀悲》

从高邮再向北，过了宿州，到符离县，尧臣的情感又遭到一次打击。他的次子十十死了。十十是乳名，可能他还很小，因此没有命名，他的死亡也在《宛陵文集》记载着：

> 舟行次符离,我子死阿十。临之但惊迷,至伤反无泣。欸定始怀念,内若汤火集。前时丧尔母,追恨尚无及。迩来朝哭妻,泪落襟袖湿。又复夜哭子,痛并肝肠入。吾将仰问天,此理岂所执。我惟两男子,夺一何太急。春鸟独蔓延,哺巢首戢戢。
>
> ——《宛陵文集》卷二十四《悼子》

庆历元年的秋天,尧臣离开汴京经过三年,他又回来了,四十三岁的人,已经折磨得两鬓俱白,谢氏死了,十十死了,面前剩得一子一女,湖州盐税已经卸任,还得听候磨勘[1],下一次的任务,不知道在哪里,眼看正走上穷途末路。

在湖州的时候,尧臣对于国事,所知不多。到了汴京以后,满街歌舞升平,又是一番气象,可是探到实际的情况,他竟不知是悲是喜了。

庆历二年西夏战争正在紧张中时,契丹王朝派遣萧英、刘六符到汴京来了。国书首称"弟大契丹皇帝谨致书兄大宋皇帝",语气非常亲切有礼,但是目标在于索回三关以南的十县。在后晋石敬瑭称帝的时候,曾经把燕云十六州割给契丹,到了后周世宗柴荣即位,才算争一口气,夺回十县,可是大功未成,因病回汴,不久身死。宋太祖赵匡胤掌握政权,北边与契丹以瓦桥、益津、淤口三关为界,不能前进一步。现在契丹趁火打劫,索取关南十县,国书中还说:"如此则益深兄弟之怀,长守子孙之计,缅维英悟,深达悃愊。"态度依然很有礼貌。

宋仁宗和大臣们商量。接受吧,契丹也许还有第二步的要索;拒绝吧,契丹的兵打到三关,彼时西边和北边同时紧张起来,如何对付?宰相吕夷简推荐右正言知制诰富弼出使契丹。富弼是尧臣在洛阳时的旧交,他看到任务的艰巨,但是态度非常坚决,当仁宗在便殿召见的时候,他只是说:"主忧臣辱,臣不敢爱其死。"宋王朝的答书也写好了,同样地用的四六体,措辞很宛转,但是却把不能割地求和的意义,委屈道出,大略是:"顾惟欢契,

---

[1] 磨勘,唐宋官员考绩升迁的制度。宋置审官院主持官员考课升迁,须经吏部和各道观察使予以复验,由此确定磨勘的名称。校订者注。

方保悠长,遽兴请地之言,殊非载书之约。信辞至悉,灵鉴孔昭,两地不得相侵,缘边各守疆界,誓书之外,一无所求,期在久要,勿违先旨,谅惟聪达,应切感思。"[1]

在富弼出使交涉的当中,宋王朝的官僚们,重新提出范仲淹修建洛阳城的主张。洛阳的修建,意味着向后方的全面退却,宰相吕夷简认定契丹看到宋王朝的怯弱,势必提出更进一步的要求,即如景德年间,倘若不是真宗渡河前进,那一年的战局不会得到轻易的解决,因此他主张在河北大名建立北京,表示在必要的时候,宋王朝准备把大本营推向河北,和契丹进行决战的信心。北宋王朝共有四个京城:东京开封府,西京河南府(洛阳),南京应天府(商丘),现在更添上北京大名府。

尽管宋王朝做出坚强的表示,但是没有在西、北两边同时作战的决心,也没有同时作战的实力,这是契丹王朝看得清楚的。富弼到契丹以后,通过一再折冲,最后承认在原定岁币三十万两匹以外,再增加二十万两匹,契丹王朝的君主兴宗要求在誓书中加一"献"字,意义是由宋王朝每年向契丹王朝献出岁币五十万。

"献的意义",富弼说,"是由下奉上之辞,在平等的国家中谈不到献,更何况两国之间,宋朝是兄,岂有兄献于弟之理。"

"改为'纳'字如何?"兴宗说。

富弼还是没有承认,最后由兴宗派遣使者耶律仁先、刘六符到汴京提出要求,宋王朝由于宰相晏殊的建议,承认在誓书中提出纳岁币五十万两匹,总算把北边的问题和缓下来。

现在的问题只剩下西边的西夏。在宋王朝和西夏的作战中,经过几次的大败,刘平、石元孙被俘了,任福战死了,葛怀敏又战死了,但是宋王朝有的是广阔的地区、充实的资源、强大的后备力量,而在陕西的范仲淹、韩琦、庞籍又能充分运用后方的有利形势,即使前敌遭到挫折,还能给敌人以不断加强的威胁。从另一方面讲,元昊虽然利用宋王朝和契丹王朝中间可能存在

---

[1] 引文,摘引自宋·叶隆礼《契丹国志》卷之二十。校订者注。

的矛盾，但是契丹王朝获得岁币二十万的增加，已经向后退却了，自己不得不用生产落后的西北边区担负作战的任务，内部又因为多民族的存在，矛盾可能随时激化，因此也感到战事的棘手。终于在庆历三年的正月，宋夏双方发现有和解的可能，但是中间还梗着一个双方关系的问题。

西夏的祖先本来是宋王朝的定难军节度使，宋王朝要求在和解之后，西夏对宋称臣，可是西夏已经称帝了，倘使对宋称臣，是屈服而不是和解，因此存在着一个和解道路的问题。元昊在对宋通问的当中，自称"男邦泥定国兀卒"，以后又称"邦泥定国吾祖"。邦泥定国就是西夏国，这问题不大，问题在于身份的称号。"兀卒"可能就是"君主"的意义，宋王朝也还可以接受，可是译成"吾祖"，引起臣僚们的汹涌的言论。蔡襄反对在"吾祖"的称号下，和西夏和解，余靖反对，欧阳修也反对。我们可以读一下欧阳修的奏议：

> 臣伏见如定等来，西贼欲称"吾祖"，向问朝议，已不许之，今日风闻议却未定，不知虚的，深切惊忧。且"吾祖"两字，是何等语，便当拒绝，理在不疑，安有未定之说哉！夫吾者，我也，祖者，俗所谓翁也。今匹夫臣庶，尚不肯妄呼人为公，若欲许其称此号，则今后诏书须呼"吾祖"，是欲使朝廷呼蕃贼为我翁矣。不知何人敢开此口？此蕃贼撰此名号之时，故欲侮玩中国而已。今若得其称臣，则此二字尤须论辨。今自元昊以下，名称官号皆用夷狄，若蕃语兀卒，华言吾祖，则今贼中每事自用夷礼，安得惟于此事独用华言而不用兀卒？且彼于我称臣，而使我呼为祖，于礼非便，故当以此折之可也。朝廷自有西事以来，处置乖方，取笑于人者多矣，未有如此一事最可笑也。窃虑小人妄有议论，伏乞拒而不听，取进止。
> ——《欧阳文忠公集奏议》卷三《论元昊不可称吾祖札子》

从"兀卒"到"吾祖"，不能仅仅看作对音的问题，当时元昊部下，除党项族以外，有汉族，也有其他的民族，所以这里实际上存在一种报复性的尝试。宋王朝要求元昊称臣，元昊便要求宋王朝称他为祖，走得通固然很好，走不通也可借此掂一下宋王朝的斤两。余靖在奏疏中称："臣朝夕思之，此乃西贼侮玩朝廷之甚。古外域称单于、可汗之类，皆中外共知，若从其俗故无嫌，今昊贼无端撰此名目，且彼称陛下为父，却令陛下呼之为祖，此非侮玩而何？"

最后到了庆历四年的五月间，宋王朝和西夏的和解才算确定下来。元昊上书自称"臣"、称"夏国主"，宋王朝岁赐以绢一十三万匹、银五万两、茶二万斤，此外还有贺节回赐、生日礼物等项，总称二十五万五千，实际数字还要更大一些。宋王朝在《赐西夏诏》中说："朕临制四海，郭地万里，西夏之土，世以为胙。今乃纳忠悔咎，表于信誓，质之日月，要之鬼神，及诸子孙，永无渝变，申复恳至，朕甚嘉之。"[1]

自从景祐元年（1034）元昊发动战争以来到庆历四年（1045）十二月宋王朝册封元昊为夏国主为止，前后经历了整整的十年，在这十年之中，人民受到严重的迫害，边防的战士也大量死亡，这一切在尧臣诗里都有沉重的反映。十年以后，在现今的陕北、宁夏、甘肃的西北，和青海的部分地区，出现了西夏国，这个政权对宋王朝和对契丹王朝都称臣，但是对内仍然是一个独立的政权，而因为这个新政权的建立，宋王朝对契丹每年增加岁币二十万，对西夏给予二十五万五千。

统治者在对外政策方面，既然以大量的岁币换取目前的苟安，对内当然挣得相当的时间进行内部的斗争。当时的士大夫阶级之中，明显地出现了两位领导人物，一位是吕夷简，一位是范仲淹。他们之间，曾经有过不少的斗争。康定元年（1040）范仲淹出任陕西经略安抚、招讨副使的时候，唯恐吕夷简从中掣肘，曾经上书夷简，设法消除两人中间存在的纠纷。他说：

> 伏蒙台慈，叠赐钧谕而褒许之意，重如金石，不任荣惧，不任荣惧。窃念仲淹草莱经生，服习古训，所学者惟修身治民而已。一

---

[1] 《宋大诏令集》卷二三三。

日登朝[1]，辄不知忌讳，效贾生痛[2]哭太息之说，为报国安危之计，而朝廷方属太平，不喜生事，仲淹于缙绅中独如妖言，情既龃龉，词乃睽戾，至有忤天子大臣之威。赖至仁之朝，不下狱以死，而天下指之为狂士。然则，忤之之情无他焉，正如陆龟蒙《怪松图赞》谓草木之性，其本不怪，乘阳而生小已遏，大伸不直，而大丑彰于形质，天下指之为怪木，岂天性之然哉。今擢处方面，非朝廷委曲照临，则败辱久矣。昔郭汾阳[3]与李临淮[4]有隙，不交一言，及讨禄山之乱，则执手相泣，勉以忠义，终平剧盗，实二公之力。今相公有汾阳之心之言，仲淹无临淮之才之力，夙夜尽瘁，恐不副朝廷委之之意。重负泰山，未知所释之地，不任惶恐战栗之极，不宣。仲淹惶恐再拜。

——《皇朝文鉴》一一三《上吕相公书》

从这封信里，我们看到范仲淹有他的一套政治手腕，他看清楚必须解除吕夷简的嫌隙，在对夏作战中，才不至于有人从中掣肘。仲淹死后，欧阳修在《文正范公神道铭》说："自公坐吕公贬，群士大夫各持二公曲直，吕公患之，凡直公者皆指为党，或坐窜逐。及吕公复相，公亦再起被用，于是二公欢然相约，戮力平贼，天下之士，皆以此多二公。"欧阳修这几句，正隐隐约约地指这件事。

但是范仲淹之子纯仁[5]，始终把仲淹的交欢夷简，认为一件丑事而坚决否认，对于欧阳修《范公神道碑铭》的揭露，也认为是错误，因此在刻石的时候，主张改窜。这可大大地触怒了这一位长辈。欧阳修本来有些随和，经

---

[1] 朝，其他诸本作"堂"。校订者注。
[2] "痛"，其他诸本作"恸"。校订者注。
[3] 郭汾阳，郭子仪，唐朝中期名将，曾与李光弼一同平定安史之乱，封汾阳王。校订者注。
[4] 李临淮，李光弼，契丹族，唐朝中期名将，曾与郭子仪一道平定安史之乱，封临淮君王。校订者注。
[5] 范纯仁，字尧夫，范仲淹次子。北宋大臣，人称"布衣宰相"。校订者注。

过多年的阅历，显得更宽容了，可是看到范纯仁这一手，禁不住说一声："这是我亲眼见到的，你年轻，不会知道。"[1]到今天欧阳修集的刻本，和范家的石碑，内容不能一致，原因在此。范仲淹的那篇《上吕相公书》，在范家刻集时也没有收入，直到南宋时吕祖谦编定《皇朝文鉴》时，才从先代收藏中，重新录入。这里见到吕、范两家的矛盾，原封不动地传下去好几代。

庆历三年三月，吕夷简因为衰老了，解除宰相的职务，改授司徒，与议军国大事。到四月间，索性连这"与议军国大事"的荣衔也勾去了。这里当然只是因为自然规律所起的作用，可是也正意味着吕派的失势。六月间因为西夏的战事出现了稳定的局面，范仲淹由陕西经略安抚、招讨副使内召为枢密副使，七月再由枢密副使除参知政事。当时枢密使杜衍，枢密副使韩琦、富弼；谏官欧阳修、余靖、蔡襄、王素都和仲淹有同样的政治主张，应当可以说这是范派的全盛时期。石介的一首《庆历盛德诗》就是指的这期中的政治情况。宰相章得象、晏殊二人高高在上，他们都是老官僚了，有他们的一套应付的办法。晏殊是一位好好先生，遇事出来打一通圆场。章得象的办法更妙，有时仲淹、韩琦、富弼和他讨论国家大事，他只是闭着眼睛一言不发。富弼愤极了，准备和他顶撞一下，总是由仲淹出场给他拦住[2]。

范仲淹只是参知政事，照理说，他还不能十分放心做事，可是上面只是一位高拱无为的皇帝和这两位老官僚，这就给他一个直接提出政治主张的机会。同僚是他的知己，谏官是他的朋友，他还不能为所欲为吗？但是仲淹究竟不是一位政治家，尽管他有一套政治手腕，懂得在必要的时候，做出无损原则的妥协，也懂得在无可避免的时候，做出义正词严的斗争；在对夏作战的当中，他更懂得如何培养国家的实力，不在准备未足时进行没有把握的决战，但是一旦掌握到大权，他的步骤就乱了。首先他没有吸收得力的人才，予以重用，这一点在对夏作战之初，欧阳修已经给他指出；其次，他没有一套周密的计划，只是把自己想到的和盘托出，没有一个先后缓急，胡子眉毛一把抓，从表面看来是奋发有为、百废俱兴，实际上是手忙脚乱、一事无成。

[1]　叶梦得《避暑录话》卷二。
[2]　《韩魏王别录》下。

这一切都看在大理评事、集贤校理苏舜钦眼里。庆历四年五月舜钦有《上范参政书》,他提出七个咨目,作为必须注意的要点,一边又说:

> ……去年天子又采天下之议,召阁下入政府,天下之人踊跃咏歌,若已得之,皆曰:"朝廷用人如此,万事何足虑!"日倾耳侧目,望足下之所为。未及半年,时某自山阳还台,已闻道路传云:"阁下因循姑息,不肯建明大事。"时尚窃窃私语,未敢公然言也。某既绝不之信,必谓怨恶之人,煽成此谤,谈者好奇易传耳。及至都下,言者稍众,不复避人矣。某始疑之,是何知于前而昏于此邪?既而又为辨之曰:"治久疾者不可速责以效。苟以悍剂暴药攻之,死生未可知也。"谈者或然之。已而某又当足下之荐,不复可与众辨矣。与之合唱,实不忍为,但恻然愧羞,惜不敢言,而念虑终夕,不能去怀,乃知古之烈士为知己死者以此也。某又窃窥阁下所为,于时亦孜孜数有建目,未甚为旷,是何毁之多也!岂诚之少衰,不锐于当年乎?岂施设之事,未合众望乎?岂以有高世之名,未见为高世之事乎?愚者不可晓,但闻论议之众,皆云:"教训医工,更改磨勘,复职田,定赎刑之类,皆非当今至急之务。譬如倒悬者馈之以食,大馁者饮之以浆,徒益人之忿耳。"某受阁下非常之知,日思所报,欲阁下之誉,复如当年。念之无他术耳,必取众议而用之,必皆厌然而服,不复有所诋訾矣。今辄条数事,布于左右,非出于浅见寡识,盖得之群言焉。若阁下择其一二,上闻而行之,于国甚利,人又甚乐,故非刻薄侥一时之利也。今议稍喧矣,阁下若更畏缩循默,则不唯国计渐隳,亦恐祸患及身矣。
> ——《苏舜钦集》卷十

苏舜钦是杜衍的女婿,当时认为他是范仲淹的一派,在范仲淹失败后,他是第一个受到贬斥的。从他的言论中,我们可以看到仲淹在政治中失败的原因。《宋史·范仲淹传》说:"及陕西用兵,天子以仲淹士望所属拔用之。

及夷简罢,召还,依以为治,中外想望其功业,而仲淹以天下为己任,裁减悻滥,考核官吏,日夜谋虑兴致太平,然更张无渐,规模阔大,论者以为不可行。及按察使出,多所举劾,人心不悦。自任子之恩薄,磨勘之法密,侥幸者不便,于是谤毁稍行而朋党之论浸闻上矣。"这一个结论,是合乎事实的。

政治形势对于仲淹的不利已经很显然了。六月间,因为西夏发生一些内部矛盾,境内军事调动频繁,晋北陕北同时紧张起来。范仲淹抓住这个机会,请求外调,他以陕西河东宣抚使的名义出京,摆脱了中央政府的一切责任。

吕夷简已经致仕了,住在郑州,仲淹出京以后,在郑州耽搁下来,拜访夷简。"参政这一次出使宣抚,为了什么?"夷简问。

"仲淹在朝。"仲淹答道,"于国无补,这一次出使,正是希望报答朝廷知遇之恩啊。"

"参政错了。"夷简笑着说,"一步离开朝廷,什么都办不成的。"[1]

吕夷简是当时的一位最老练的政客,他这一句把仲淹出京以后的情况全部讲明了。

西夏的战事以西夏获得独立,宋王朝对于西北两边每年增加岁币四十五万五千而结束。对外的战争一经停止,宋王朝统治阶级内部派系斗争的战火立即开始。新派既以范仲淹的措置不当而失败,仲淹抓住这个机会,随即脱离中央,留下当时要求革新的新进听候旧派的摆弄。这一切是梅尧臣在庆历四年秋间入京时所看到的景象。

旧派的领导人物吕夷简虽然已经下台,但是旧派的势力仍然是不可侮的。实际上在封建社会里旧派是一支永远不可轻视的力量,因为在那样的社会里,要求革新的人永远是少数,而绝大多数是保守的、腐朽的乃至失败的官僚,口头要求革新而欲壑难填的革新派都会走向守旧的大旗,垃圾凑成堆,居然可以成为强大的势力。当然,这样的势力没有群众的基础,经不起人民的一击,但是在那个时代里,不要说弄虚作假的革新派,即使是真心实意的革新派也不免指空立说,脱离实际,有几位真正代表人民的要求呢?庆历四年的旧派

---

[1] 邵伯温《河南邵氏闻见录》卷八。

以王拱辰为首，他官居御史中丞，是谏官的领袖，掌握着强有力的言论机构，正在寻求机会，在新派没有任何准备的当口给以致命的打击。

尧臣入京的时候，欧阳修正以河北都转运按察使的名义出差河北。他听到尧臣入京，和苏舜钦在一处作诗，这是当时的两位有名的诗人，欧阳修高兴得很，有《水谷夜行寄圣俞子美》[1]一首：

> 寒鸡号荒林，山壁月倒挂。披衣起视夜，揽辔念行迈。我来夏云初，素节今已届。高河泻长空，势落九州外。微风动凉襟，晓气清余睡。缅怀京师友，文酒邀高会。其间苏与梅，二子可畏爱。篇章富纵横，声价相摩盖。子美气尤雄，万窍号一噫。有时肆颠狂，醉墨洒滂沛。譬如千里马，已发不可杀。盈前尽珠玑，一一难拣汰。梅翁事清切，石齿漱寒濑。作诗三十年，视我犹后辈。文词愈清新，心意虽老大。譬如妖娆女，老自有余态。近诗尤古硬，咀嚼苦难嘬。初如食橄榄，真味久愈在。苏豪以气轹，举世徒惊骇。梅穷独我知，古货今难卖。二子双凤凰，百鸟之嘉瑞。云烟一翱翔，羽翮一摧铩。安得相从游，终日鸣哕哕。相思苦问之，对酒把新蟹。
>
> ——《欧阳文忠公集》卷二

欧阳修的这首诗，对于梅、苏两人的评价，是比较确切的。苏舜钦以宰相爱婿的身份，又是有名的才子，正是豪气勃发的时候，他甚至认为人家以梅苏并称，是一件不幸的事情，这是何等的豪放，然而不免有些荒诞了。欧阳修说他是珠玑盈前，难于拣汰，这是推崇，然而也是批评。他说尧臣穷，事实上尧臣的确是穷得走投无路。只因为他没有考中进士，凭着叔叔的一些恩荫，做了三任主簿、两任县官、一任监税，现在又到东京寻找出路，而当日的同辈，进士出身的，现在都已是国家大臣，这是何等的悬殊！可是他的诗，尤其是近体诗，确实做到咀嚼橄榄，味美于回的地步。欧阳修的评价是

---

[1] 苏舜钦，字子美。

相当真切的。

苏舜钦是一位豪放的诗人，这时他正以集贤校理的身份监进奏院。十一月间照例要祭神，舜钦吩咐把进奏院积存的废纸一并出卖，准备酒席，在祭神完毕以后，大会宾客，大吃大喝。酒席间，他们还招来一群妓女，一边奏乐，一边敬酒，真是吃喝玩乐，搞得一场畅快。酒席上大家即席赋诗，一位年轻朋友王益柔，索性写下一首《傲歌》，中间有名的两句：

……醉卧北极遣帝佛，周公孔子驱为奴。……

在诗兴大发的时候，周公孔子都算不得什么。年轻人喝醉了，什么都说得出。

在封建社会里，对人对事都没有现代那么严格。废纸本来不算是国家财产，至于妓女，那时官府衙门、军营前线，甚至私家宅院都有。固然她们是被侮辱被损害的，但是当时已经习以为常，没有谁感到不合适，因此苏舜钦也就做了。有一位李定，原来希望参加这一个盛会，可是舜钦没有答应。

"好，你不答应，看看你们落到一个怎样的下场。"李定说。

他到御史中丞王拱辰那里去告密，他说苏舜钦如何盗卖公家财物，如何挟妓饮酒，如何滥饮狂歌，甚至连大圣人周公、孔子都受到他们的侮辱。

王中丞真是高兴极了。他问李定，除了舜钦以外，还有一些什么人。李定屈着手指把他们一个个数出来，都是一些少年新进，和旧派势不两立的人，尤其是苏舜钦，因为一攻击苏舜钦，他的岳父杜衍的嘴便被堵住了。杜衍虽然由枢密使擢为宰相，他必然不能讲话。还有一位宰相章得象，这是一位老官僚，平时就爱闭着眼睛，现在让他继续闭着眼睛吧。王拱辰盘算着，舜钦一去，杜衍这老头子，便得离开朝廷，那时树倒猢狲散，更没有谁替新派说一句好话，整个的政治界，又要出现一个局面了。算呀算得，拱辰高兴得直喊："我这一网打尽了。"

果然不错，一网打尽了。他指使谏官鱼周询、刘元瑜出名，首先对于监进奏院的右班殿直刘巽、大理评事集贤校理苏舜钦提出弹劾，凡是参加这次宴会的一个都没有漏掉。奏疏上去以后，发交开封府审问。刘巽、苏舜钦两人承认监守自盗的罪名，得到除名勒停（革职永不叙用）的处分，其余如王洙[1]、刁约、江休复、王益柔、宋敏求等分别降级或贬斥。这是一次政治阴谋的暴露，手段非常毒辣，但是有什么应付的办法呢？王拱辰甚至提出王益柔作《傲歌》、侮辱圣人，必须处以死刑的建议。大臣中章得象照例不置可否，其余也有支持王拱辰的，情况更严重了。

枢密副使韩琦说："王益柔少年狂语，不值得这样计较。国家大事多得很，大臣应当与国家同休戚，现在什么都不管，只攻击一个王益柔，用心所在，不仅为了一首《傲歌》，还不是很清楚吗？"

枢密院是管军事的，但是韩琦憋不住了，只得这样说，因此他很招了一些大臣的不满。王益柔的性命总算保住了，革去集贤校理，落得监复州[2]税的任务。不久以后，宰相杜衍也自请罢免，以尚书左丞的名义降知兖州。

梅尧臣是一位闲散的小官，在汴京这场一面倒的政治斗争里，他看到朋友们一个个倒下去，但是他没有发言的机会，也无法参加到这一场斗争里去。他只有运用他的诗歌进行反击。

对于李定，他有《杂兴》一首：

主人有十客，共食一鼎珍。
一客不得食，覆鼎伤众宾。
虽云九客沮，未足一客嗔。
古有弑君者，羊羹为不均[3]。
莫以天下士，而比首阳人[4]。

——《宛陵文集》卷十一

---

[1] 王洙，误，当为尹洙。校订者注。
[2] 复州，今湖北省仙桃市。校订者注。
[3] 战国时期中山国国君宴飨国内名士，司马子期因未分得一碗羊羹，而借楚国之力灭掉中山国。校订者注。
[4] 首阳人，指伯夷、叔齐。周武王平定天下后，伯夷、叔齐义不食周粟，饿死于首阳山。校订者注。

对于这一场斗争，他有《读〈后汉书〉列传》：

> 汉家诛党人，谁与李杜死。
> 死者有范滂，其母为之喜。
> 喜死名愈彰，生荣同犬豕。
>
> ——同前

这是一首坦率的诗，可能有人感到这样的坦率损害了诗的韵味。但是中国诗文的传统，正如有人说过的，"至哀无文"，又说"大文弥朴"。有了深切的感情，不需要什么文采；最有文采的作品，正是最朴素的作品。我们是不是可以从这个角度考虑梅尧臣的作品呢？

王益柔字胜之，他的父亲王曙曾为西京留守，对于尧臣的诗认为两百年无此作，因此益柔和尧臣，是有一定渊源的。在这群人中，是切直敢言的一位，范仲淹荐为集贤校理，其后王拱辰主张判处益柔死刑，目的在于借此给仲淹一次沉重的打击。在他黜监复州酒税以后，尧臣送他没有送到，一直赶到屠儿原。屠儿是战国时代的朱亥，信陵君的门客，以击毙魏将晋鄙得名。尧臣有诗：

送逐客王胜之不及遂至屠儿原

> 犯霜出国门，送客客已去。
> 犹意行未远，策马过寒戍。
> 川长不见人，沙没前岗路。
> 始闻云木深，忽逢朱玄墓。
> 金锤一报恩，义烈垂竹素。
> 何须文学为，寄语长沙傅。
>
> ——同前

在这次流放中，主要的是苏舜钦。舜钦是杜衍之婿，由范仲淹的推荐，召试集贤校理、监进奏院，因此成为旧派的主要目标。获得"除名勒停"的处分以后，舜钦毅然地离开汴京，直到南方，最后定居于苏州的沧浪亭。尧臣送别舜钦的诗写得最亲切，这里也正透露了二人的深刻感情。

> 勇为江海行，风波曾不惧。但欲寻名山，扁舟无定处。南有鹏若鸭，崄有石若锯。毒草见人摇，短狐逢影怒。不遄尚苦乖，更逐饶瘴雾。东土乃滨海，蜃鼍仍可怖。壳物怪琐屑，蠃蚬固无数。咸腥损齿牙，日月复易饫。二方既若此，往矣无久驻。竟当西北来，醇酎炙肥羜。夏不厌浆酪，冬不厌雉兔。勿言专口腹，口腹人所务。天台信奇伟，石桥非坦步。庐岳趣最幽，饥肠看瀑布。此致虽为高，实亦难久慕。君行听我言，不听到应悟。
>
> ——同前卷《送苏子美》

不久以后，欧阳修自河北回来了，因为这一次出差河北的辛苦，进阶朝散大夫，封信都县开国子，食邑五百户。可是尧臣还是汴京的一位闲散官，生活清苦，欧阳修派人送酒去，尧臣有《永叔赠酒》一首。他首先提出："大门多奇醖，一斗市数千。贫食尚不足，欲饮将何缘。岂能以口腹，屈节事豪权。"可是现在好了，"穷腊忽可怪，双壶故人传。呼儿欲自酌，瓦盏无完全。"他又说道："始得语且横，既醉论益坚。曾不究世务，闲气争古先。"这里也正见出即使在穷巷之中，尧臣还是有他的感慨。

范仲淹已经出京了，苏舜钦这一大批，又是降黜的降黜，除名的除名，汴京城内的风波，并没有因此停下来。欧阳修的一篇《朋党论》，本集题为庆历四年作，肯定是和这一年的政局有关。他说：

> 臣闻朋党之说，自古有之，惟幸人君辨其君子小人而已。大凡君子与君子，以同道为朋，小人与小人，以同利为朋，此自然之理也。然臣谓小人无朋，惟君子则有之。其故何哉？小人所好者，利

禄也；所贪者，财货也，当其同利之时，暂相党引以为朋者，伪也，及其见利而争先，或利尽而交疏，则反相贼害，虽其兄弟亲戚，不能相保。故臣谓小人无朋，其暂为朋者伪也。君子则不然，所守者道义，所行者忠信，所惜者名节，以之修身，则同道而相益，以之事国，则同心而共济，终始如一，此君子之朋也。故为人君者，但当退小人之伪朋，用君子之真朋，则天下治矣。……

——《欧阳文忠公集》卷十七

尽管欧阳修提出这样的看法，但是从最高统治者的立场看问题，臣僚的相互关系，常常会引起他的猜忌。在封建社会里，凡是有意狠狠地打击对方的时候，首先必须指出他们是朋党，这才可以争取最高统治阶级的同情。欧阳修这篇文章，首先指出"君子有朋"便是承认"有朋"，无论是不是"君子"，但是"有朋"便中了君主的大忌，所以从政治的作用看，这篇文章是注定失败的。

庆历四年十一月间，皇帝的诏书下来："朕闻至治之世，元凯共朝，不为朋党，君明臣哲，垂荣无极，何其德之盛也。朕昃食厉志，庶几古治，而承平之弊，浇竞相蒙，人务交游，家为激讦，更相附离，以沽声誉。至或阴招贿赂，阳托荐贤。又按察将命者，恣为苛刻，构织罪端，奏鞫纵横以重罪辟。至于属文之人，类亡体要，诋斥前圣，放肆异言，以讪上为能，以行怪为美。自今委中书门下御史台采察以闻。"[1] 宋代诏书，记载完备的通常指出行文的作者。这一道诏书出于谁人之手，固然不可考，但是出于范仲淹的对方，大致是可以看出的。诏书指摘的对象，有些是毫无根据，但是提出按察的恣为苛刻，属文的诋斥前圣，皆属历历可指。正因为把有根有据的和无根无据的连在一处，用诏书的名义提出，更使范仲淹这一派无可辨诘，政治形势对于新派显然不利。

范仲淹是机警的，他以参知政事的身份，宣抚河东、陕西。出京以后，

---

[1]　《续资治通鉴长编》卷一百五十三。校订者注。

十一月中申请罢免参知政事,改知邠州,作为下台的地步。按照当时的步骤,经过一些反复以后,直到庆历五年正月,明令范仲淹为资政殿学士、知邠州兼陕西西路缘边安抚使,富弼为资政殿学士、京东西路安抚使知郓州。同日杜衍罢为尚书左丞知兖州,在制书中甚至称为:"自居鼎辅,靡协岩瞻,颇彰朋比之风,难处咨谋之地,顾群议之莫遏,岂旧劳之敢私。"[1] 这里也正看到杜衍的罢斥,主要还是由于政治的阴谋。

这次政治的变动,在尧臣诗里的反映,首先是《丞相二章》:

> 丞相之拜,冠弁旅至。
> 乘马载驱,如彼钜豬。
> 有雁有鹜,有龟有鱼。
> 烝然来萃,翔泳啸呼。
>
> 丞相之去,乃还印绶。
> 乃饬车轮,如彼涺津。
> 时靡翔羽,时靡游鳞。
> 寂兮寂兮,岂有嘉宾。
>
> ——《宛陵文集》卷二十四

尧臣对于杜衍的去位是惋惜的、同情的。事实上尧臣在政治上是站在新派这一边的。欧阳修、尹洙、富弼乃至王益柔、刁约、宋敏求,都在这一边,尧臣的感情不会走到不同的一边。但是尧臣对于范仲淹是不同情的,他甚至对于仲淹的失败,认为是应当的。在仲淹和吕夷简斗争的第一个回合里,仲淹失败了,但是尧臣同情仲淹,这一点仲淹也完全明白。两人集中各有一篇《灵乌赋》,正是具体的证明,但是这一次却不同。尽管尧臣的同情,完全在新派这一边,可是他却不同情仲淹,甚至认为仲淹的失败是应得的惩罚。

---

[1] 《续资治通鉴长编》卷一百五十四。校订者注。

仁宗庆历五年（1045）四十四岁

谕乌

百鸟共载凤，惟欲凤德昌。愿凤得其辅，咨尔孰可当。百鸟告尔间，惟乌最灵长。乃呼乌与鹊，将政庶鸟康。乌时来佐凤，署置且非良。咸用所附己，欲同助翱翔。以燕代鸿雁，传书识暄凉。鸲鹆[1]代鹦鹉，剥舌说语详。秃鹙代老鹤，乘轩事昂藏。野鹑代雄鸡，爪觜称擅场。雀豹代雕鹗，搏击肃秋霜。蝙蝠尝入幕，捕蚊一[2]何忙。老鸱啄臭腐，盘飞使游扬。鸺鹠与枭鹏，待以为非常。一朝百鸟厌，谗乌出远方。乌技亦止此，不敢恋凤傍。养子颇似父，又贪噪豺狼。为鸟鸟不伏，兽肯为尔戕。莫如且敛翮，休用苦不量。吉凶岂自了，人事亦交相。

——同前

在这首诗里，尧臣指出仲淹用人的失当和教子的无方。用人是行政的主要关键。选用的时候，有时不免只考虑到人才的是否干练，而忘却了干练的人才没有适当的品德，可能造成更大的危害。庆历七年的诏书提到"四瞪三虎"，曾经说起："前京东转运使薛绅，任部吏孔宗旦、尚同、徐程、李思道等为耳目，侦取州县细过以兹形狱，时号'四瞪'。前江东转运使杨纮、判官王绰、提点刑狱王鼎，皆亟疾苛察相尚，时号'三虎'，是岂称朕忠厚爱人之意欤。纮已降知衡州，而绅等故在。其降绅知陕州，鼎知澧州，绰方居丧，候服除日取旨，自今皆无得与监司。宗旦等四人，并与远小处差遣。"[3]《续资治通鉴长编》的作者李焘指出杨纮、王鼎、王绰三人，都是由于范仲淹的推荐，这就是说"四瞪三虎"无论是直接的或间接的，都和范仲淹有关。

---

[1] 鸲鹆，即八哥。校订者注。
[2] 间，他本作"闻"；一，他本作"夜"。校订者注。
[3] 《续资治通鉴长编》卷一六〇。

尧臣又说"养子颇似父",这就说范纯仁这一辈兄弟了。从《宋史》的记载看,对于纯仁没有多大的指谪,但是即从他们和欧阳修的关系看,他们的专横已经明白见到,欧阳修集中的《范公神道碑》和石刻存在差别,正见到这一位作家和范仲淹的后人,中间存在一定的矛盾。

尧臣的《灵乌后赋》可能也是这一年作的,他说:

> 灵乌,我昔闵尔之忠,告人之凶,遭人唾骂,于时不容,覆巢弹类,驱逐西东。余是时作赋以吊汝,非乘尔困而责尔聪。今者主人悟,弹者去,丰尔食于太仓,置尔巢于高树,晨鸡不鸣,百鸟争慕,傍睨凤凰,下窥鹈鹭,尔于此时,徒能纵苍鹰,逐狡兔,不能啄叛臣之目,伺贼坌之去,而复憎鸿鹄之不亲,爱燕雀之来附。既不我德,又反我怒,是犹秦汉之豪侠,远己不称,昵己则誉。夫然,吾分足而已矣,又焉能顾。
>
> ——《宛陵文集》卷六十

所谓"燕雀来附""昵己则誉",在这样的词句中,也约略地看到"四瞪三虎"的阴影。尧臣本人也受到仲淹徒党的迫害,所以嘉祐三年(1058)他在《次韵答黄介夫七十韵》里说起:

> ……曩者忤(残宋本作忤,万历本误作侍)贵势,悔说乌乌灵。乌灵反见怒,终恨屈此诚。当时语颇错,盍呼为大鹏。于此傥遇之,应解颈频赪。……

尧臣和仲淹两人之间的矛盾,是无可讳言的,可是尽管他和仲淹有矛盾,他和整个革新运动是没有矛盾的。他的立场始终站在要求革新的一边,没有动摇,也不用讳饰。这样就造就他在新派得势的时候,因为和范仲淹有矛盾而没有获得重视;而在新派失势的时候,又因他的立场鲜明而不得不再度出京。

新派失败的命运已经形成了。杜衍、范仲淹、富弼相继外出，朝廷重臣之中，只留下枢密副使韩琦。不久以后，韩琦上疏，请求重用范仲淹、富弼。他说：

> ……如是则是朝廷以北事专委富弼，以西事专委范仲淹，使朝夕经营以防二敌之变，朝廷实有所倚。又北敌素知弼之威望，亦可以杜其轻发之意。若无事则弃于闲郡，有事则责令扞边，不惟措置后时，亦是国家失体。臣所以不避朋党之疑，思一悟于圣聪者，盖以臣下朋党，本求进身，今臣叨窃宠任，班著已优，不能惜事寡言，随众上下，渐图进用，而救辨得罪之臣，自取祸患为朋党，不亦拙乎？愿陛下察臣此心，则朋党之疑自解。兼近日臣僚多务攻击忠良，取快私忿，非是国家之福，唯陛下久而察之。
>
> ——《续资治通鉴长编》卷五

韩琦这一道奏疏上去以后，没有得到答复。三月间，韩琦请求罢免，随即免去枢密副使，加资政殿学士，知扬州。

这一年春间，欧阳修在真定有《病中代书奉寄圣俞二十五兄》一首，诗中叙说自己的衰病，同样也提出对于尧臣的推重。他说：

> ……兵闲事简居可乐，心意自衰非屑屑。日长天暖惟欲睡，睡美尤厌春鸠聒。北潭去城无百步，渌水冰销鱼拨剌。经时曾未著脚到，好景但听游人说。官荣虽厚世味薄，始信衣缨乃羁绁。故人有几独思君，安得见君忧暂豁。公厨酒美远莫致，念君贳饮衣屡脱。郭生书来犹未到，想见新诗甚饥渴。少年事事今已去，惟有爱诗心未歇。君闲可能为我作，莫辞自书藤纸滑。少低笔力容我和，无使难追韵高绝。
>
> ——《欧阳文忠公集》卷二

更重要的是在这个时期，他提出《论杜衍范仲淹等罢政事状》。他首先指明"士不忘身不为忠，言不逆耳不为谏"，其次他说：

> ……臣伏见杜衍、韩琦、范仲淹、富弼等，皆是陛下素所委任之臣，一旦相继罢黜，天下之士皆素知其可用之贤，而不知其可罢之罪。臣虽供职在外，事不尽知，然臣窃见自古小人谗害忠贤，其说不远，欲广陷良善则不过指为朋党。欲动摇大臣则必须诬以专权。其故何也？夫去一善人而众善人尚在，则未为小人之利，欲尽去之，则善人少过，难为一二求瑕，惟有指以为朋，则可一时尽逐。至如大臣已被知遇而蒙信任，则难以他事动摇，惟有专权是上之所恶，故须此说方可倾之。

以下他又指出："四人为性既各不同，虽皆归于尽忠，而其所见各异，故于议事多不相从。"他的结论是：

> ……此四人者，可谓天下至公之贤也。平日闲居，则相称美之不暇，为国议事则公言廷诤而不私。以此而言，臣见衍等真得汉史所谓忠臣有不和之节，而小人谗为朋党，可谓诬矣。……
> ——《欧阳文忠公集·奏议》卷十一

在当时的新派当中，欧阳修是一位发言人，在一切斗争中，他都站在前列。在这一次的斗争里，他正以河北都转运按察使的身份在外，所以最初的矛头并没有对准他，可是他既然奋不顾身地走到前列，因此对方对于他的攻击也就来得更凶狠、更毒辣。他的妹妹嫁给张龟正，龟正死后，她带着龟正前妻的女儿到母家来了。后来这一位张小姐嫁给欧阳修的族侄欧阳晟，可是她和家奴闹恋爱，事情一直搞到开封府。谏官钱明逸抓住这个机会，诬称欧阳修自己也和恋爱案子有关，不但如此，他还诬指欧阳修盗用张家的资财，给自己置买田地。封建社会的丑恶在这次斗争中又一次暴露了。待到案情讯明以后，欧阳修的龙图阁直学士、河北都转运按察使罢免了，改为知制诰知滁州。这是庆历五年八月的事。

尧臣在庆历四年入京，经过一年的时间，没有得到什么差遣，现在新派正在失势，眼见得更没有什么指望了，六月间，通过礼部侍郎资政殿学士知许州王举正的推荐，获得签署许昌忠武军节度判官的名义，在六月二十一日乘船出京。

王举正，镇定[1]人，庆历三年官至参知政事，是一位正直的人物，可是比较懦弱一些，尤其是他的惧内出了名，因此他的连襟李徽之就曾经攻击他，说是举正妻悍不能制，如谋国何[2]？那时范仲淹刚刚入京，担当枢密副使，欧阳修出主意，让王举正和范仲淹对调，他说：

> ……今参知政事王举正最号不才，久居柄用，柔懦不能晓事，缄默无所建明，且可罢之以避贤路。或未欲罢，亦可且令与仲淹对换。当今四方多事，二虏交侵，正是急于用人之际，凡不堪大用者去之，乃协天下公论，不必待其作过，亦不须俟其自退也。况若令与仲淹对换，则于举正不离两府，全无所损，伏望陛下思国家安危大计，不必顾惜不材之人，使妨占贤路。……
> ——《欧阳文忠公集·奏议》卷二

欧阳修这一道奏疏，是相当尖锐的。仁宗皇帝想了一下，举正担当参知政事，固然才力不胜，可是以一位惧内的人物担当主持军事的枢密副使更不适。七月间举正改知许州，腾出参知政事的任务交给范仲淹。在我们考虑到梅尧臣和欧阳修的密切关系，在尧臣正在彷徨时，王举正不但没有因为欧阳修的关系迁怒尧臣，反而推荐他签署忠武军判官，看来王举正虽然不是一位干才，可确实是一位忠厚长者了。

尧臣是一位敢于斗争的人物，但是他没有进行斗争的政治地位，这就迫

---

[1] 镇定，真定，今河北省正定县。校订者注。
[2] 见《宋史》二六六《王举正传》。

使他运用诗歌作为进行斗争的武器。从汴京出城，沿着水道前进，可是这一年汴河水浅船开不出，所好开封府的县官是够朋友的，一边派遣员丁防卫，一边馈送酒馔糕点，六月底的生活还是过得很好，这一晚他作了好几首诗，最得意的是——

梦登河汉

夜梦上河汉，星辰布其傍。位次稍能辨，罗列争光芒。自箕历牛女，与斗直相当。既悟到上天，百事应可详。其中有神官，张目如电光。玄衣乘苍虬，身佩水玉珰。丘蛇与穹鳖，盘结为纪纲。我心恐且怪，再拜忽祸殃。臣实居下土，不意涉此方。既得接威灵，敢问固不量。有牛岂不力，何惮使服箱？有女岂不工，何惮缝衣裳？有斗岂不柄，何惮挹酒浆？卷舌不得言，安用施穹苍？何彼东方箕，有恶务簸扬？唯识此五者，愿言无我忘。神官呼我前，告我无不臧。上天非汝知，何苦诘其常？岂惜尽告汝，于汝恐不祥。至如人间疑，汝敢问于王？扣头谢神官，臣言大为狂。骇汗忽尔觉，残灯荧空堂。

——《宛陵文集》卷二十五

这首诗是从《小雅·大东》蜕化而来的，模仿的痕迹还很显然，但是这已经不是《大东》而是尧臣自己的诗了，因为诗是针对当时的政治情况而提出质问。"有牛""有女""有斗"这三个问题指出为什么有人才而不能使用，"卷舌"指出噤口不言的谏官，"东方箕"指出进谗的小人，这一切都是当前的现实，而神官的"至如人间疑，汝敢问于王"，更把作诗的本意和盘托出。诗中所写的是庆历五年的现实，而运用的手法正是浪漫主义和现实主义具体结合的范例。

尧臣对于诗歌的意义有自己的认识。这正是这段时间内逐步明确起来的。六月间出京赴许之前，裴煜来看他，还一再劝诫他要全面考虑，不要多作诗。当然，这是裴煜的好意，他看到尧臣的蹭蹬失意，因此加以苦口的劝诫。可是得到的回答是尧臣的一首诗：

答裴送序意

　　我欲之许子有赠，为我为学勿所偏。诚知子心苦爱我，欲我文字无不全。居常见我足吟咏，乃以述作为不然。始曰子知今则否，固亦未能无谕焉。我于诗言岂徒尔，因事激风成小篇。辞虽浅陋颇克苦，未到《二雅》未忍捐。安取唐季二三子，区区物象磨穷年。苦苦（**万历本作苦古，宋荦本、《宋诗抄》皆作苦苦**）著书岂无意，贫希禄廪尘俗牵。书辞辩说多碌碌，吾敢虚语同后先。唯当稍稍缉铭志，愿以直法书诸贤。恐子未论我此意，把笔慨叹临长川。

　　　　　　　　　　　　——《宛陵文集》卷二十五

　　自从襄城以来，尧臣诗的发展，已经具有独特的面貌，他否定晚唐以后的作者，认为这些"嘲风雪、弄花草"之作，只是"区区物象磨穷年"，没有政治意义。他对于诗的要求，是"因事激风"直追《二雅》。在诗的语言里，他也摆脱了辞藻的要求，对于"浅陋"，他并不讳言，甚至还隐约指出追求直率的用心。在我们理解到尧臣的政治地位，和他在政治斗争中的立场，这样的提出，不会觉得是突然的。

　　从另一方面看，虽然有人认为尧臣在诗的成就上，有平淡的一面，他也确实写过一些平淡的诗篇，但是对于平淡，他却有自己的看法。他的朋友宋敏求，和弟中道是走平淡的道路的，可是尧臣却不以为然。五月间他有《答中道小疾见寄》一首：

　　嵇康性弥懒，曾不废养生。子姑（**疑当作始**）当妙年，何乃劳其精。老聃有至论，身孰亲于名。诗本道情性，不须大厥声。方闻理平淡，昏晓在渊明。寝欲来于梦，食欲来于羹。渊明倘有灵，为子气不平。其人实傲佚，不喜子缠萦。吾今敢告子，幸愿少适情。时能与子饮，莫惜倒鉼罃。

　　　　　　　　　　　　——《宛陵文集》卷二十四

从汴京出发以后，因为黄河决口，汴河水涸，船开不出去，尧臣穷坐作诗，又有《寄宋次道中道》，他说：

> 再来魏阙下，旧友无一人。或为美官去，或为泉下尘。晚节相知者，操节许松筠。目世常山公，伯仲文学均。与我数还往，以义为比邻。屡假箧中书，校证多获真。次述盈百卷，补亡如继秦。中作渊明诗，平淡可拟伦。于时多骄佚，黄卷罕所亲。昨以兴西师，往往剑射伸。短衣夸走马，瞋目语常瞋。欲效西山勇，遂笑东鲁仁。舍本趋富贵，乃与市贾滨。以此较于子，素业固未泯。前日之许昌，别君已经旬。偶然值河决，穷坐如涸鳞。临风思有寄，夜咏遂达晨。
>
> ——《宛陵文集》卷二十五

在这首诗里，他也提到宋氏兄弟的平淡诗，那时一般人都认为陶潜诗是平淡的标准，当然他们对于陶潜的思想认识还很不够。尧臣指出"其人实傲佚"，确实已经踏进了一步。

庆历五年秋后，政治形势的发展，对于新派更加不利了。七月，贬知潞州尹洙为崇信军节度副使。崇信军在随州，节度副使是没有职务的官员，尹洙只得寄居在佛寺之中。八月，欧阳修贬知滁州。十月，知郓州富弼罢安抚使，知邠州范仲淹罢陕西西路安抚使，改知邓州。庆历四年范仲淹等执政的时候，作《庆历圣德诗》的石介，在七月间死了，和新派对立的人看到这是一个机会，他们散布谣言，说是石介没有死，已经逃到契丹，勾结外族，约同富弼发动京东兵马，向汴京进军，企图叛变。这时恰巧山东人民有起义的消息，皇帝派亲信到山东去探听。在回京还报的时候，他们说山东的人民没有问题，可是知兖州的杜衍和知郓州的富弼全靠不住。皇帝一边派人核查石介是否确实已死，一边准备把杜衍、富弼调往淮南。后来幸亏参知政事吴育指出小人乘机陷害大臣，非国家之福，总算把事情安定下来，但是富弼、范仲淹的军权全部消除，正见到政潮中的波浪，还在不断地起伏。

欧阳修的贬知滁州，当然谁都明了这只是政治斗争的结果。政治的对手方为目的不择手段，诬欧阳修以男女关系，正和诬富弼以准备进军一样，只求打倒对方，没有任何顾忌。这一点欧阳修也很清楚，所以到了滁州，生活态度很从容，认为唯有这样才能消除对方的意气，也免于遭到进一步的陷害。有名的《丰乐亭记》就是这一年的作品。他说到了滁州以后，"日与滁人仰而望山，俯而听泉，掇幽芳而荫乔木，风霜冰雪，刻露清秀，四时之景无不可爱，又幸其民乐其岁物之丰成而喜予游也，因为本其山川，道其风俗之美，使民知所以安此丰年之乐者，幸生无事之时也"。

仁宗庆历六年丙戌（1046）四十五岁

是不是梅尧臣、欧阳修都能安于所在、乐其所乐呢？当然不是。那时还是北宋王朝的前期，谁都不能没有文字狱的顾虑，所以把他对于作诗的主张和欧阳修提出：

寄滁州欧阳永叔

昔读韦公集，固多滁州词。烂熳写风土，下上穷幽奇。君今得此郡，名与前人驰。君才比江海，浩浩观无涯。下笔犹高帆，十幅美满吹。一举一千里，只在顷刻时。寻常行舟舻，傍岸撑牵披。有才苟如此，但恨不勇为。仲尼著《春秋》，贬骨常苦笞。后世各有史，善恶亦不遗。君能切体类，镜照嫫与施。直辞鬼胆惧，微文奸魄悲。不书儿女书，不作风月诗。唯存先王法，好丑无使疑。安求一时誉，常期千载知。此外有甘脆，可以奉亲慈。山蔬采笋蕨，野膳猎麕麋。鲈脍古来美，枭炙今且推。夏果亦琐细，一一旧颇窥。圆尖剥水实，青红摘树枝。又足供宴乐，聊与子所宜。慎勿思北来，我言非狂痴。洗虑当以净，洗垢当以脂。此语同饮食，远寄入君脾。

——《宛陵文集》卷二十六

尧臣看到在政治形势上，现在正是革新派走入低潮的时候，所以郑重地告诫欧阳修"慎勿思北来，我言非狂痴"。可是他还是把要求革新的使命赋予诗歌。他在许州时，和韩亿诸子往来较密。韩亿在仁宗初年官至参知政事，以太子少傅致仕卒。八子：纲、综、绛、维、缜、纬、缅，当时称为韩氏八龙。尧臣有《答韩三子华（绛）韩五持国（维）韩六玉汝（缜）见赠述诗》。尧臣说起：

圣人与诗言，曾否专其中。因事有所激，因物兴以通。自下而磨上，是之谓《国风》。《雅》章及《颂》篇，刺美亦道同。不独识鸟兽，而为文字工。屈原作《离骚》，自哀其志穷。愤世嫉邪意，寄在草木虫。迩来道颇丧，有作皆言空。烟云写形象，葩卉咏青红。人事极诪诡，引古称辩雄。经营唯切偶，荣利因被蒙。遂使世上人，只曰一艺充。以巧比戏弈，以声喻鸣桐。嗟嗟一何隔，甘用无言终。……

——《宛陵文集》卷二十七

尧臣在这首诗里，不但对于"风雪花草"之诗不能满意，而且直接提出对于运用典故，讲求对仗的反对。他强调诗歌的斗争意义，所以说"因事有所激，因物兴以通"，这就把政治标准提得极高。当然，这不是说尧臣忽略了艺术标准，因为他早年从西昆派的培养里，已经获得对于艺术的认识，可以保证他的作品够得上艺术的要求，但是在他的感情充沛、一吐为快的时候，他受到诗兴的支配，有时也会冲破艺术要求的藩篱。

从欧阳修这一年的诗作里，我们可以看到他受尧臣的影响。集中体现在《憎蚊》《读徂徕集》《重读徂徕集》，都显然走着尧臣的道路。尤其最后一篇，他把石介身后所受的诬陷，沉痛地写出来。他说：

……人生一世中，长短无百年。无穷在其后，万世在其先。得长多几何，得短未足怜。惟彼不可朽，名声文行然。谗诬不须辨，亦止百年间。百年后来者，憎爱不相缘。公议然后出，自然见媸妍。孔孟困一生，毁逐遭百端。后世苟不公，至今无圣贤。所以忠义士，恃此死不难。当子病方革，谤辞正腾喧。众人皆欲杀，圣主独保全。已埋犹不信，仅免斫其棺。此事古未有，每思辄长叹。我欲犯众怒，为子记此冤。下纾冥冥怨，仰叫昭昭天。书于苍翠石，立彼崔嵬巅。……

——《欧阳文忠公集》卷三

这一首诗确实把尧臣和欧阳修的作品，紧密地连在一起了。假如提"梅欧体"，必须是这样的作品，才算是真实的"梅欧体"。当然，严羽那样的批评家，会认为这是"以议论为诗"，没有"一唱三叹之致"。严羽论诗，以盛唐为宗，只知有唐诗而不知有宋诗，以唐诗的标准要求宋诗，那就只会看到宋诗和唐诗的距离，而不会看到宋诗的特点。我们必须认识唐诗的标准不是作诗的唯一标准而后才能认识宋诗，尤其宋诗的开山祖师梅尧臣的诗。

就在这一年，欧阳修有《梅圣俞诗集序》。他在序中说："圣俞诗既多不自收拾，其妻之兄子谢景初惧其多而易失也，取其自洛阳至于吴兴已来所作，次为十卷。予尝嗜圣俞诗而患不能尽得之，遽喜谢氏之能类次也，辄序而藏之。"欧阳修言外之意，好像这十卷本由谢师厚搜集，没有经过尧臣的删定，实则他和尧臣通信时，曾说："……诗序谨如命送去，盖述大手作者之美，难为言，不知称意否。"[1]这就看到师厚的搜集得到尧臣的同意，其中去取，必然有尧臣的意旨，而《诗集序》更是出于尧臣的要求。

这篇序首先提出"穷而后工"的看法：

予闻世谓诗人少达而多穷，夫岂然哉。盖世所传诗者多出于古穷人之辞也。凡士之蕴其所有而不得施于世者，多喜自放于山巅水涯之外，见虫鱼草木风云鸟兽之状类，往往探其奇怪，内有忧思感

---

[1] 《欧阳文忠公集·书简》卷六。

愤之郁积，其兴于怨刺，以道羁臣寡妇之所叹，而写人情之难言，
盖愈穷则愈工。然则，非诗之能穷人，殆穷者而后工也。

其次他举出尧臣之穷，说他："少以荫补为吏，累举进士，辄抑于有司，困于州县，凡十余年。年今五十，犹从辟书，为人之佐，郁其所畜，不得奋见于事业。"所谓"年今五十"，只是就大数而言，其实尧臣这一年，只有四十五岁，"犹从辟书，为人之佐"，指的通过王举正的推荐，在许州担任忠武军判官的职务。他在后面又说：

……若使其幸得用于朝廷，作为雅颂，以歌咏大宋之功德，荐之清庙，而追商、周、鲁颂之作者，岂不伟欤！奈何使其老不得志，而为穷者之诗[1]，乃徒发于虫鱼物类，羁愁感叹之言。世徒喜其工，不知其穷之久而将老也，可不惜哉！……
——《欧阳文忠公集》卷四十二

尧臣的穷，确实是走投无路，十余年的仕籍，一代最有名的诗人，还得寄人篱下，做一名佐贰官，这和欧阳修是完全不同了。欧阳修虽然贬斥在外，但是他曾经做过知制诰、河北都转运按察使、封信都子，食邑五百户，随时可以重行起用，所以他在《序》中提出"穷而后工"的议论，尽量给尧臣以一定的慰藉。当然，我们不能从此得出"诗不穷则不工"的结论。

自从谢氏去世以后，尧臣对于她是不断怀念的。仅仅庆历六年，从《元日》《不知梦》《梦觉》《椹涧夕梦》《灵树铺夕梦》《三月十四日汝州梦》《忆吴松江晚泊》《忆将渡扬子江》《丙戌五日画梦》《梦觌》《悲书》《麦门冬》《梨花忆》这些诗里，我们可以亲切地看到他对于谢氏的追忆。《梨花忆》里说："……白玉佳人死，青铜宝镜空。今朝两眼泪，怨苦属衰公。"这是何等的深刻。但是中年丧偶，究竟不是一件长此结局的事，何况儿子头

---

[1] 此句，本书漏掉，据《古文观止》补。校订者注。

上,因为失去母亲的照料,生着满头虮虱[1],不能不考虑应付的方法。

阴雨的秋天,尧臣从许州到汴京来了。这一晚宿安上门外,裴煜、胥元衡都来访,尧臣有诗一首:

宿安上人门外,裴如晦胥平叔来访[2]

> 胥悲喜我至,冒雨夜出城。灯前相对语,怪我面骨生。为言憔悴志,因意多不平。亦见子颔须,长黑已可惊。知子有所立,毛发随世情。子心且如旧,后辈苦前轻。

——《宛陵文集》卷二十八

诗中不禁流露许多牢骚,但是这次尧臣入京,实际上是来续弦的。新夫人刁氏,升州(今江苏南京)人,刑部郎中、西昆派诗人刁衎的孙女,太常博士刁渭的女儿,刁绎、刁约、刁纺等人的妹妹或堂妹妹,据宣城《梅氏宗谱》,刁氏生于乾兴元年(1022),这一年二十五岁,婚后尧臣有诗:

新婚

> 前日为新婚,喜今复悲昔。
> 闺中事有托,月下影免只。
> 惯呼犹口误,似往颇心积。
> 幸皆柔淑姿,禀赋诚所获。

——同前

那时刁家本宅在润州(又称南徐、今江苏镇江),刁纺和尧臣谈起,不久要回润州,尧臣也说自己准备退居润州,把谢氏的棺柩葬到那里,这一切他都拜托刁纺留心,刁纺也承应了。诗中曾说:

---

[1] 《秀叔头虱》,见《宛陵文集》卷二十七。
[2] 诗题衍"人"字,当作"安上门"。

刁经臣将归南徐许予寻隐居之所及亡室坟地因走笔奉呈

  欲居江上江，试与问京岘。
  尝观鲍家诗，心慕已不浅。
  行当卜结庐，依农事清亩。
  傍葬吾先妻，同穴晚未免。
  买谷勿险深，求冈要平显。
  松竹应所宜，蒿莱预教剪。
  我志决不移，君言幸须践。

——同前

  尧臣八月间到汴京，续弦以后，带着新夫人刁氏匆匆地乘船出京，因为水道的关系，这一次大兜转，从汴京直开颍州（今安徽阜阳），九月初到达。那时晏殊正以工部尚书的身份知颍州。九月八日晏殊约尧臣在颍州西湖会饮，次日再在撷芳园会饮。晏殊是朝中的旧相，一代诗人和词人，因此在尧臣路过的时候，不肯轻易放过。可是他不免把他对于诗的认识强加于人。他和尧臣论诗。"名不盛者辞必不高，一切都得看诗人的地位啊！"晏殊说。

  尧臣面对着这一位五十六岁的老丞相，沉吟着说："是啊，看来陶渊明的诗就是如此。"

  "对的，"晏殊说，"陶渊明就是高，他的诗中多是村野田舍之语，可是必须学。"

  看到这一位达官贵人，平时自称诗中有"真富贵语"的晏殊，说起必须学习村野田舍的诗人，尧臣感到有些意外，只得尝试一下："敢问老相公，那么孟郊如何呢？"

  "孟郊的诗句，"晏殊捋着白须说，"总是太喜欢用新字，有时一句五个字，全是新的，那就不能和渊明一概而论了。"

  尧臣拱拱手："老相公的吩咐真真领教了。"

  "哪里哪里！要从砂中取宝，枯树探春，都是枉费心机的。孟郊还不是这样吗？老夫不中用了，以后的诗坛都得仰仗签判。"晏殊说罢，一连向尧臣摆手。

"过奖得很,不敢当。"尧臣接着说。

经过几日的唱和,尧臣向晏殊告辞,晏殊也委实爱才若渴,一再地和尧臣订期再会,总希望有朝一日尧臣能到颍州长住,一则帮忙处理公事,二则也添一个作诗的伴侣。

从颍州到许州,那时必得从蔡河转个弯,可是水浅,开不了几里路,船底胶在沙滩上。晏殊又派衙兵来了,他送来好酒,附带着一封信,对于尧臣着实称道一番。他指出尧臣的作品,确实可以上比陶渊明、韦应物。他说这是天下的公言,并不是他晏殊的私言。

从尧臣当时的境遇看,得到晏殊的推许,应当是可以自慰的。可是他怎样来接受晏殊的推奖呢?他自己很清楚,平生没有走陶渊明、韦应物的道路。晏殊作诗主张平淡,为了应付一下,自己也作过几首平淡的诗,可是在这一年不曾说过吗?"直辞鬼胆惧,微文奸魄悲",这是什么样的平淡呢?难道还得转过来再作一些"烟云写形象,葩卉咏青红"的诗吗?尧臣想到这里,只有苦笑,他很清楚地看出晏殊毕竟不是一位知己,可是总不能不敷衍他。怎样办呢?且和他一首诗:

依韵和晏相公

微生守贱贫,文字出肝胆。一为清颍行,物象颇所览。泊舟寒潭阴,野兴入秋菼。因吟适情性,稍欲到平淡。苦辞未圆熟,刺口剧菱芡。方将挹溟海,器小已激滟。广流不拒细,愧抱独慊慊。疲马去轩时,恋嘶刍秣减。兹继《周南》篇,短枻宁及舰。诚知不自量,感涕屡挥掺。

——《宛陵文集》卷二十八

因为水枯,船开不出,大船挨着小船,一字儿排着好几条,从白天等到夜晚,月亮出来,还没有一些水声。好闷人啊!尧臣吩咐排酒,同新夫人共饮几杯。这一次他记起晏殊和他说过,古人诗句中,全用平声,制字稳帖,像"枯桑知天风"那句就是，可是很少全句仄声的，更谈不上全篇用仄声了。他想着想着，决心试作一首。

舟中夜与家人饮

月出断岸口，影照别舸背。
且独与妇饮，颇胜俗客对。
月渐上我席，暝色亦稍退。
岂必在秉烛，此景已可爱。

——同前

仁宗庆历七年丁亥（1047）四十六岁

路途是遥远的，蔡水的涨落又没有一定的把握，总算最后回到许州。在那里他和韩氏兄弟来往很密，有时也遇到他们的舅舅王冲，字道损。此外还有一位孙永，字曼叔，也是许州的一位佐贰官。尧臣一次和韩氏兄弟到孙家会饮，他在诗中曾说：

富贵丰盘餐，日可侑清角。
不与贤者俱，饱食何所学。
吾友虽曰贫，邀赏不辞数。
质衣为酒肴，出论轻管乐。
其馔清且甘，刀几孰亲握。
是时予苦眩，引去意颇确。
羸马雪中归，醉醒谁复较。

——《宛陵文集》卷二十九《同诸韩饮曼叔家》

这一年已经是庆历七年了。开春以后，韩氏兄弟纷纷入京，许州的生活越发寂寞，尧臣想起苏舜钦来，那时舜钦已经在苏州定居，建筑庭院，称为沧浪亭，到今天还是苏州城内有名的园林之一。尧臣有诗：

寄题苏子美沧浪亭

闻买沧浪水，遂作沧浪人。置亭沧浪上，日与沧浪亲。宜曰沧浪叟，老向沧浪滨。沧浪何处是？洞庭相与邻。竹树种已合，鱼蟹时可缗。春羹芼白蕺，夏鼎烹紫蕈。黄柑摘霜晚，香稻炊玉新。行吟招隐诗，懒戴醉中巾。忧患两都忘，还往谁与频。昨得滁阳书，语彼事颇真。曩子初去国，我勉勿迷津。四方不可之，中土百物淳。今子居所乐，岂不远埃尘。被发非泰伯，结客非春申。莫与吴俗尚，吴俗多文身。蛟龙刺两股，未变此遗民。读书本为道，不计贱与贫。当须化闾里，庶使礼义臻。

——《宛陵文集》卷二十九

在这首诗里，尧臣对于舜钦的终身罢斥，总是念念不忘的。固然读书为道，不计贱贫，但是贱贫也就无从行道，没有政治地位，也就无法施展自己的政治抱负，这正是封建社会里进步的士大夫共同感受的痛苦。

就在这一年初夏，尧臣得到尹洙的死耗。尹洙是洛阳时期的旧交，在当日的一些朋友中，是一位最有担当的人物。范仲淹贬饶州的时候，尹洙自言仲淹是他的师友，请求和仲淹同时罢免。西夏的战事发动以后，他在西边和敌人作战，前后共五六年。战事结束以后，遭到部下的诬陷，贬崇信军节度副使，徙监筠州酒税，不久他就死了。欧阳修在他的墓志铭里曾说："而世之知师鲁（洙）者，或推其文学，或高其议论，或多其才能，至其忠义之节，处穷达，临祸福，无愧于古君子，则天下之称师鲁者，未必尽知之。师鲁为文章简而有法，博学强记，通知今古，长于《春秋》。其与人言，是是非非，务穷尽道理乃已[1]，不为苟止而妄随，而人亦罕能过也。遇事无难易而勇于敢为，其所以见称于世者亦所以取嫉于人，故其卒穷以死。"[2] 对于尹洙的

---

[1] 乃已，此处引文漏掉"乃已"二字。校订者注。
[2] 《欧阳文忠公集》卷二十八。

为人,这是一段非常精彩的分析。在均州的时候,尹洙受到知州赵可度的凌逼,得病以后,就医求药,处处不能如意。这时候范仲淹在知邓州任内,代为奏明,才得到邓就医,可是得病已深,从此不起,韩琦在《尹公墓表》[1]里说他"疾革,见宾客妻子无一感言,整冠带盥濯,怡然隐几而卒",正写出他那临终的神色。尧臣在诗中说起:

哭尹师鲁
谪死古来有,无如君甚冤。
文章不世用,器业欲谁论。
野鸟灾王傅,招辞些屈原。
平生洛阳友,零落几人存。

——《宛陵文集》卷三十

朋友的凋零,仕途的连蹇,都使尧臣感到失意。这一年他有《凌霄花》诗,可能正写出心中的愤懑。

草木不解行,随生自有理。
观此引蔓柔,必凭高树起。
气类固未合,萦缠岂由己。
仰见苍虬姿,上发彤霞蕊。
层霄不易凌,樵斧谁家子。
一日摧作薪,此物当共委。

——同前

还有一首《凌霄花赋》,可能也是同一时期的作品。

---

[1] 《安阳集》卷四十七《故崇信军节度副使检校尚书工部员外郎尹公墓表》。

厥草惟夭，厥木惟乔，草有柔蔓，木有繁条，缘根兮附质，布叶兮敷苗，朱华灿兮下覆，本干蔽兮不昭。嗟乎，此木几岁几年而至于合抱，夫何此草一旦一夕而遂曰凌霄。是使藜藋蒿艾慕高艳而仰翘翘也。安知蘋藻自洁，兰蕙自芳，芙蓉出污而自丽，芝兰不根而自长。或纫佩带，或采倾筐，或制裳于骚客，或登歌于乐章，故得为馨为荐，为嘉为祥，皆无附著，亦以名扬，奚必讬危柯而后昌。吾谓木老多枯，风高必折，当是时将恐摧为朽荄，不复萌蘖，岂得与百卉并列也耶。

——《宛陵文集》卷六十

第七章　从扬州到陈州

仁宗庆历七年丁亥（1047）四十六岁

秋天到了，萧萧的霜风愈发引起诗人的悲感。当年的好友，死的死了，离散的离散了，这一切都震荡着尧臣的胸臆。九月五日的中夜，他梦到远在滁州的欧阳修，可是正在寒暄时，一声鸡鸣，隔断千里的思念。

九月五日梦欧阳永叔

朝镜恶白发，夕梦对故人。

常恨道路隔，忽喜颜色亲。

相笑勿问年，青铜早伤神。

鸡嚘天欲白，向者犹疑真。

——《宛陵文集》卷三十

欧阳修同时也有两首：

秋怀二首寄圣俞

孤管叫秋月，清砧韵霜风。

天涯远梦归，惊断山千重。

> 群物动已息，百忧感从中。
> 日月矢双流，四时环无穷。
> 隆阴夷老物，摧折壮士胸。
> 壮士亦何为，青丝悲青铜。
>
> 群木落空原，南山高巃嵸。
> 巉岩想诗老，瘦骨寒愈耸。
> 诗老类秋虫，吟秋声百种。
> 披霜掇孤英，泣古吊荒冢。
> 琅玕叩金石，清响听生悚。
> 何由幸见之，使我涤烦冗。
> 飞鸟下东南，音书无日捧。
>
> ——《欧阳文忠公集》卷三

尽管他们互相忆念，但是因为在宦途上，他们都不得意，一时还没有同到东京，相与来往的机会。

许州签判的任期满了，尧臣正在做回京的打算。这一年大水，从东京到尉氏，一路都是水深及胫，行旅非常艰苦。九月十六日，一家老小，到达东京，所好胥元衡、宋中道两位都到郊外相迎，暂时找到安身之地。可是在生活的压迫之下，他总是感到一些怅惘。有时他也想到南归，可是南归以后，生活又怎样安排呢？他甚至想到还是依靠一些大官僚，再做一度幕僚官。他曾在答复欧阳修的诗中说起：

> ……
> 南方岁苦热，生蝗复饥馑。
> 忧心日自劳，霜发应满须。
> 知予欲东归，晓夕目不瞬。
> 贫难久待乏，薄禄籍霑润。

> 虽为委吏冗，亦自甘以进。
>
> 相望未得亲，终朝如抱疚。

——《宛陵文集》卷三十《得曾巩秀才所附滁州欧阳永叔书答意》

七月七日，他的新夫人刁氏生一女，尧臣给她起名"称称"。他的一首《咏称》诗显然是在生女以后作的。

咏称

> 圣人防争心，权衡为之设。
> 后世失其平，有星徒尔列。
> 物物尚可欺，铢铢不须别。
> 将淳天下民，安得必毁折。

——同前

就在这一年十一月在贝州爆发了王则起兵的大动乱，又一次揭露了北宋王朝内部的倾危和动荡。

宋太祖赵匡胤是以手握重兵、攘夺政权起家的，以后凭仗他的兵力，平定了长江以南和四川的广大区域，兵士不过十五万人。太祖死后，太宗赵光义北平北汉，准备收复燕蓟，兵力扩充到四十万；真宗赵恒，为了应付契丹，再度扩军，直到五十余万；可是在澶州之盟以后，又在力图收缩。仁宗赵祯即位以后，西夏的军事起了，这才大大扩充，直到一百多万。庆历七年三司使张方平奏称：

> ……向因夏戎阻命，始籍民兵，俄命刺之以补军籍，遂于陕西、河北、京东西增置保捷、武卫、宣毅等军，既而又置宣毅于江淮、荆湖、福建等路，凡内外增置禁军约四十二万余人，通三朝旧兵且百万，乡军义勇、州郡厢军、诸军小分剩员等不列于数。列营之士日增，南亩之民日减。迩来七年之间，民力大困，天下耕夫织妇，

莫能给其衣食，生民之膏泽竭尽，国家之仓库空虚，此冗兵狃于姑息，寖骄以炽，渐成厉阶，然且上下恬然，不图云救，惟恐招致之不多也。且太祖训兵十万人以定天下，今以百万人为少，此无他尔，各苟且及身之安，莫为经久之虑也。夫苟且者臣下及身之谋，经久者陛下国家之计。今负贩之家犹汲汲于担石之储，安有虑不经久而可以保天下者哉。……

——《续资治通鉴》卷一百六十一

大量的军队，大量的官吏，无穷无尽的军费、军粮、俸禄赏赐，一切都压在人民的头上。封建时代的史家，通常称道宋王朝的"深仁厚泽"，其实"深仁厚泽"始终没有落到人民的身上，代替它的只是剥削、劳役、饥馑和死亡。这就为时代的动乱创造了必然的条件。

庆历七年的动乱是从贝州发起的。战事平定以后，贝州改成恩州，州治在现代河北清河县。领导人是王则，贝州宣毅军的军士。王则，河北涿州人，在灾荒中从涿州逃到贝州，因为委实活不下去，卖身给地主当一名羊倌。后来投军，在军队中逐步升到小头目，当时称为"小校"，其实还是军士，不是军官。当地劳苦人民中，流行着《滴泪经》《五龙经》，一般都说是释迦佛退位，弥勒佛即将出世。当然这是人民的语言，意味着他们正在准备随时起义。王则逃荒的时候，母亲在他背上刺着一个"福"字，这一年大伙看到"福"字慢慢地从他背心隆起，认为时机成熟，准备在庆历八年元旦，砍断澶州（故治在今河南濮阳县）浮桥，割据黄河以北，发动大规模的起义。不料事机不密，为北京留守贾昌朝发觉，个别人员遭到镇压，被迫于庆历七年十一月二十八日发动兵变，兵变以后，由于起义者的落后性，他们还是走的前此农民起义的老路，王则自称东平王，建国号，改正朔，拜宰相、枢密使，他们发动了十二岁以上、七十岁以下的人民当兵，在面上刺字，一概称为义军。不幸的是在他们还没有出兵以前，高阳关都部署王信的军队已经赶到，把贝州包围起来。十二月四日王信的贝州城下招捉都部署发表了，从此城内是起义的军队，城外是镇压的军队，双方都有战斗的经验，在坚持不下的情况下，把战事继续下来。

尧臣诗中对于这次动乱的反映是迅速的。

甘陵乱

甘陵兵乱百物灰，火光属天声如雷。
雷声三日屋瓦摧，杀人不问婴与孩。
守官逬走藏浮埃，后日稍稍官军来。
围城几匝如重锤，万甲雪色停皑皑。
孰敢专辄但取裁，黄土始坚难速颓。

——《宛陵文集》卷三十一

尧臣的立场是站在统治阶级方面的。在这首诗里，他指出甘陵（贝州的古地名）战事的剧烈，同时也指出因为没有高级指挥官的在场，战事难于获得迅速的解决。

仁宗庆历八年戊子（1048）四十七岁

十二月间枢密直学士左谏议大夫明镐的河北体量安抚使发表了。明镐到达贝州，发现城高二丈，攻城不易，决定先筑外墙，与城相当，再在外城上设战棚，直射城内，王则也在城头筑起战棚来，称为"喜相逢"，一把战火，把明镐的战棚，烧得精光，进攻的计划受到一次毁灭。明镐正在挖掘地道，准备再度进攻，庆历八年正月初八日宋王朝打出又一张王牌，右谏议大夫参知政事文彦博的河北宣抚使发表，同时发表明镐的宣抚副使。参知政事是当时的副宰相，文彦博一向以善于用兵得名，这里正见到宋王朝尽速扑灭贝州起义的决心。文彦博一边挺身而出，一边也向宋王朝要求便宜行事的全权。正月三十日，彦博发动大军从贝州城北进攻，王则也发动大军抵御，在战声雷动中，宋王朝的突击队从南门外的地道攻入城中，王则摆开火牛阵，在火牛直冲的时候，突击队向后退却，恰巧军校杨遂一枪戳中了牛鼻，火牛大吼一声，转身狂奔，王则的军队垮下去了，王则也退到城外，终于为宋王朝的军队所获，这一日是闰正月初一日。

贝州的起义迅速解决了。参知政事文彦博升礼部侍郎、平章事，明镐升端明殿学士、给事中，将士立功的八千四百人，分为五等，按等奖擢。贝州改名为恩州，就地建旌忠寺，追荐阵亡将士。贝州人民的膏血，为宋王朝的统治又涂上了一层保护的彩色。

尧臣对于这一次战事的认识是逐步提高了。他在诗中说：

兵

太平无战阵，汉卒久生骄。
金甲不曾擐，犀弓应自调。
嗟为燎原火，终作覆巢枭。
若使威刑立，三军岂敢嚣。

——《宛陵文集》卷三十一

他对于王则等的同情，是在隐蔽中透露的，同时他更把这一次的动乱，归罪于统治者的措置失当。虽然他还不可能把整个的责任归纳为封建制度的罪恶，但是他这样的认识，在当时已经是少有的了。他对于文彦博的拜相，也有一首：

宣麻

杉美下一国，曾无相印酬。
莫惊除拜峻，自是战功优。
壮士颇知勇，诸儒方贵谋。
淮西封亦薄，裴度死生羞。

——同前

尧臣把彦博的战功，提出来和平淮西的裴度，灭南唐的曹彬、潘美相比，这怎能比得呢？他又说："莫惊除拜峻，自是战功优。"优在哪里？最后他指出这是"诸儒方贵谋"。谋的是高官厚禄。这里尧臣就给文彦博做出他的鉴定，关于这一点，以后还会谈到。文彦博从参知政事升平章事，中间只进了一级，但是贝州之平，其实不能算是什么功绩，何况筑围城，掘地道，一切都是明镐的成算，彦博只是因人成功，所以皇祐元年庞籍就曾说起"贝州之赏，当时论者已嫌其太厚"[1]，这里看到尧臣之诗，正代表了当日的公论。

同时他还有《胧月》《未晴》《夜阴》《夜晴》数首。

胧月

夜晴初见月，云薄未分明。
高树尚无影，远鸿时有声。
下阶嫌履湿，闭户认苔生。
寂寂墙阴暝，更长已渐倾。

——同前

未晴

未晴初止雨，蒸润尚侵衣。
缺月如羞出，荒云不肯归。
杏花朱欲绽，梅萼雪将称。
远雁来何急，冲风湿翅飞。

——同前

夜阴

月色明还暗，云寒散复浓。
古堂移魍魉，积雾合蛟龙。
湿菌飞莹出，苍苔上朽重。

---

[1] 见《续资治通鉴长编》卷一百七十四。

独嗟吟向老，气涩觉偏慵。

——同前

夜晴

新晴月正明，频听夜乌惊。
未向高枝稳，时为绕树声。
群飞自纷泊，众鸟不屏营。
躁静于焉见，谁能度物情。

——同前

这一类的诗句指的是什么呢？明代姜奇方在《宛陵集后续》里指出这是"蒿目而忧乎当世，岂与彼平章月露，流连光景者已哉"。这是很可能的，从字里行间，可以看到诗人彷徨无主、心理不能平静的状态。

这一年尧臣官为国子博士，赐绯衣银鱼。四十七岁的人了，官位还得逐步提升，尧臣不免有些迟暮之感，有《赐绯鱼》一首：

绯鱼

蹉跎四十七，腰间始垂鱼。
茜袍虽可贵，发短齿已疏。
儿女眼未识，竞来牵人裾。
不知外朝众，君恩惭有余。

——同前

给他打击的还有称称的死亡。尧臣是一位感情深挚的人，他把深深的痛苦，都在诗句中吐露出来。

戊子三月二十一日殇小女称称三首

生汝父母喜，死汝父母伤。

> 我行岂有亏，汝命何不长。
> 鸦雏春满窠，蜂子夏满房。
> 毒螫与恶噪，所生遂飞扬。
> 理固不可诘，泣泪向苍苍。
>
> 蓓蕾树上花，莹絜昔婴女。
> 春风不长久，吹落便归土。
> 娇爱命亦然，苍天不知苦。
> 慈母眼中血，未乾同两乳。
>
> 高广五寸棺，埋此千岁恨。
> 至爱割难断，刚性剉以钝。
> 泪伤染衣斑，花惜落蒂嫩。
> 天地既许生，生之何遽困。
>
> ——《宛陵文集》卷三十二

他在《小女称称砖铭》里，提出一系列的疑问，而以归于太空，作一个无可解答的解答。他说：

> ……汝禀气血为人，丰然皙然，其目了然，耳鼻眉口手足备好，其喜也笑，不知其乐，其怒也啼，不知其悲，动舌而未能言，无口过；动股而未能行，无蹈危；饮乳无犯食之禁，爱恶无有情之系。若是则得天真与保和，何病夭之遽乎！得不推之于偶然而生，偶然而化，偶然而寿，偶然而夭，何可必也！吾将衣汝衣，敛汝棺，葬汝于野，亦人道之常分。汝之魂其散而为大空，其复托为人不可知矣。其质朽而为土，不疑矣。富贵百年者尚不免此，汝又何冤？瘗之日，父母之情未能忘，故书之砖，非欲传之久，且以志其悲云。……
> ——同前

早在颍州的时候，尧臣和晏殊有一些来往，虽然对于诗的认识，他们不是没有一定的距离，但是晏殊的周旋尽致，也不免使尧臣产生知遇之感。春间听说晏殊调知陈州了，他就决定离开东京，前往陈州，好在国子博士只是一个空衔，没有什么值得流连之处，不如到陈州担任幕僚官，公余还有一番唱和。计划决定以后，他偕同家眷，在四月初乘船出发，一路经过山羊、宝应。五月二十四日船过高邮三沟，这是谢氏病死的地点，事经四年了，但是痛苦犹在，伤心的回忆，只能给人更深的悲恸。

这一年二月里，欧阳修已经由滁州调到扬州来了，他正以起居舍人知制诰的名义主持扬州的地方行政。尧臣船到扬州，恰恰遇到这位多年的好友。他们在进道堂共话，一直谈到天亮。事后尧臣在一首记载当时夜话的诗里说及：

……
陈疏见公忠，曾无与朋执。
文章包元气，天地得嘘吸。
明吞日月光，峭古崖壁涩。
渊论发贤圣，暗溜闻鬼泣。
……

——《宛陵文集》卷三十三《永叔进道堂夜话》

在他们会谈里，主要地还是当日的政治斗争，而欧阳修由于他的政治地位的关系，获得机会发表了不少的政论，也得到尧臣的激赏。

尧臣匆匆地赶回宣城，他率同新夫人刁氏拜见父母以后，不久又由宣城出发。亲友们送到昭亭潭上，尧臣有诗一首：

昭亭潭上别

行舟晚解去，亲戚各还家。
泪落正湿衣，肠翻如转车。

> 借是昭亭水，相随亦有涯。
> 予今游宦意，曾不学匏瓜。
> ——《宛陵文集》卷三十三

他一心念着晏殊的旧约，因此不能久待，匆匆出发，经过姑熟江口的时候，恰巧刁氏的兄弟刁约在那里，他邀请这位新亲到江口相见，诗中也说：

> 尾生信女子，抱柱死不疑。
> 吾与丞相约，安得不顾期。
> ……
> ——《宛陵文集》卷三十三《泊姑熟江口邀刁景纯相见》

八月初尧臣的船又到扬州了。尽管他急于前去陈州，可是欧阳修留住不放。除了这一位东道主以外，尧臣还遇到一位宣城人，姓许名元字子春，官为江淮两浙荆湖发运使。这是当时有名的能臣。本来宋王朝建都东京，主要全靠东南一带的供应，粮食一旦供应不上，东京便有断炊之虞，所以宋王朝对于粮运，给予高度的重视。可是转运的能否及时运到，全靠汴河这一条水路，偏偏汴河的水源，主要依靠黄河，黄河水小，汴河枯水，固然不能行船，可是黄河水太大了，万一决口，洪流四溢，汴河依然不能行船。因此这一位发运使，无形中掌握着国家的命运。仁宗时代的大小官僚多少都和许元发生一些关系，这一位发运使也确实有些长袖善舞的味道，不但对于各方都能应付自如，而且对于东京六百万石粮食的供应，始终没有拖延，更博得统治阶级的青睐。

尧臣到达以后，欧阳修首先约许元参加中秋的宴会，有《招许主客》[1]：

> 欲将何物招嘉客，惟有新秋一味凉。

---

[1] 主客为主客郎中，许元时以主客郎中为江淮发运使。

更扫广庭宽百亩，少容明月放清光。
楼头破监看将满，瓮面浮蛆拨已香。
仍约多为诗准备，共防梅老敌难当。
———《欧阳文忠公集》卷十一

尧臣看到老友的一番布置，欣然先和一首：

看取主人无俗调，风前喜御夹衣凉。
竞邀三五最圆魄，知比寻常特地光。
艳曲旋教皆可听，秋花虽种未能香。
曾非恶少休防准，众寡而今不易当。
———《宛陵文集》卷三十三

中秋到了，欧阳修除了约好尧臣、许元以外，还约了王琪这位新科进士。按照当时的惯例，当然会有歌女，正准备一番轻歌曼舞，伴着酒兴诗情，共赏一轮皓月，可是天公不作美，一阵寒风夹杂着大大小小的雨点，把月亮都埋没了。尧臣看到王琪的诗先成，还没把诗写出，欧阳修的诗先来了：

酬王君玉[1]中秋待月值雨

池上虽然无皓魄，樽前殊未减清欢。
绿醅自有寒中力，红粉尤宜烛下看。
罗绮尘随歌扇动，管弦声杂雨荷乾。
客舟闲卧王夫子，诗阵教谁主将坛。
———《欧阳文忠公外集》卷七

当然，尧臣也明白，对于王琪这一位新交，总得客气一些。

---

[1] 王琪，字君玉。校订者注。

和永叔中秋夜会不见月酬王舍人

主人待月敞南楼，淮雨西来斗变秋。
自有婵娟侍宾榻，不须迢递望刀头。
池鱼暗听歌声跃，莲的明传酒令优。
更爱西垣旧词客，共将诗兴压曹刘。

——《宛陵文集》卷三十三

在扬州时，他读过欧阳修的《集古录》，看过他的画像，欧阳修也特地让画师来嵩给他画了像，又拿出他的一堂寒林石砚屏送给尧臣。两位老友在扬州郊外道别了。

尧臣有《别后寄永叔》诗：

前日辞亲泪，又为别友出。愁极反无言，欲言词已窒。荷公知我诗，数数形美述。兹道日未堙，可与古为匹。孟卢张贾流，其言不相昵。或多穷苦语，或特事豪逸。而于韩公门，取之不一律。乃欲存此心，欲使名誉溢。窃比于老郊，深愧言过实。然于世道中，固且异谤嫉。交情有若此，始可论胶漆。

——同前

这不是一首寻常的赠别诗，实际上指出尧臣作诗的途径。在名位上，欧阳修比尧臣是有一些优越，但是他们两人中间的距离，并不如韩愈、孟郊之间那样辽阔，同时我们也得认识在这大段时间里，欧阳修对于尧臣的诗是异常推重，始终没有把自己安排在较高的位置上。所以推尧臣为孟郊，正指出尧臣的功力所在，当然在尧臣早年的时候，他还受到钱惟演的影响，不可能把孟郊作为自己的方向，但是经过二十年的摸索，他更多地发现了孟郊的优点，而客观环境的推动力，也把尧臣拖上枯寒老瘦的道路，这正是一位经过斗争锻炼的诗人，在生活道路上，饱受风霜的标识。封建社会的生活是艰苦的，真正的诗人必然是严肃的，他的神态正在千锤百炼中刻画出来。

从扬州到陈州的道途中，尧臣的下面两首诗正反映着时代的面目：

岸贫

无能事耕获，亦不有鸡豚。
烧蚌晒槎沫，织蓑依树根。
野芦编作室，青蔓与为门。
稚子将荷叶，还充犊鼻裈。

——同前

小村

淮阔州多忽有村，棘篱疏败谩为门。
寒鸡得食自呼伴，老叟无衣犹抱孙。
野艇鸟翘唯断缆，枯桑水啮只危根。
嗟哉生计一如此，谬入王民版籍[1]论。

——《宛陵文集》卷三十四

庆历八年是北宋王朝的黄金时代，可是时代的黄金只反映在深宫大院、高官厚禄那里。在人民身上，我们所看到的只是无衣无食的一群，这是什么王民？又是怎样的版籍？我们还能要求一位关心人民生活、反映人民生活的诗人，不走上枯寒老瘦的道路吗？

但是尧臣这一年却盲目地推进另一条道路。

十月初尧臣到达陈州，进谒晏殊。晏殊正以故相的身份知陈州，辟用尧臣签署陈州镇安军节度判官。尧臣满以为晏殊是一位诗人，对于自己一向很重视，从此可以在公事余暇领会一些宾主唱和之乐。

晏殊是怎样的一位诗人呢？

---

[1] 版籍，户口册。校订者注。

他是一位大官僚，做过中书门下平章事兼枢密使。这时他虽然是一位知州，但是宋王朝时代，凡是做过丞相的，即使担任知州的职务，实际上一州的行政职务，由通判负责，他自己还是过着高贵的生活。晏殊常时提起自己"楼台侧畔杨花过，帘幕中间燕子飞"；"梨花院落溶溶月，柳絮池塘淡淡风"这一类的诗句，很得意地问起"穷人家有这样的气象吗？"欧阳修《归田录》又提到晏殊最爱评诗，他说起"老觉腰金重，慵便枕玉凉"这样的诗句不算是真正富贵的口吻，远不如"笙歌归苑落，灯火下楼台"，那才是真正的富贵。

晏殊是一位富贵诗人，他所看到的只是他那一个极小的圈子，他看不到人民，看不到苦难的劳苦大众。生活缩小到他那衙门里的内书房，可能连左右侍从都没有真正看到，他没有诗料，因此他只有到故纸堆里去探求，不是模拟这一位诗人，便是仿效那一位诗人。这和尧臣这样的诗人，从大河东西到长江南北，从政治到国防，从劳动到生活，没有一项不接触，没有一项不咏歌的诗人，有什么共同之处呢？坦率一些说，在当时要找同样的两位极端相反的诗人放在一处，几乎是一件无法执行的任务。然而由于尧臣的欣然接受晏殊的辟召，他们居然在陈州城内会面了。他们是以很不平等的身份会面的，一位是长官，一位是僚属，中间存在着很大的悬殊。对于尧臣，这应当算是很大的痛苦，但是这只是他在后来逐步体味到的，最初大概还没有很清楚。

初到陈州的时候，对于人民的生活，他和晏殊的看法，就有很大的分歧。尧臣从汴河来的时候，一路的感触使他写出《岸贫》和《小村》那样的诗篇，现在晏殊却写下一首《民乐》，吩咐签判和一首。

怎样办呢？就和他一首吧。

和《民乐》

岁晚场功毕，野老相经过。有酒自斟酌，适意同笑歌。大儿缉牛衣，小儿护鸡窠。囷廪见余积，息戍靡负戈。林间落熟果，屋里鸣寒梭。会待朔雪时，狐兔生置罗。饫鲜持作腊，赠乏不言他。是非了莫问，此理当如何。

——《宛陵文集》卷三十四

在晏殊的倡导下，尧臣也认真地模拟古诗了。平心而论，旧时代的诗人，总不免要经过拟古的一个阶段，尧臣也不是没有作过拟古诗的，但是在短短的两三个月之内，做出很多的拟古诗，正看到晏殊的影响。尧臣拟李益《竹窗闻风寄苗发司空曙》，拟宋之问《春日剪彩花应制》，拟张九龄《咏燕》，拟王维《观猎》，拟陶潜《止酒》，拟杜甫《玉华宫》，拟韦应物《残灯》，拟韩愈《射训狐》，倘使尧臣继续着按这条路线向前，我们可能会看到一位截然不同的梅尧臣。

当然尧臣不可能完全从这条路走去。他在洛阳的时候，还是一位没有成熟的青年诗人，就没有整个追随钱惟演，现在更不可能整个地追随晏殊。尽管四十多岁的诗人拖着一大群妻室儿女，不可能和三十岁的时候那样，可以"我行我素"，但是他究竟不甘心埋没自己。最表现他特点的是下面这一首：

和淮阳燕秀才

我官忝博士，曾昧通经术。前因辟书来，亦不习文律。循旧临学宫，虎革被羊质。倚席未能讲，占牍聊置日。朴钝既若兹，愧彼啖棘栗。今者发俊贤，充诏冠庭实。邦伯乃宗公，惟帝旧良弼。置醴饯以行，行行季冬月。骎骎入羁驾，千里终不蹶。惭予延荫人，安得结子袜。心虽羡名场，才命甘汩没。禄仕二十年，屡谩龙牓揭。在昔见麻衣，于今尽超越。是以对杯筯，谨严微敢忽。宁唯畏后生，自恨疏节骨。肴羞罗食案，包核备时物。里妇或窥观，户下红裙出。归应愿生男，生男付纸笔。乃信读书荣，况即服缊韠。长歌食苹诗，声淡异鸣瑟。

——《宛陵文集》卷十二

在这首诗里，尧臣充分地诉说了自己的悲哀。燕秀才是进京赴试的，因此在临行饯别的时候，尧臣点出自己只是恩荫出身，虽然也曾应试，但是因为屡试不利，甘心汩没，而历年以前所见的少年，一经及第，飞腾直上，自己更不敢望其项背了。

尧臣集中还留下一首《责躬诗》。古人所说的责躬，就是今人的检讨。为什么要检讨呢？可能尧臣对于晏殊的看法，有所不同，经过旁人的撺掇，他不能不检讨了。事实上，他们由于见解的不同，以致发生矛盾，完全是意料之内的事，倒是尧臣的急于"责躬"，不能不令人担心。

责躬诗

所禀介且拙，尝耻朋比为。
皎皎三十年，半语曾未欺。
身微德不著，尚使人见疑。
省己当自责，实负圣相知。
圣相虽明察，不假束蕴辞。
扣言已可罪，引去岂非宜。

——同前

晏殊还是豁达的，尧臣既经作了《责躬诗》，事情也就丢开了。不久就是除夕，晏殊看来这是一个极好的诗题，作了诗，尧臣也和他一首：

和岁除日

一年三万六千刻，玉漏唯余十二时。
去日苦多谁会惜，残阴全少颇能知。
已惊颜貌徐徐改，不奈乌蟾冉冉驰。
万国明朝贺新岁，东风依旧入春旗。

——同前

这首诗是颓唐的。明朝新岁，春旗东风，固然是一件令人喜悦之事，可是去日苦多，残阴全少，便不免罩上一层暗淡的色彩。尧臣在陈州的不得意，可以从字里行间完全看出。新岁一过，一个意外的打击，使他迅速离开陈州，结束了他和晏殊的关系，也使得两位意境完全不同的诗人，不再纽结在一处，妨碍各自的自由发展。

仁宗皇祐元年己丑（1049）四十八岁

尧臣出生的时候，他的父亲梅让已经四十四岁了。庆历八年的次年是皇祐元年，新年正月初一日，梅让九十一岁，就在这一天，他去世了。噩耗到达陈州以后，按照当时的规定，尧臣解除职务，回籍奔丧，在家守制三年。大约在正月的下半月，他偕同眷属，离开陈州。

离开陈州以后，尧臣的诗又回到本来面目了。他在船舱里看到农民正在砍桑树，没有桑树哪能养蚕，可是不砍桑树，在赤地千里的情况下，人民又凭什么炊煮呢？他的诗正写出死亡线上的人民，不再是什么《民乐》了。

伐桑

二月起蚕事，伐桑人阻饥。
已伤持斧缺，不作负薪非。
聊给终朝食，宁虞卒岁衣。
月光无隔碍，直照破荆扉。

——同前

在濄口，他遇到欧阳修乘着从扬州到颍州上任的官船，会面之后，尝到刚从石濑获得的鳜鱼，尧臣有《濄口得双鳜鱼怀永叔》，他在诗里提出：

……
生平四海内，有始鲜能终。
唯公一荣悴，不愧古人风。

——同前

这里含着无穷的感慨。

经过泗州,折入大运河,在扬州没有逗留,直到真州,就是现代江苏的仪征市。江淮发运使许元正在经营东园,尧臣游东园有诗。

出江以后,再由姑熟赶回宣城。道途只是同样的道途,可是情况完全不同了。尧臣出仕以后,回家不止一次,但是每次回家的时候,都是趁着新旧任交替的当中,抽空回家,拜见父母,虽然离别的时候,心情不免有些沉重,但是离家的次数多了,出门究竟不是一件难离难舍的事。如今不同了。九十一岁的父亲,自己从十二岁起就久离膝下,中间虽然回来过,但是能见得几面?可是从这一年起,永远不能再见了,这是终生的悲哀。留在他作品中的是一大段的空白。皇祐元年,尧臣的作品特别稀少,可能这是一个主要的原因。

这一年秋天,尧臣才从沉痛中苏醒过来。下面两首可以作证:

山行冒雨至村家

雨急芹泥滑,禽鸣苦竹秋。

野香生草木,云润上衣裘。

入石才通马,穿林忽隐牛。

山家多浅井,下照碧峰头。

——《宛陵文集》卷三十六

夜坐

夜久万[1]虑寂,空堂灯烛明。

落叶有暂响,暗虫无停声。

力学不为己,甘贫且徇名。

聊为咏怀篇,还想阮步兵。

——同前

---

[1] 万,诸本皆作方,疑当作"万"字。

有时他也写出《八月九日晨兴如厕有鸦啄蛆》这样的诗题，当然，这里看不到什么好诗，但是也正透露了他那推翻传统、要求解放的精神。尽管在这一首，他没有写出好诗，可是这样的精神毕竟是可贵的。

在宣城守制的当中，有时他也参加生产劳动，有《种胡麻》一首：

悲哀易衰老，鬓忽见二毛。苟生亦何乐，慈母年且高。勉力向药物，曲畦聊自薅。胡麻养气血，种以督儿曹。傍枝延扶苏，修荚繁橐韬。霜前未坚好，霜后可炮熬。诚非腾云术，顾此实以劳。

——同期

冬天到了，冰雪的季节重行临到山区，汴京的亲友们——谢景初、宋敏求兄弟都有信来问候，但是尧臣还在守制的当中，谈不上回京。他在诗里说起：

冬至日得师厚宋次道中道书
水国欲为雪，野冰将合河。
人同一阳至，泪向八行多。
朋意今犹在，年华恨似过。
看看四十九，应笑此蹉跎。

——同前

尧臣一时是无从外出的，在宣城时，除了和当地的官吏有一些必要的来往以外，他和僧侣关系较密，这里可以提出的有隐静寺的昙颖和广教寺的文鉴。昙颖又称达观禅师，曾经到过不少地方，和当时的诗人文士都有往还。尧臣有《送达观禅师归隐静寺古律二首》，在那首律诗里他说及：

栗林霜下熟，归摘御穷冬。
带月涉溪水，过山闻寺钟。

> 未嫌云衲湿,已喜野人逢。
> 且莫似杯渡,沧波无去踪。

——同前

他又有一首《寄文鉴大师》:

> 读书夜寂冷无火,捲卷逐成摇膝吟。
> 始忆高僧将偈去,安知古寺托云深。
> 寒堂正睡远钟发,野鸟乱鸣残月沉。
> 明日呼儿整篮举,欲烦重过小溪阴。

——同前

什么关系使得尧臣和僧侣们来往密切呢?当然,这不是因为尧臣是一位达官贵人,事实上他只是一位浮沉幕僚的小官,没有什么地位可以引起他们的欣羡。主要地还是因为他在宣城这一段时间内,没有政治任务,而这些僧侣们,也因为不从事生产劳动,双方都有多余的时间,这就把他们联系在一处。

第八章　监仓的前后

皇祐二年，尧臣还在宣城守制的当中。七月间欧阳修从知颍州改知应天府兼南京留守司事。但是他对于颍州还是不断地怀念，因此他约尧臣在颍州买田，共度两人退休以后的生活。他在《续思颍诗序》里曾说：

皇祐二年，余方留守南都，已约梅圣俞买田于颍上……此盖余之本志也，时年四十有四。

——《欧阳文忠公集》卷四十四

仁宗皇祐三年辛卯（1051）五十岁

尽管欧阳修对于尧臣有着热切的盼望，事实上尧臣必须待到皇祐三年丧服期满，才能做出离开宣城的计划。他和亲友们分别以后，到祖茔里去拜别，写出了有名的一首诗：

春日拜垅经田家

田家春作日日近，丹杏破颗场圃头。
南岭禽过北岭叫，高田水入低田流。

桑牙将绽雾露裹[1],蚕子未浴箱筐收。
今我还朝固不远,紫宸已梦瞻珠旒。

——《宛陵文集》卷三十七

"南岭禽过"这一联,显然地看到这是尧臣在乡间体验生活的新收获。尧臣的诗中看到他的坚强的斗争意志,这是主要的,同样地也看到他的闲适的诗句。最新鲜的是他有时具体地提出他的所见所闻,自然、平淡,但是却没有故意蹈袭古人的陈言。

这一年二月十三日他从宣城昭亭出发。虽然还是春初,所幸春水已动,船行无碍。一路看到故乡的景物,怀着留恋的心绪,但是这时的尧臣已经是以官为业,顾不得留恋了。做官不应当只是为了生活,但是又哪能说不是为了生活呢?这正是封建社会里知识分子共同的心理负担。

舟中无事,尧臣把达观禅师赠别的诗讽读以后,趁着笔酣墨饱,和他一首。在这首诗里他充分地把自己的主张提出来:

依韵和达观禅师赠别

平生少壮日,百事牵于情。今年辄五十,所向唯直诚。既不慕富贵,亦不防巧倾。宁为目前利,宁爱身后名!文史玩朝夕,操行蹈群英。下不以傲接,上不以意迎。众人欣立异,此心常自平。譬如先后花,结实秋共成。赵壹虽空囊,郑子岂其卿。二人贫且隐,高誉动天京。我迹固尚贱,我道未尝轻。力遵仁义途,曷畏万里程。安能苟荣禄,扰扰复营营。近因丧已除,偶得存余生。强欲活妻子,勉焉事徂征。徂征江浦上,鸥鸟莫相惊。

——《宛陵文集》卷三十八

这首诗把尧臣的人生观全部摊出来。他绝不讳言他的出仕,完全是为的

---

[1] 裹,假借为浥,沾湿。校订者注。

生活。"强欲活妻子",他并没有认为这是什么不可告人的丑事。可是做官并不妨碍做人。他的做人的规律是"所向惟直诚"。正如他所说的:"既不慕富贵,亦不防巧倾。宁为目前利,宁爱身后名。"他既然什么都不考虑,因此他就可以痛痛快快地"所向唯直诚"。这是尧臣的"道",尽管有人把"道"看得非常神秘,非常玄虚,但是从尧臣看,"道"就是"直诚",仅此而已,岂有他哉。这是尧臣的人生观,也是这样的人生观,使得他的诗具备独有的特色。

从宣城到汴京,遇到水浅的时候,有时要走上大半年,这一次特别快,五月间就到达了。仁宗的姑母齐国大长公主在三月间去世,尧臣有挽词二首,可能就是到京后作的。

到了京师以后,生活一时还没有好转。恰巧裴煜也在汴京,尧臣因为缺粮,曾向裴煜贷米,有《贷米于如晦》一首,当然这只是偶然的互通有无,并不能作为尧臣已经到了无法生存的证据,因为宋代对于一般官吏的俸禄,是非常优厚的,即使尧臣初到,没有确定的职务,也不至于断炊。不过从大体讲,他的生活还是紧张的。朋友们请他吃了一餐馄饨,他在诗集中记下来,有《江邻几[1]邀食馄饨》一首。他有时邀请朋友吃一餐鱼脍,这大约是宣城拿手好菜,尧臣时常邀请朋友们共尝的,这年他也有诗:

设鲙示坐客

汴河西引黄河枝,黄流未冻鲤鱼肥。随钩出水卖都市,不惜百金[2]持与归。我家少妇磨宝刀,破鳞奋鬐如欲飞。萧萧云叶落盘面,粟粟霜葡为缕衣。楚橙作齑香出屋,宾朋竞至排入扉。呼儿便索沃腥酒,倒肠饫腹无相讥。逡巡饼竭上马去,意气不说西山薇。

——同前

但是最能缠萦着尧臣心灵的还是人民的疾苦。皇祐三年的秋天,自然灾

---

[1] 江邻几,即江休复,字邻几。校订者注。
[2] 宋荦本作"百钱"。

害在京东路、淮南路、两浙路、荆湖路、江南东西两路的广大地区都很严重，可是诸路转运司督责税赋，一些没有放松，人民和统治阶级的矛盾，一时表现得非常紧张。为了缓和矛盾，朝廷派遣大员担任诸路体谅安抚使。尧臣的朋友户部判官、太常博士、直集贤院韩绛奉命前往江南东西两路。这是一个艰巨然而重要的工作，韩绛只是一位出身于大官僚家庭的公子官，是不是担负得起这一份重任，还是一个问题，可是尧臣对他不能不寄予殷切的希望，下面这首诗是一个切实的证明：

韩子华[1] 江南安抚

韩侯出持节，志在抚黔黎。县官负弩迎，刺史跃马随。千里宣德泽，煦如春风驰。寒潮不起浪，怗怗威冯夷。借问何致耳，试听将所为。立车呼父老，劳以哀矜词。我从大明宫，天子亲谕之。忧汝岁屡凶，吏不恤汝疲。已输又索余，困橐无孑遗。此非陛下意，恐使汝辈疑。疾苦汝告我，不惮为汝治。父老必喜拜，如馁得饲糜。我称此大是，一一无不宜。南方二十州，欢声无幼耆。壶浆拥大道，妇女闯短篱。行闻江汉间，复有宣王诗。

——同前

从尧臣的阶级立场出发，他看到的解决办法，只有这一些。他把这个主张安排在韩绛的口吻里，认为这样可以部分地解决人民的痛苦。

九月十二日这一天，在尧臣的一生中，是一个值得纪念的日子。宋代士人的出身，虽然除了进士以外，还有荫生这一条路，但是从荫生出身的，总带来一些自卑感，不但进身的道路没有进士那样广阔，而且总给人不是正途出身的印象。尧臣入仕以后，还得赶到汴京去应试，其故在此。但是考来考去，始终没有挣到一名进士。四十七岁那一年，他在陈州《和淮阳燕秀才》诗中，说道："惭予延荫人，安得结子韈。心虽羡名场，才命甘汩没。禄仕二十年，

---

[1] 韩绛，字子华。校订者注。

屡遭龙榜揭。在昔见麻衣，于今尽超越。"他的满腔牢骚，正不是无因的。这一次他再到汴京，官位还是国子博士，可是问题没有解决。大臣们把尧臣的诗献给仁宗，他们认为这样一位诗人，应当在馆阁中给予一定的官职。宋代有昭文馆、国史馆、华文阁、龙图阁这些机构，都是培养人才的所在，但是不是进士出身的人，是轻易去不得的，这就再一次落到出身问题。尧臣奉命到学士院面试，通过考试，由仁宗赐同进士出身，仍改太常博士。宋代有名的诗人，赐进士出身的除了尧臣以外，还有陆游，所不同的是陆游赐进士时，年仅三十八岁，可是尧臣赐进士时，年已五十岁。回看欧阳修中进士时，年仅二十四岁，不免使人有年老蹉跎之感了。

十月间，因为张贵妃的事，宋王朝的朝廷中掀起了一场极大的风波。

仁宗宫内的妃嫔很多，最得宠的是一位张妃。庆历元年（1040）封清河县君，进封才人，十二月迁修媛，那一年她才十八岁。次年改美人，庆历八年（1047）封贵妃。据说这一位贵妃的父亲张尧封曾经在转运使文洎的幕中，因此文洎的儿子彦博和张贵妃的家中有一定的世谊。彦博出知益州，内中有张贵妃的照顾。

成都是当时的纺织业的中心，尤其以织锦著名。一天，仁宗到张贵妃宫中，看到张贵妃身着织金灯笼锦的衣服，漂亮极了，仁宗很高兴，再三问这是哪里搞来的。

"成都来的啊"，张贵妃说，"文彦博吩咐定织的。父亲在世的时候，彦博就认识父亲，所以一到成都就进贡灯笼锦，可是这一切都是托皇上的洪福，否则彦博也不会想起的。"

从此在仁宗的记忆中，深深地留下了彦博的印象。

庆历七年文彦博入京，除枢密副使，又除参知政事。十一月贝州王则起义，宋王朝派明镐出兵讨王则，战事正在胶着中，一时还不易得手。

一天，仁宗到张贵妃宫中，愁眉不展的吁气，张贵妃壮着胆子试探仁宗的口吻。

"大臣们没有一位担心国家大事的，天天上朝，一些用处也没有。"仁宗说。

张妃把这个消息透给彦博。第二天彦博上朝的时候，自请奉命出征。仁宗高兴极了，随即指派彦博前往贝州，亏得明镐的准备工作已经就绪，没有多时，完全把王则的起义镇压下去。还朝以后，彦博由参知政事进礼部侍郎，同平章事。这是庆历八年（1047）的事。

关于文彦博和后宫联系的事，据说是如此，但是没有得到证实，可能因为文彦博后来列为宋代的名臣，把若干不很光彩的事迹，都隐讳了。可是在封建社会里，作为一位大臣，通过后宫的联系，以取得个人地位的发展，常常引起具有正义感的士大夫的厌恶，文彦博的情况正是这样。

张妃的父亲张尧封死了，但是他的伯父尧佐还在，他因为张贵妃的关系，官位不断升迁，最后一直做到宣徽、节度、景灵、群牧四使。殿中侍御史里行唐介、监察御史里行包拯力争，他们还搬出御史中丞王举正带头进攻，这才解除了张尧佐的宣徽、景灵使。不久张尧佐的宣徽知河阳府的名义发表，有人认为这一下张尧佐离开汴京，不必再争了。

"不然，"唐介毅然地说，"中书省、枢密院以下，就得数宣徽使，这不是可以轻易给一位裙带官的。"

"这一次的除授是由中书省提出的。"仁宗说，他想缓和一下气氛。

唐介指出这个责任就得由中书省负担起来。他请由御史台全体御史登殿公议，仁宗没有承认。唐介自请贬逐出外，仁宗也没有答复，准备把事情搁下来。

十月十九日的清晨，在寒风萧飒中，御史唐介怀着满腔的忠愤上朝了。随驾官询问两班文武有无陈奏的时候，唐介大声地答称："臣殿中侍御史里行唐介有奏。"

唐介从容登殿，自怀中取出奏章对于宰相文彦博进行无情的搏击。他指出文彦博"专权任私，挟邪为党，知益州日作间金奇锦，因中人入献宫掖，缘此擢为执政。及恩州平贼，幸会明镐成功，遂叨宰相。昨除张尧佐宣徽节度使，臣累论奏，面奉德音，知是中书进拟，以此知非陛下本意，盖彦博奸谋迎合，显用尧佐，阴结贵妃，外陷陛下有私于后宫之名，内实自为进身之计"。

在唐介高声朗读中，仁宗一再震怒，但是唐介顾不得，他继续读下道：

"彦博向求外任，谏官吴奎与彦博相为表里，言彦博有才，国家依赖，未可罢去，自彦博独专大政，凡所除授，多非公议，恩赏之出，皆有夤缘。自三司、开封、谏官、法寺、两制、三馆、诸司要职皆出其门，更相援引，借助声势，欲威福一出于己，使人不敢议其过恶。乞斥罢彦博，以富弼代之，臣与富弼，亦昧平生，非敢私也。"

唐介读完以后，把奏章奉上，请随驾官转呈仁宗。

仁宗在盛怒中，把奏章推开，他不但不要看，并且声称还要对唐介严厉处分，加以贬窜。

唐介读完奏章以后，一个字一个字地说出："臣忠义愤激，虽鼎镬不避，敢辞贬窜！"事实上他已做好流放的心理准备。

仁宗把宰相文彦博、参知政事高若讷、枢密使庞籍、枢密副使梁适这几位两府大臣召到御座面前，要他们看唐介的奏章。他还愤激地说："什么都不妨说，可是唐介说文彦博通过张妃的关系，获得政权，这是什么话？"

"文彦博，"唐介指着彦博，"你自己反省一下，有没有这件事？要是有的，可千万不能当着皇上说谎，担待欺君之罪啊。"

文彦博什么都不能说，只有再三地阿着腰，请皇上处分自己。

"还不下殿吗？"枢密副使梁适当着唐介说。

可是唐介坚持立在殿上，最后由仁宗吩咐把他拿交御史台治罪。

这一次把唐介贬为春州别驾。春州治所是现代广东的阳春县，北宋中期很少有人贬斥到这样遥远的所在。可是在仁宗的盛怒之下，谁也不敢在当天进言。次日右正言蔡襄请求皇上酌量减轻处分，御史中丞王举正也指出这一次的处分未免太重，这才把他改为英州别驾。英州治所是现代的广东英德县，那就比春州更靠近北方了。

唐介这一次和文彦博的搏斗，是御史和大臣的斗争。这是统治阶级内部的斗争，可也是一位不畏强暴的谏官和大权在手的宰相之间的斗争。在封建社会里，这是一场激动人心、赢得绝大多数士大夫赞同的斗争。当时的全部谏官，连带御史中丞王举正在内，都对唐介抱有同情，这是一个证明。当然，从文彦博的后段历史看，他并不是权奸，唐介的搏击，未免有些过分；可是从唐介的后段历史看，他也不是沽名钓誉的人物，那么这一次的搏击，更不是危言耸听。主要的问题，还在于文彦博有没有和后宫联系，争取名位的事实。历史虽然没有给唐介证实，可是也没有给文彦博洗刷。李焘《续资治通鉴长编》卷一七一指出"议者谓彦博因（明）镐以成功，其得相由妃力也。介既用是深诋彦博，虽坐远贬，彦博亦出，其事之有无，卒莫辨云。"又说："或云：灯笼锦乃彦博夫人遗妃，彦博不知也。"从李焘的分析里，我们看到灯笼锦是有的，文彦博的入相得力于张妃，这是当时的公议。

尧臣诗中，对于这件大事，起了强烈的反应。他用五百四十字的长篇，叙述这一次搏斗。

书窜

皇帝辛卯冬，十月十九日。御史唐子方[1]，危言初造膝。日朝有巨奸，臣介所愤嫉。愿条一二事，臣职非妄率。巨奸丞相博，邪行世莫匹。曩时守成都，委曲媚贵昵。银珰插左貂，穷腊使驰驲。邦媛将侈夸，中金赉十镒。为言寄使君，奇纹织纤密。遂倾西蜀巧，日夜急鞭抶。红经纬金缕，排料斗八七。比比双莲花，篝灯戴心出。几日成几端，持行如鬼疾。明年观上元，被服稳贤质。灿然惊上目，遽尔有薄诘。既闻所从来，佞对似未失。且云虞至尊，于妾岂能必。遂回天子颜，百事容丐乞。臣今得粗陈，狡狯彼非一。偷威与卖利，次第推甲乙。是惟阴猾雄，仁断宜勇黜。必欲致太平，在列无如弼。弼亦昧平生，况臣不阿屈。臣言天下言，臣身宁自恤。君傍有侧目，喑哑横诋叱。指言为罔上，废汝还蓬荜。是时白此心，尚不避斧锧。虽令御魑魅，甘且同饴密。既其弗可惧，复以强辞窒。帝声亦大厉，论奏不及毕。介也容甚闲，猛士胆为栗。立贬岭外春，速欲为异物。外内官悒悒，陛下何未悉。即欲救者谁，裹执左史笔。谓此傥不容，盛美有所咈。平明中执法，怀疏又坚述。介言或似狂，百岂无一实。

---

[1] 唐子方，即唐介。校订者注。

恐伤四海和，幸勿苦苍卒。亟许迁英山，衢路犹嗟咄。翌日宣白麻，
称快颇盈溢。阿附连谏官，去若坏絮虱。英州五千里，瘦马行駃駃。
毒蛇喷晓雾，昼与岚气没。妻孥不同途，风浪过蛟窟。存亡未可知，
雨馆愁伤骨。饥仆时后先，随猿拾橡栗。越林多蔽天，黄甘杂丹橘。
万室通酿酤，抚远亡禁律。醉去不须钱，醒来通琴瑟。山水仍怪奇，
宜可销忧郁。莫作楚大夫，怀沙自沉汨。西汉梅子真，去为吴市卒。
为卒且不惭，况兹别乘佚。

——残宋本《宛陵文集》卷十三

这一首诗里，还反映一些事实。十月二十二日，文彦博罢为观文殿大学士知许州。诗言"翌日宣白麻，称快颇盈溢"，指此。二十三日，起居舍人知谏院吴奎罢为知密州。在唐介弹劾文彦博时，指奎和彦博一党，诗言"阿附连谏官，去若坏絮虱"，指吴奎。文彦博罢免那一天，户部侍郎参知政事高若讷以本官充枢密使。高若讷早在仁宗的初年已经不满于人口，这次因为彦博的罢免，乘机进了一级，诗言"其间因获利，窃笑等蚌鹬"，当然指高若讷。

尧臣这一首诗，反映当时的政治情况，极为具体，而且爱憎分明，他爱的是直言无忌的唐介，憎的是勾结宫闱的文彦博。他的立场很正确而且也很坚定。倘使我们把论诗的尺度放宽，不单单要求流连光景，而且也要反映政治，批判现实，那么这首诗的价值是不容否定的。最奇怪的是后人认为这首诗不是尧臣的创作而是魏泰的伪造。宋代诗人中，魏泰以讽刺权贵得名，因此有人把这首诗放到他的名下。对于这首诗，认为是诽谤，这是认识的错误，把这首诗放到魏泰名下，是对于魏泰的诬陷。可是在宋代也尽有肯定这首诗是尧臣的，李焘便是其中之一。清代厉鹗《宋诗纪事》也认定是尧臣所作。自从残宋本发现以后，这个问题已经得到解决。再结合到庆历八年的宣麻，我们可以看出尧臣对文彦博所做的评价。

在赐同进士出身的时候，尧臣由国子博士改太常博士。太常博士是他的官位，他的职务是什么呢？可能就是监永济仓，这件事欧阳修在《梅圣俞墓

志铭》里提到，可惜没有交代是哪一年。皇祐四年尧臣有《愿嚏上辛祈谷为献官》[1]《七月十六日赴庚直有怀》[2]《十一月十三日病后始入仓》[3]等首，都和永济仓有关。上辛是正月的第一个辛日，在这一天作为献官有诗，可能他和永济仓的关系不始于皇祐四年，而是始于皇祐三年九月赐同进士出身的那时候。以当时的有名诗人赐同进士出身，不能不认为是对于诗人的认识；但是以诗人而管理粮仓，也不能不认为是对于人才的浪费。

正月上辛的前一晚，他因为职务的关系，不能不到永济仓去斋宿，以便第二天的清晨祈求丰收。对于一位感情深厚的人，这是一件痛苦的任务，有诗一首：

愿嚏上辛祈谷为献官

猛虎不独宿，鸳鸯不只栖。虞舜游苍梧，帝子夜向潇湘啼。时既禅禹妃亦老，老泪洒竹无高低。流根及筠驳红藓，此情乃与天地齐。我今斋寝泰坛下，侘傺愿嚏朱颜妻。

——《宛陵文集》卷十三

七月里同样地也有一首诗，怀念家中的妻子。

七月十六日赴庚直有怀

白日落我前，明月随我后。流光如有情，徘徊上高柳。高柳对寝亭，风影乱疏牖。我马卧其傍，我仆倦搘肘。寂寂重门扃，独念家中妇。乳下两小儿，夜夜啼向母。问爷若个边，天性已见厚。不嗟羁枕孤，不愧栖禽偶。内有子相忆，外有月相守。何似长征人，沙尘听刁斗。

——《宛陵文集》卷十五

---

[1] 见《宛陵文集》卷十三。
[2] 见《宛陵文集》卷十五。
[3] 见《宛陵文集》卷十六。

仁宗皇祐四年壬辰（1052）五十一岁

正月里江南两浙荆湖发运使许元决心疏浚河道，他把这个任务交给判官监察御史里行马遵。这是一件非常重要的任务，当时曾经发动民夫四万人参加这个工作。尧臣到汴京东门外去看马遵，恰巧蔡襄也去，蔡襄是当时最有名的书法家，和尧臣、欧阳修都是极好的朋友。

正月二十三日江淮发运马察院督河事于国门之外
予访之蔡君谟亦来蔡为真草数幅马以所用歙砚赠予

江南砚工巧无比，深洞镌斲黑蛟尾。当心隐隐骨节圆，暗淡又若帖寒朏。样传孔子留庙堂，用称右军书韭几。皇皇御史从东来，役徒四万如屯蚁。春风摆撼桃杏醉，野亭置酒话亹亹。是时复有蔡中郎，笔法纵横字瑰玮。入门下马索纸书，虬腾虎攫惊神鬼。主人得书不惜砚，赠予觅句题花卉。醉携惟恐失手坠，包以弋绨藏以筐。明朝聊记一时事，驰骋文章诚不韪。

——残宋本《宛陵文集》卷十三

马遵整理河道，在汴京附近就绪以后，把总部移到归德，就是当时的南京应天府。欧阳修还在南京留守任内，和马遵谈起尧臣，知道他的生活存在一定的困难，同时对于他的职务，也不免有些不满，因此有《因马察院至云见圣俞于城东辄书长韵奉寄》。他说起：

……我今俸禄饱余剩，念子朝夕勤盐齑。舟行每欲载米送，汴水六月乾无泥。乃知此事尚难必，何况仕路如天梯。朝廷乐善得贤众，台阁俊彦联簪犀。朝阳鸣凤为时出，一枝岂惜容其栖。古来磊落材与知，穷达有命理莫齐。悠悠百年一瞬息，俯仰天地身醯鸡。其间得失何足枝，况与枭鹫争稗稊。……

——《欧阳文忠公集》卷五

欧阳修集中这首诗，题皇祐二年，实则皇祐二年，尧臣因父丧守制，还在宣城，和这首诗言有客西至，为问诗老的情况不合。诗是皇祐四年做的，可是欧阳修自己记错了。在这首诗里，他对尧臣的蹭蹬仕途，加以安慰。从尧臣的和诗看：

依韵和永叔见寄

春风约柳一片西，欲托鸟翼传音稽。昨朝偶向东城去，草草又逢骢马蹄。长髯御史威正峭，沙堤来坐气吐霓。我乘小驺虽甚瘦，喜见骖御犹解嘶。适闻南都接大尹，笑我出处今何迷。耻趋捷径身已老，惩羹何用频吹齑。蛟龙失水等蚯蚓，鳞角虽有辱在泥。困居废井谁援手，岂得更望青云梯。……

——《宛陵文集》卷十四

尧臣在这首诗中提到他在东城和马遵的会面，他叙述了马遵在归德和欧阳修的接触，但是更多的却是描绘了自己的穷困。无疑他对于永济仓这份监仓的工作，怀着不满的情绪，封建社会的诗人，是会碰到各式各样的挫折的。

五月间，尧臣失去了两位旧友。一位是刑部员外郎知制诰韩综。他是韩氏八龙之一，尧臣和这八位的关系是很好的，韩综死后，他有挽诗五首。在第一首里他说：

平生交友泪，又哭寝门前。
鲁叟不言命，楚人空问天。
月沉沧海底，星陨太微边。
莫恨终埋没，文章自可传。

——《宛陵文集》卷十五
《晨起裴吴二直讲过门云凤阁韩舍人物作五章以哭之》

还有一位是资政殿学士户部侍郎范仲淹，这是二十多年的旧友了，但是这二十多年以来，一切的情况变了。时光的消逝，可以加强友谊的深度，同样地也能给以削弱。尧臣对于仲淹的逝世，有这样的三首诗：

闻高平公姐谢述哀感旧以助挽歌三首

文章与功业，有志不能成。
尝以跻高位，终然屈大名。
遗风犹可见，逝水更无情。
归卜青鸟垅，韩城苦雾平。

京洛同逃酒，单袍跨马归。
明朝各相笑，此分不为稀。
公既参炉冶，予将事蕨薇。
悲哀无以报，有涕向风挥。

一出屡更郡，人皆望酒壶。
俗情难可学，奏记向来无。
贫贱常安分，崇高不解谀。
虽然门馆隔，泣与众人俱。

——同前

在这三首诗里，可以看到梅、范两人的关系逐渐疏远的经过。尧臣对于仲淹所下的结论，是不是过分一些呢？历史是无情的，但在史料不足时，我们很难做出结论。有一点是明确的，欧阳修和尧臣，虽然遭际很不相同，但是两人的关系始终很好，这就说明尧臣不是一位不能共处之人。

仁宗皇祐五年癸巳（1053）五十二岁

皇祐四年，在广东、广西爆发了对于侬智高的一次战争。侬智高是广西广源州（今广西壮族自治区靖西、睦边一带）的一位少数民族的首领，庆历年间起兵，统一左右江部分地区，皇祐四年，占有今广西大片土地后，建立南天国，都邕州（今广西南宁），自称仁惠皇帝，改元启历。六月间，战事一直扩大到广州城下。这一切证明在封建统治下面，少数民族被迫起兵的道路，而南方的内部空虚不堪一击的局面，也显豁可见。宋王朝这时起用余靖为广南西路安抚使，同时又派杨畋为广南西路体量安抚提举，经制盗贼。尧臣有送杨叔武诗一首：

赤蚁辞送杨叔武广南招安

南方赤蚁大若象，潜荒穴洞人莫逢。天公合雨不决雨，纵横乱出将自封。侵疆凌壤坏城市，战斗亿倍南柯雄。尝闻穿山食此物，此物既大非常凶。张舌流涎莫可饵，枉啄不怕长戈舂。今令智者以智取，即见蚳醢传太官。因而使知祸福事，天子下令云从龙。

——同前

杨畋出兵没有成功，改命孙沔，战事还是没有顺手。有人指出侬智高只希望获得邕、桂等七州节度使，给他七州，战事可以平息。枢密副使梁适指出在这样的情形之下，广南东西两路便完全没有了。仁宗问宰相庞籍，哪一位可以带兵出征，庞籍推荐枢密副使狄青。皇祐五年正月狄青破邕州，侬智高逃奔大理，战事解决。二月十一日捷报至汴京，尧臣有诗：

十一日垂拱殿起居闻南捷

二月雪飞鸡狗狂，锦衣走马回大梁。入奏邕州破蛮贼，绛袍玉座开明堂。腰佩金鱼服金带，榻前拜跪称圣皇。一朝严气变和气，初令漏泄飞四方。将军曰青才且武，先斩逗遛后兵强。从来儒帅空卖舌，未到已愁茆叶黄。徘徊岭下自称疾，诏书切责仍勉当。因人成功喜受赏，亲戚便拟封侯王。昔日苦病今不病，铜鼓弃掷无镖枪。

——《宛陵文集》卷十七

当然，尧臣还是站在统治阶级的立场，不可能看到因为宋王朝政治措施的失当，以致激起少数民族的反抗。他更不可能指出在这样的情况之下，如何使国内的不同民族，可以和平共处。

皇祐五年春天到了，开封府下令修治街道，从尧臣下面一首诗，很可以看到当时是怎样草菅人命的。

淘渠

开春沟，畎春泥，五步掘一堑，当途如坏堤。车无行辙马无蹊，遮截门户鸡犬迷。屈曲措足高复低，芒鞋苔滑雨凄凄。老翁夜行无子携，眼昏失脚非有挤。明日寻者尔瘦妻，手提幼女哭嘶嘶。金吾司街务欲齐，不管人死兽颠啼。

——同前

五十二岁了，尧臣逐渐地感到衰老，头发白了，眼睛也时常发花。他为人民的痛苦叫屈，同时也为自己的生活犯愁。永济仓是一位诗人的归宿地吗？有时他也想到退居林下，可是封建社会的知识分子，又如何退回故园呢？一切的煎熬，他唯有向诗中倾吐。

与蒋祕别二十六年田棐二十年罗拯十年今始见之

我今五十二，常苦离别煎。屈指数离别，正去一半年。三君异出处，相见有后先。蒋最会遇早，罗晚倍于田。仕宦比我迟，官资居我前。此亦漫轻重，无限归荒埏。所喜笑语同，各惊颜貌迁。发有霜华侵，目有蜘蛛悬。有酒易以醉，有奚徒用妍。醒来念功名，病蟥希蜿蜒。安得有园庐，宽闲近林泉。养鱼数千头，种薤三四廛。
余蔬皆称此，嘉果植亦然。既无俗造请，穷冬事高眠。困贮白粳稻，
酒沽青铜钱。饭过引数杯，令儿诵嘉篇。仰首看赤日，区区随天旋。
朝见出沧海，暮见入虞渊。毕竟将何穷，磨灭愚与贤。亿亿万万载，
筋骨非玉坚。桐棺三寸厚，在昔谁免焉。去去欲及时，嗟嗟无由缘。

——《宛陵文集》卷十八

尧臣也把生活中的苦闷和欧阳修说起。欧阳修这时正在母亲丧服中，居颍州，在复信中说：

> ……圣俞居京师，宜其不乐，然业已至此，当之少安。修（原文作某）哀苦，殊无生理，闲中静思，处世无有好处，惟当识者自遣之尔。

——《欧阳文忠公集·书简》卷六

这一年尧臣发脚气病，喉咙还曾一度失音，欧阳修在信中谈到，也谈到他的《新五代史》。

> ……闲中不曾作文字，只整顿了《五代史》，成七十四卷，不敢多令人知，深思吾兄一看，如何可得！极有义类，须要好人商量，此书不可使俗人见，不可使好人不见，奈何奈何？失音可救，曾记得一方，只用新好槐花寻常市中买来染物者，于新瓦上慢火炒令熟，置怀袖中，随行随坐卧，譬如闲送一二粒，置口中咀嚼，咽之，使喉中常有气味，久之，声自通。病愈，新篇幸多为寄。此小简立焚，勿漏。史成之语，惟道意于君谟，同此也。失音、脚气，皆是下虚，吾徒老矣，省些，斟酌斟酌。某此居哀独宿，然以忧恼，亦自多病，恐知。

——同前

秋间，尧臣的嫡母束氏死了。九十岁的高龄，在汴京寓居中，当她垂危的时候看到尧臣的艰窘，一再吩咐，丧葬务必从简，切勿向人称贷。幸亏尧臣的朋友刘敞在京，还有一位李寿朋，也是常往来的，共同资助，勉强应付下来。尧臣准备回籍守制，一边请裴煜、杨元明写好铭志，一边和江淮发运使打交道，请求拨船搬柩，开往宣城，好在发运使许元是一位办法极多的人，顺水推舟，乐得做人情，他派了湖南、江西两条粮船护送回南。

尧臣的悲痛是深切的，最动人的是下面一首：

新霜感

　　前日衣上露，今日衣上霜。我母魂何之，膏火糜我肠。隔棺三寸地，如在万里乡。嚎呼不闻声，饮食空置傍。昔时忧我寒，缝衣纫线长。线长必絮厚，要与风霜当。又每恐我饥，羹臛自调尝。此身内外间，莫得顷刻忘。举衣不忍著，举箸不下吭。一念百感生，欲问天苍苍。

——《宛陵文集》卷四十

经过扬州的时候，尧臣和许元相互拜往，这时许元已经提升天章阁待制，但是还领着江淮发运使的职务。尧臣从他那里领教了一番富国利民的理论，指出：

　　……
　　制财犹制合，太甚则生乱。
　　公譬淮阴侯，多多益自办。
　　……

——同前卷《许发运待制见过夜话》

从扬州入江西进，船至瓜步山，有名的《重过瓜步山》是在这里作的。

重过瓜步山

　　魏武败忘归，孤舟处山顶。虽邻江上浦，凿岩山巅井。岂是欲劳兵，防患在萌颖。我昔常登临，徘徊爱晴景。片雨西北来，风雷变俄顷。疾行下危磴，屦脱不及整。沾濡入舟中，幼子喜抱颈。问我适何之，衣湿不太冷。昨暮泊其阳，月黑夜正永。雁从沙际鸣，旅枕自耿耿。平明夹橹去，庙树耸寒岭。举首生白云，飘摇水中影。

——同前

　　回到宣城后，尧臣在丧服中，有时也和当地人士来往，比较频繁的有一位吴开（字正仲），这时正在宣城做一名幕僚官，他能作诗，因此尧臣也时常和他唱和几下。吴开是比较慷慨的，常时送一些茶、酒、黄鱼、毛鱼、鳖子给尧臣。灵济庙梅花开了，吴开约尧臣去看梅花，有时也向尧臣讨一些红梅的接头。他殷勤地向尧臣求教作诗的方法，尧臣也就坦率地提出他的主张：

正仲见赠依韵和答

　　平生好书诗，一意在抱椠。既无扶云剑，生世遭黜黵。耻游公相门，甘自守恬淡。妻孥每寒饥，内愧剧剸懢。时赖二三友，乞米慰穷惨。虽然情怀恶，亦未废诵览。如负会稽辱，欲雪效尝胆。作文持与人，百不得一颔。圣犹嗜好殊，独取菖蒲歜。我愚希六义，将使鬼神感。譬彼捕长黥，区区只持窨。青天挂虹霓，踊跂不可揽。太华五千仞，妄学巨灵撼。幸且同蛙黾，近乐在井坎。苍发况种种，存非卫髦髧。吴侯琅玕姿，而来视藏菼。凤皇五色毛，曷羡未翅蝛。染夏有正采，安用此浅黪。乃知叔度[1]陂，万顷见澄澹。孟轲患为师，薄劣亦何敢。

——同前

---

[1] 叔度，黄宪（75—122），字叔度，东汉著名贤士。郭太谓其"汪汪若千顷波，澄之不清，淆之不浊，不可量也"，喻其气量大。校订者注。

在这首诗中，尧臣重新提出他的主张。他不是说过吗？

> ……因吟适情性，稍欲到平淡。……
> ——《宛陵文集》卷二十八《依韵和晏相公》

我们能说他不是主张平淡吗？但是那是他在和晏殊的诗中说起的，多少得迁就晏殊的主张。在他和吴开的时候，他指出：

> ……太华五千仞，妄学巨灵撼。……

这正是韩愈论李杜诗篇的时候所说的：

> ……
> 想当施手时，巨刃摩天扬。
> 垠崖划崩豁，乾坤摆雷硠。
> ……
> ——《韩昌黎集》卷五《调张籍》

有了这样的气魄，尧臣才担得起宋诗"开山祖师"的重任。

仁宗至和元年甲午（1054）五十三岁

皇祐六年三月间改元，史称至和元年。七月间汴京城里又发生一些小小的波澜。殿中侍御史马遵上书弹劾宰相梁适。他说唐玄宗开元初年任用姚崇、宋璟、张九龄等为相，遂至太平。天宝而后，李林甫用事，纪纲大坏，治乱遂分。他指出威权虽在人君，但是治乱的枢纽，在于宰相。他更具体地揭穿梁适的奸邪贪渎、任情徇私、放纵子弟，不宜久居相位。弹劾提出以后，梁适罢相,以本官知郑州,马遵也罢知宣州。

皇祐四年,欧阳修以母丧解官守制,至和元年六月服满还京。仁宗看到他满头白发,问起他今年几岁,欧阳修一一具对,情辞恳切,可是也正因为皇帝的眷注,他更为政敌所不容。在欧阳修奉命判礼部流内铨[1]的当中,他们攻击他袒护翰林学士胡宿的儿子胡宗尧。事情是这样的。胡宗尧在担任常州推官的时候,常州知州以官船假人,例当罢免,宗尧也因连坐受到处分。这一年按例调任京官,又受到攻击。欧阳修认为当日的罪过本来不大,而且事经多年,不应因此受到连累。事情本来很清楚的,可是在政治斗争的当中,掀起一重波浪,欧阳修也随即罢知同州。尧臣在宣城听到这个消息,随即寄诗欧阳修。

闻永叔出知同州寄之

冕旒高拱元元上,左右无非唯唯臣。
独以至公持国法,岂将孤直犯龙鳞。
茱萸欲把人留楚,苜蓿方枯马入秦。
访古寻碑可销日,秋风原上足麒麟。

——《宛陵文集》卷四十一

欧阳修这一次的外放,判吏部南曹、太常博士、集贤校理吴冲上书辨白,没有得到解决。知谏院范镇又言铨曹承禁中批旨,疑则奏禀,此有司之常,谗人以此为言,从此以后,诚恐上下骇惧,没有人更敢提出不同的主张。宰相刘沆也请仁宗把欧阳修留下。八月间仁宗命欧阳修留京,修《唐书》。九月间以修为翰林学士。

七月间马遵奉命到宣城,尧臣和他是旧交,因此感到格外高兴。九月马遵又奉命调京东转运使,尧臣有诗:

---

[1] 流内铨,宋官署名。属吏部。掌幕职、州县官以下注拟、磨勘等事。校订者注。

九月陪京东马殿院会叠嶂[1]楼

谁言天去远，山上有楼台。
峰色引溪色，共入茱萸杯。
行当登泰山，云扫日月开。
柏乌与城乌，两处休鸣哀。

——同前

叠嶂楼是宣城的名胜，马遵原来是殿中侍御史，新调京东，所以称为京东马殿院，柏指御史台，城指宣城，因为马遵调京东路，诗中指出泰山，所以要求柏乌城乌，不必因为马遵的远去而悲哀。

马遵在宣城的时间是不长的，可是宣城的一批朋友们坚决要留他。马遵听到他们把溪口用铁索拦断，眷属的大船显见是开不出去了。怎么办呢？马遵把马匹寄顿在尧臣家里，一边和朋友们喝酒。

"殿院还是多留几天吧。"朋友们再三和马遵说。

"是啊，正是我也舍不得离开宣城，乐得和大家多盘桓几天。京东的工作，好在也不急于上任，多留几天，还不是一样。"

那时代地方上有官妓，她们的任务多半只是在地方官宴会的时候陪酒，有时逢时遇节，也到官厅应差。这一次马殿院奉调离任，当然她们都得前来伺候。

马遵看到她们来了，乐呵呵地吩咐她们剥榧子下酒。座上的朋友们正在喝得高兴，举杯行令，一个个都有些醉意了。

不知是哪一位心细地问起来："马殿院哪里去了？"

"仲涂，你往哪去？"大家都在嚷着。

可是马遵久已从叠嶂楼下山去了。踏上大船，船家奉到他的吩咐，船舻都用溪水浸湿，开出的时候，一点声音也没有。到得溪口，斩断铁锁，大船随着溪水的冲击，一开就是十多里，朋友们再要拦阻，到哪里去拦阻啊？

---

[1] 嶂，应为"嶂"。以下同。校订者注。

天明以后，尧臣一想，这又是一首诗题，连忙写好寄给马遵。

宣城马御史酒阑一夕而西因以寄之御史尝留老马与予仆

三更醉下陵阳峰，平明溪上去无踪。
又牙铁锁谩横绝，湿橹不惊潭底龙。
断肠吴姬指如笋，欲剥玉棐将何从。
短翎水鸭飞不远，那经细雨山重重。
却顾旧圬老病马，尘沙历尽空龙锺。

——同前

关于官妓，还有一个故事。马遵离开宣城以后，有一位吕士隆来做宣州知州了。这一位吕知州是主张维持风化的，因此不断寻官妓们的事故，有时甚至给她们一顿杖责。这是她们吃得消吗？但是对于一位维持风化的州老爷，她们能说什么呢？可是吕知州还是一位爱好女人的人物。恰巧杭州一位妓女，路经宣城，给吕知州留下来。一天，吕知州对于宣城官妓又在进行杖责了。

官妓看到大棒，眼泪都掉下来。

"哭吗？"吕知州高声说，"还得重重地打。"

"杖责是应得的，"官妓说，"可是杭州人听到也不敢留下了。"

吕士隆把手一挥，官妓们侥幸逃过一关。

尧臣是同情官妓的，对此也有一首诗。

打鸭

莫打鸭，莫打鸭，打鸭惊鸳鸯。
鸳鸯新自南池落，不比孤洲老秃鸧。
秃鸧尚欲远飞去，何况鸳鸯羽翼长。

——《宛陵文集》卷四十三

和尧臣来往的，还有诗人郭祥正。他是当涂人，和尧臣、欧阳修、王安石、苏轼甚至黄庭坚都有来往,看起来是一位高龄的作家。这时他还年轻,从当涂骑着一匹瘦马,兴致勃勃地来到宣城。他和尧臣谈诗,也谈到欧阳修。

尧臣好久没有看到欧阳修了,问起他的新作:"永叔有信来,据说有一首《庐山高》,是送刘同年的,可惜没有看到。"

"看是看到的,欧阳公很得意,自称这首诗唯有李太白做得到,今人是做不到的。"

"是吗?功甫[1]对于太白的诗最熟悉的,能不能把这首诗读出来,大家领会一下?"尧臣说。

"就这样吧。"

郭祥正一副高嗓门,高高兴兴地读起这首诗来。

庐山高赠同年刘中允[2]归南康

庐山高哉几千仞兮,根盘几百里,巑然屹立乎长江。长江西来走其下,是为扬澜左蠡兮,洪涛巨浪日夕相冲撞。云消风止水镜净,泊舟登岸而远望兮,上摩青苍以晻霭,下压后土之鸿庞。试往造乎其间兮,攀缘石磴窥空谾。千崖万壑响松桧,悬崖巨石飞流淙。水声聒聒乱人耳,六月飞雪洒石矼。仙翁释子亦往往而逢兮,吾尝恶其学幻而言哤,但见丹霞翠壁远近映楼阁,晨钟暮鼓杳霭罗幡幢。幽花野草不知其名兮,风吹雾湿香涧谷,时有白鹤飞来双。幽寻远去不可极,便欲绝世遗纷哤。羡君买田筑室老其下,插秧成畴兮酿酒盈缸。欲令浮岚暖翠千万状,坐卧常对乎轩窗。君怀磊砢有至宝,世俗不辨珉与玒。策名为吏二十载,青衫白首困一邦。宠荣声利不可以苟屈兮,自非青云白石有深趣,其气兀硉何由降。丈夫志节似君少,嗟我欲说,安得巨笔如长杠!

——《欧阳文忠公集》卷五

---

[1] 郭祥正字功甫。

[2] 刘中允,中允,官名,即太子中允。刘中允即刘涣,字凝之,刘恕之父,颍上令。仁宗天圣八年(1030)与欧阳修同榜进士及第,所以谓之同年。校订者注。

祥正高高兴兴地一口气把这首诗朗诵出来。

尧臣拍着桌子,长叹一声,只是说:"使吾更作诗三十年,也不能得其中一句。"他们二人说着,说着,祥正又把这首诗再读一遍。

尧臣吩咐家中备酒,他们一边再读,尧臣也陪着读,如此者一共读了十多遍,不交一言。夜深了,祥正向主人告辞。

一夜的雨声,两位诗人长久不能入睡。第二天的清晨,祥正派人送来一首诗,尧臣作了和诗:

依韵和郭祥正秘校遇雨宿昭亭见怀

君乘瘦马来,骨竦毛何长。下马与我语,满屋声琅琅。一诵庐山高,万景不得藏。出没望林寺,远近数鸟行。鬼神露怪变,天地无炎凉。设令古画师,极意未能详。诵说冒雨去,夜宿昭亭傍。明朝有使至,寄多惊俗章。

——《宛陵文集》卷四十三

尧臣对于这一位青年作家是特别器重的。他说起像祥正这样的天才,真当得起李太白的后身,从此祥正遂以太白后身得名。二人之间作了好几首唱和诗,最后祥正准备回到当涂青山,来向尧臣告别,尧臣有送别诗:

送郭功甫还青山

来何迟迟去何勇,羸马寒僮肩竦竦。
昨日弃为梅福官,扁舟早胜大夫种。
负经不厌关山遥,访我犹将岁月恐。
得言会意若秋鹰,反翅归飞轻饱鵫。
明朝到家年始开,椒花寿酒期亲捧。
何当交臂须强行,莫作区区事丘垅。

——同前

从第一句起，我们看到尧臣对于祥正的殷切关怀，他觉得祥正来得太迟而去得太早，最后更希望他能多多地为国家贡献自己的力量。所不解的是他称祥正为秘阁校理，又说他"昨日弃为梅福官"，似乎祥正又做过县尉，可是《宋史》卷四一四《郭祥正传》都没有提起。

仁宗至和二年乙未（1055）五十四岁

至和二年正月晏殊死了。尧臣对他总还有一些宾主之情，他在《闻临淄公薨》指出："公自十三岁而先帝兮，谓肖九龄宜相唐，后由石渠凤阁禁林以登枢兮，俄佩相印居庙堂。出入藩辅留守两都兮，其民咏歌盈康庄。为官喉舌勋爵一品兮，经筵讲义尊萧匡。年逾顺耳不为夭兮，文字百卷存缥箱。"他指出晏殊的富贵，可是他没有提到晏殊的功业。事实上晏殊只是一位大官僚，有什么功业可提呢？这些地方正见到尧臣做人的态度。他对于达官贵人是一丝不苟的，可是他对于青年诗人，甚至被压迫被侮辱的人却是满腔热情。尧臣的可贵在此。

五月里的黄梅天气，江南的丘陵区，连续不断地下雨，正如尧臣在《五月十日雨中饮》里所说的"梅天下梅雨，绥绥如乱丝"。最后终于爆发成一场大水，尧臣的诗中说：

谁知山中水，忽向舍外流。谁知门前路，已通溪中舟？穷蛇上竹枝，聚蚓登阶陬。我家地势高，四顾如湖溮。浮萍穿篱眼，断葑过屋头。官吏救市桥，停车当市楼。应念此中居，望不辩马牛。危湍泻天河，漫漫无汀洲。群蛙正得时，日夜鸣不休。戢戢后池鱼，随波去难留。扬鬐虽自在，江上多网钩。纷纭闾里儿，踊跃竞学泅。吾慕孔宣父，有意乘桴浮。

——《宛陵文集》卷三十四《五月十三日大水》

这一月中，尧臣还有一首《闻进士贩茶》诗，反映了当时政治的一个阴暗面。从中唐以后起，茶和盐一样，成为国家专卖的商品。宋代以盐、茶、香、矾四项，都列入专卖范围以内。产茶的地区称为山场，种茶的人民称为茶农，他们所受的官价称为本钱。私人贩茶图利的，除所有的茶叶全部充公外，按照数量多寡，分别定罪。结徒持杖，遇官司查抄，敢于抗拒者，处死。从太平兴国四年（979）起，贩茶一斤者杖一百，二十斤以上者弃市。屯茶贩茶随时都有致死的可能，茶已经成为人民的祸害。可是也正因为私茶有利可图，屯茶贩茶具备了很大的诱惑性，不少的人，都走上这一条道路。当时江南路的十州都有山场，宣州也是其中之一处。贩茶的不仅限于贫苦大众，有时连书生也参加到这个行列。尧臣有诗：

闻进士贩茶

山园茶盛四五月，江南窃贩如豺狼。顽凶少壮冒岭险，夜行作队如刀枪。浮浪书生亦贪利，史笥经箱为盗囊。津头吏卒虽捕获，官吏直惜儒衣裳。却来城中谈孔孟，言语便欲非尧汤。三日夏雨剌昏垫，五日炎热讯旱伤。百端得钱事酒卮，屋里饿妇无糇粮。一身沟壑乃自取，将相贤科何尔当。

——同前

尧臣并没有能够从贩茶这件事探讨问题的本质，只叙述了一些情况，而且也并不全面。他指出进士老爷们虽然在城里也是一本正经，高谈孔孟，可是遇到具体的情况，同样地会参加贩茶的队伍，弄刀弄枪。这里突出这样的问题，茶专卖是一个陷人的坑井。四年以后，嘉祐四年（1059）为了缓和阶级矛盾，宋王朝被迫减轻茶课，诏书中说："自唐建中始有茶禁，上下规利，垂二百年。如闻比来为患益甚，民被诛求之困，日惟咨嗟，官取滥恶之入，岁以陈积，私藏盗贩，犯者实繁，严刑重诛，情所不忍，是于江湖之间，幅员数千里,为陷阱以害吾民也。……"[1]当然这只是一句空话,宋王朝是不肯轻易放弃茶专卖的利益的,可是从这一道诏书的下达,可以看到情形的严重,已经到了无可掩饰的地步。

从皇祐五年秋后丁忧至此。已经两年有余,尧臣在准备进京起复的当中,首先在双羊山的附近,建立会庆堂。这是一座祠堂,供养他的父亲梅让、叔叔梅询的画像。有了祠堂,不能没有供养人。他找到澄展和尚,这是梅询一手培养的人物,乐于担当这样任务的。和尚不能没有佛像,因此会庆堂便成为既是佛殿又是祠堂之建筑物。建筑费用,主要出于当地的一位张景崇,看来尧臣手头并不宽裕,而这位张先生又乐于结交名士,会庆堂就这样完成了。完成以后,尧臣有一篇《双羊山会庆堂记》,今见集中。那年春天,尧臣到双羊山,有诗一首:

早春田行

风雪双羊路,梅花溪上村。
鸟呼知木暖,云湿觉山昏。
妇子来陂下,囊壶置树根。
予非陶靖节,老去爱田园。

——《宛陵文集》卷四十

他对于双羊山是不断怀念的,因此会庆堂的完成,使他心上获得了一定的安慰。在这里他栽下十二棵榧子树、十四棵柏树。

秋天以后,尧臣从宣城出发,经过厉阳(今安徽和县)遇到杜慎(字挺之),原任和州知州,因为任期已满,相约同行入汴。船过建康的时候,恰巧曾巩的船也在那里,曾巩是后辈了,听到这一位老诗人路过建康,随即请见。尧臣也知道曾巩的文章很有成就,乐于接待。顺风顺水,一直到真州东园,这才停船相见。尧臣有诗:

---

[1] 《宋史》卷一八四《食货志》。

逢曾子固

前出秦淮来,船尾偶挽燕。遽传曾子固,愿欲一相见。顺风吹长帆,举手但慕羡。杨子东园头,下马情眷眷。昔始知子文,今始识子面。吐辞亦何严,白昼忽飞霰。我病不饮酒,烹茶又非善。冷坐对寒流,萧然未知倦。

——《宛陵文集》卷四十五

这首诗把曾巩的神态,活生生地画出来。一位热气腾腾的诗人,对着这位神情肃然的青年,真感觉到无可奈何,只能说是"白昼忽飞霰"了。

从真州进入扬州,第一个就遇到来嵩,这是当年曾给尧臣画像的老画师。旧友相逢,添上不少的喜悦。

遇画工来嵩

朝来又入扬州郭,千万中人识者谁?
唯有来嵩曾画我,依稀似见昔年时。

——同前

到扬州的时候,大约在至和二年的秋末,至迟不过初冬,可是在扬州一直耽搁过年,到了至和三年,这一年九月间改元,史称嘉祐元年。

仁宗嘉祐元年丙申(1056)五十五岁

尧臣这一次的耽搁,主要还是由于运河水浅,船去不了。好在天章阁待制许元在扬州任内,往还甚多,并不寂寞。有时他也到平山堂去游览,这是扬州的名胜,欧阳修知扬州的时候,着实修建了一番,尧臣游时,颇有一些感慨:

平山堂杂言

芜城之北大明寺，辟堂高爽趣广而意厖。欧阳公经始曰平山，山之迤逦苍翠隔大江。天清日明了了见峰岭，已胜谢朓龁龁远视于一窗。亦笑炀帝造楼摘星放萤火，锦帆落樯旗建杠。我今乃来偶同二三友，得句欲□[1]霜钟撞。却思公之文字世莫双，举酒一使长咽慢肌高揭鼓笛腔，万古有作心胸降。

——《宛陵文集》卷四十六

这时期中王安石的弟弟安国，字平甫，正从淮安来。安国还不足三十岁，可是在当时已是一位有名的才子。他知道尧臣对安石是一向友好的，特地来看尧臣，分别以后，他又寄诗请教。尧臣有诗：

依韵和王平甫见寄

尊王兴霸国，古莫重齐桓。仲尼书大法，亦莫重更端。文章革浮浇，近世无如韩。健笔走霹雳，龙蛇奋潜蟠。飓风何端倪，鼓荡巨浸澜。明珠及百怪，容畜知旷宽。其后渐衰微，余袭犹未弹。我朝三四公，合力兴愤叹。幸时构明堂，愿为栌与栾。期琢宗庙器，愿备次玉玕。谢公唱西都，予预欧尹观。乃复元和盛，一变将为难。行将三十载，衣被剧纤纨。后生喜成功，往往舞朱干。君家兄弟贤，挺拔尤坚完。譬彼登泰山，孰辨云径盘。忽在高高巅，两腋犹插翰。我久知子名，曾未接子欢。前者和君诗，薄言惭儿肝。淮南喜子来，袖刺字未漫。明日闻渡江，留书特相安。今又获嘉辞，至味非咸酸。

——同前

安国渡江以后，不久还得回来，尧臣一边约他一同入京，一边给他这首诗。他接待年轻人是何等热情啊！他在诗中指出变革的重要，肯定韩愈的成

---

[1] □，《四库全书·宛陵集》无缺字，按韵应缺一字，有书补为"将"字。校订者注。

就,也肯定二十多年前在洛阳进行诗文革新的工作。从尧臣和欧阳修在当时的声望看,这里一些也没有夸大。

五十五岁的人,头发胡须都白了,甚至还开始有些凋零。这些且不管他,比较使他痛苦的是左目开始昏花,有时连看书都没有办法。他焦急得很,可是愈焦急愈没有办法,只有安心服药,等待恢复。

在扬州的生活是丰富多彩的。许元是一位交际家,他留住尧臣在扬州盘桓,有时还举行一些歌舞的场面,共同享受一番。他是宣城人,可是在海陵(今江苏泰州)置了田产,看看已经接近七十岁了,准备到海陵去欢度晚年。他约尧臣同去,尧臣虽然不便拒却,可是他也提出必须先回汴京。这些情况从下两首诗可以看到:

依韵和春日见示

春雨懒从年少狂,一生憔悴为诗忙。不能屑屑随时辈,亦耻区区忆故乡。白玉笛声亲府第,六幺花拍动衣香。龙咽嘹唳留行月,凤翼趋跄巧定场。粉色酒客欢四座,花光烛影照西墙。虚荣浪贵知多少,安得如君展肺肠。

依韵和偶书相留

在昔有言无不雠,故於嘉咏岂宜休。出奇吴国将能战,探隐汉宫人戏阄。吹笛梦来犹记曲,爱歌老去未忘讴。车中变服为秦客,头上南冠学楚囚。日永欢呼遗博齿,夜深谈论费更筹。海陵已有从游约,今欲西归且榜舟。

——两首皆同前

清明以后,行期决定了,同行的杜植以外,还有一位邵必(字不疑),丹阳人,宝元元年进士。这一位进士公,也是一位诗人,他把诗卷给尧臣看,恰巧杜植也来了。尧臣有诗:

读邵不疑学士诗卷杜挺之忽来因出示之且伏高致辄书一时之语以奉呈

作诗无古今,唯造平淡难。譬身有两目,了然瞻视端。邵南有遗风,源流应未殚。所得六十章,小大珠落盘。光彩若明月,射我枕席寒。含香视草郎,下马一借观。既观坐长叹,复想李杜韩。愿执戈与戟,生死事将坛。

——同前

这一位邵必,有《史例总论》十卷,可是没有传下来,诗集也失传了,《宋诗纪事》只能录存一首。可是尧臣对他是有一定评价的。他认为邵必的诗,够得上成为"平淡",从平淡之中,发出一定的光彩,所以说:"譬身有两目,了然瞻视端。"又说:"光彩若明月,照[1]我枕席寒。"诗题首先指出"且伏高致",梅尧臣、杜植所服的"高致",正在于此。这是说的邵必的诗,与尧臣无涉。可是有人误会了,认为这是尧臣叙述自己的主张,因而坐实了尧臣作诗的特色,恰恰就是平淡。殊不知这首诗的最后四句,正面提出了尧臣的认识,他追求的只是李白、杜甫、韩愈,他的企图是手执长戈利戟,在文学斗争中决一番生死。世上有这样的平淡诗人吗?

尧臣、杜植、邵必几条官船,一同自扬州出发。中间经过淮安,那时李中师正在淮南转运使任上,尧臣和中师又有一番应酬。在这里他再遇到王安国,约好同时入京。尧臣这一次入京,因为旧友们都在京中,政治的道路正在逐步开展,可是他却没有忘却对于人民的同情。

书二客论呈李君锡学士

我慕杜挺之,磊落高世谈。又爱王平甫,才雄天马骖。二人相议评,最重李淮南[2]。逶迤文馆彦,委曲部政谙。能苏煮海民,变使供租甘。虽持使者权,不作自裹蚕。谆谆无威慑,雍雍激廉贪。书戒易满人,纵愚须起惭。(自注:始时边海盐亭民,常官逋其钱,

---

[1] 照,当为"射"字。校订者注。
[2] 李淮南,即李中师。李中师曾官淮南转运使,因此有此称。校订者注。

往往给腐米为直，弃之而去，浸久，亭民无本多逃者。今俾中户就邑纳租给亭民，民乃大利，逃者复还。）

——《宛陵文集》卷四十七

船到泗州，他和泗州知州朱处仁又有一番来往。可是从泗州开出以后，因为汴河水落，官船搁在沙滩上，无法前进。有时他约杜植、王安国来喝酒，诗中曾说：

阻浅挺之平甫来饮

泛淮忌水大，我行浩以漫。泝汴忌水浅，我行几以乾。偶与困滞并，将独为此难。穷途有来客，芬芳可与言。共休绿榆阴，置酒聊慰安。主人虽仓卒，犹得具甘酸。酸渍楚梅青，甘摘夏樱丹。引觞吞日光，耳热不复叹。俛仰已陈迹，未可忘兹欢。谁思费生术，幻惑宁盘桓。

——同前

初夏已经到了，可是汴水还是很浅。泗州的朱处仁很周到，不时地送来乳酪、樱桃、蒸羊、笋束。为了照顾这位老诗人，还送来砚池和诗笺。船是开不出去了，诗却是不断写出。

表臣[1]以阻水见勉次其韵

野叟津难问，贤人酒不空。
行吟同去国，退翼欲乘风。
忧已先天下，穷方坐井中。
予生一如此，安得免衰翁。

——同前

---

[1] 朱处仁，字表臣。

船的阻滞是滞极了，心中的郁闷也是闷极了，这真是"穷放坐井中"了。好在尧臣还有他的一套自慰的方法。

释闷呈挺之平甫

燕丹未归马未角，卞子抱玉无两脚。
孤城食尽兵未却，度笮中怀挂一索。
我辈于此酒宜酌，百岁千秋奈何乐。

释滞

帝在苍梧妃泣竹，苏武餐毛海西曲。
穷山远道车折轴，深井渴汲绠不续。
我辈于此酒正绿，贵无奈何欢且足。

——两首同前

经过一夜的沉醉，船上人一片欢唱，把尧臣惊醒过来。大家说是黄河的水来了，太高兴了，尧臣也想到应当到泗州衙门去，和朱处仁辞行，可是水流是不容许等待的，顾不得这些繁文缛节。张帆的张帆，打桨的打桨，船准备开出，尧臣派人送一首进城：

将解舟走笔呈表臣

昨夜讴吟泻春酒，今朝波浪下黄河。
主人不暇匆匆别，为倩流莺寄语过。

——同前

处仁得诗以后，匆匆和了一首，他估计可能尧臣已经去远了，诗不知哪天送到。可是完全出乎意料之外，官船开出不到三里，又停下了。尧臣答诗一首：

答再和

> 舟行才及二三里,已复浅流如冻河。
> 君有短书谁远寄,时因燕子拂檐过。
>
> ——同前

在汴河中行船,真是艰难极了。有时由船夫上岸背纤,勉勉强强进得二三里,正如尧臣在另一首诗中说的:"汴河溅溅费挽牵,轻舟难若上青天。"中间遇到刘敞,那时他正自知制诰调知扬州。刘敞作《翩翩河中船》一首赠尧臣,尧臣也和他一首。

端午到了,但是离汴京还有一大段,尧臣在无聊中作了一二十首咏物诗,也许我们可以从《挑灯杖》这一首看到些寄托吧:

> 油灯方照夜,此物用能行。
> 焦首终无悔,横身为发明。
> 尽心常欲晓,委地始知轻。
> 若比飘飘梗,何邀世上名。
>
> ——《宛陵文集》卷四十八

第九章　最后的安排

仁宗嘉祐元年丙申（1056）五十五岁

嘉祐元年的夏末，尧臣的官船终于开到汴京东水门。在京的亲友替他物色城东一座房子，尧臣到了以后，看看环境并不太好，可是他也明白，一时不易找到合适的住宅，也就将就住下了。

汴京对于尧臣并不陌生，这时和二十五年以前大不相同了。那时自己还是一位新进，到汴京考进士，又没有考上，住在州桥，尽管年少气盛，终有些漂泊之感，现在尧臣已是全国闻名的老诗人，在官途上虽然不免蹭蹬，可是少年时代的朋友，富弼是宰相，韩琦是枢密使，都成为政治界的领导人物了。尤其是欧阳修，虽然已经是翰林学士，可是他一听到尧臣入京，连忙赶到赚河，迎接尧臣。

老友见面，叙述了别后的情况。

"一路辛苦了。"欧阳修说起。

"辛苦倒说不上，"尧臣说，"可是到雍丘，天气热，船舱里又蒸人。喝茶把肚子都胀满了，可是又不解热。"

"到舱口去不好一些吗？"

"去不了。一场大雨，外边站不住，一家老小挤在一座舱里，这才真够呛。"

"是呀，就是现在这场大雨，把柴火都打湿了，生火都不起焰。"

果然，一阵浓烟，从茶垆里送来，连茶也沏不上。尧臣正在道歉，欧阳修摇手说着："不忙了，把诗稿检出来看诗吧。"

他们谈诗一直谈到深夜，一轮明月，陪着两位老友的清兴。他们也谈到在颍州买田，准备在那里欢度他们的晚年。

欧阳修回去以后，尧臣对着油灯进行创作：

高车再过谢永叔内翰

世人重贵不重旧，重旧今见欧阳公。昨朝喜我都门入，高车临岸进船篷。俯躬拜我礼愈下，驺从窃语音微通。我公声名压朝右，何厚于此瘦老翁。笑言哑哑似平昔，妻子信说如梁鸿[1]。自兹连雨泥没胫，未得谒帝明光宫。冒阴履湿就税地，亲宾未过知巷穷。复闻传呼公又至，黄金络马声珑珑。紫袍宝带照屋室，饮水啜茗当清风。邀以新诗出古律，霜髯屡颔摇寒松。因嗟近代贵莫比，官为司空仍侍中。今成冢丘已寂寞，文字岂得留无穷。以此易彼可勿愧，浮荣有若送雨虹。须臾断灭不复见，唯有明月常当空。况我学不为买禄，直欲到死攀轲雄。一饭足以饱我腹，一衣足以饰我躬。老虽得职不足显，愿与公去欢乐同。欢乐同，治园田，颍水东。

——《宛陵文集》卷四十八

欧阳修看到这首诗，也答了一首：

人皆喜诗翁，有酒谁肯一醉之。嗟我独无酒，数往从翁何所为？翁居南方我北走，世路离合安可期。汴渠上下日千艘，未及水门犹未知。五年不见劳梦寐，三日始往何其迟。城东赚河有名字，万家弃水为污池。人居其上苟贤者，我视此水犹涟漪。入门下马解衣带，共坐习习清风吹。湿薪茨茨煮薄茗，四顾壁立空无遗。万钱方丈饱

---

[1] 梁鸿，字伯鸾，东汉初年人，少孤，家贫，好学，品节高尚。

则止，一瓢饮水乐可涯。况出新诗数十首，珠玑大小光陆离。他人欲一不可有，君家筐箧满莫持。才大名高乃富贵，岂比金紫包愚痴。贵贱同为一丘土，圣贤长如星日垂。道德内乐不假物，犹须朋友并良时。蝉声渐已变秋意，得酒安问醇与醨。玉堂官闲无事业，亲旧幸可从其私。与翁老矣会有几，当弃百事勤追随。

——《欧阳文忠公集》卷六《答圣俞》

秋天以后，尧臣为长女治妆，出嫁到绛州薛家。女婿是太庙斋郎薛通，后来做到蔡州司户参军。欧阳修继配薛夫人，是薛通的同堂姑母，看来这一次的亲事，和欧阳修是有关系的。长女出嫁的那天，尧臣有诗：

送薛氏妇归绛州

在家勖尔勤，女功无不喜。既嫁训尔恭，恭己乃远耻。我家本素风，百事无有侈。随宜且奁箱，不陋复不鄙。当须记母言，夜寐仍夙起。慎勿窥窗户，慎勿辄笑毁。妄非勿较竞，丑语勿辩理。每顺舅姑心，况逆舅姑耳。为妇若此能，乃是儒家子。看尔十九年，门闺未尝履。一朝陟太行，悲伤黄河水。车徒望何处，哭泣动邻里。生女不如男，天亲反由彼。

——《宛陵文集》卷四十九

尧臣到京以后，朋友中如裴煜不久以知吴江县事、杜植以知虔州事纷纷出京了。宋代政治界本来有外内互调，借此增长阅历的办法，因此他们的外调只是一件常事。值得注意的是十月间通过枢密使韩琦的建议，追复崇信节度副使尹洙为起居舍人、直龙图阁，湖州长史苏舜钦为大理评事、集贤校理。尹洙、苏舜钦久已死去，这一次的复官，是对于他们一生的重新评价，这正是政治斗争中的一件大翻案。

问题又回到尧臣身上了。是不是还让这一位老诗人去监永济仓呢？至和元年尧臣在宣城守制的当中，曾经和欧阳修提起：

> 前岁守廪京城西，有如勾践巢会稽。
> 引杯尝胆未雪耻，怒蛙起揖当涔蹄。
> 海天白日蔽光影，霹雳一过收云霓。
> 九皋澄明鹤翅湿，欲暮刷羽声嘶嘶。
> ……
> ——《宛陵文集》卷三十五《依韵酬永叔再示》

尧臣对于管理粮食仓库的工作，是有意见的。在今天我们很难估计对于一位全国有名的诗人，会安排这样一份工作，在封建时期的宋代，更难找到合适的理由。当然在富弼、韩琦、欧阳修这一群人手握政权的时候，更不会要这一位老朋友去管仓库了。最后由欧阳修定稿，推荐尧臣充国学直讲。

> 右臣等忝列通班，无裨圣治，知士不荐，咎在蔽贤。伏见太常博士梅尧臣，性纯行方，乐道守节，辞学优赡，经术通明，长于歌诗，得风雅之正。虽知名当时而不能自达。窃见国学直讲见阙二员，尧臣年资皆应选格，欲望依孙复[1]例，以补直讲之员，必能论述经言，教导学者，使与国子诸生歌咏圣化于庠序，以副朝廷育才之美。如后不如举状，臣等并甘同罪。
> ——《欧阳文忠公集·奏议》卷十四《举梅尧臣充直讲状》

据《宋史·选举志》，国子监"直讲八人，以京官选人充，掌以经术教授诸生。皇祐中始以八人为额，每员各专一经，并选择进士，并九经及第之人相参荐举"。这里指出国子监直讲必须由进士选充，恰巧尧臣在皇祐三年赐同进士出身，为这一次的选补准备了条件。

尧臣补授国子监直讲，可能在这一年的冬初。集中有《直宿广文舍下》：

---

[1] 孙复，字明复，号富春，四举进士皆不中。庆历二年（1042），范仲淹、富弼、石介等以其布衣身份举荐国子监直讲。校订者注。

前夜宿广文，叶响竹打雪。昨夜宿广文，窗影竹照月。赖此数竿竹，与我为暖热。上有寒鹊栖，拳足如瘦蕨。平明欲飞去，喈喈若先说。我无喜可报，烦尔弄觜舌。亦尝苦老鸦，鸣噪每切切。为学本为道，穷蹙令华发。但能得酒饮，终日自兀兀。

——《宛陵文集》卷十五

当然，我们不能把宋代的国子监直讲和现代的大学教授等同起来，不同的时代有不同的职责，因此也就有不同的身份。可是在11世纪，尧臣的朋友们和他自己认为这一个位置和他的身份相称，这是可以看到的。

仁宗嘉祐二年丁酉（1057）五十六岁

嘉祐二年正月以翰林学士欧阳修权知贡举。关于这一事，欧阳修在《归田录》里记载得更清楚，当时同知贡举者除欧阳修外，还有端明学士韩绛、翰林学士王珪、侍读学士范镇、龙图阁直学士梅挚共五人。他们推举梅尧臣为参详官，又称小试官。封建时代，科场考试录取的都被接受到当日的统治阶层，因此这就关系到整个统治阶级的基本问题。尽管录取的人日后不可能都做到大官，参与大政方针的决定，而做到大官，参与大政方针决定的也未必都由科举出身，可是这是一个幌子，必须使大众都认为这一次的考试，做到公平无私，没有丝毫的遗憾。至于考试的内容，无论是诗赋、经义、策论，也不问通过这场考试的对于国计民生有没有必要的最基本的认识，这一些人民都管不着，统治阶级也不容许他们过问。但是统治阶级总得使人民认识到这样的考试是公平的，每一位应试的举子都必须通过同样的考试、同样的阅卷。基于这样的条件，因此试官入场以后，直到全部试卷评阅完毕，录取名单正式公布以后才得出场。这一段工作时期称为锁院。嘉祐二年锁院，前后共五十日，实际上是欧阳修、梅尧臣等足足坐了五十天的禁闭。

当然，我们无须想象他们在禁闭的当中，生活是沉闷的，或是不自由的，因为除了不能离开试场，在行动上受到一定的限制以外，他们还可以很好地安排自己的生活，尤其在考生们正在应试，没有交卷的当中，试官们有更多的时间喝酒作诗，享受当时知识分子合法的爱好。在欧阳修等主试的这一年，他们连同尧臣，六人相与唱和，共得古、律、歌诗一百七十余篇，编为七卷，不得不算是丰富的收获。欧阳修曾说：

> ……前此为南省试官者多窘束条制，不少放怀。余六人者，欢然相得，群居终日，长篇险韵，众制交作，笔吏疲于写录，僮史奔走往来。间以滑稽嘲谑，形于风刺，更相酬酢，往往哄堂绝倒。自谓一时盛事，前此未之有也。
>
> ——《欧阳文忠公集·归田录》

在考试中，考生如有疑难，照例可以向主试官请教。通常都在白天，晚饭以后，大家埋头作文，试官也可以进行休息，一般是很少发问的。可是欧阳修正在和大家酌酒赋诗的当中，一位考生传话请主试官答疑。

尧臣有些不耐烦了，他说："'初筮告，再三渎，渎则不告。'[1]用不到去答复。"欧阳修笑着说："让我去看一下。"

听到主试官出来了，一群考生都涌出座位，看看怎样答复。

一位考生肃然地向前打恭道："学生准备在文章中运用尧舜这一条典故，可不知道尧舜究竟是一位还是两位，请求主试官明教。"

这个问题把大家逗乐了。一阵哗笑惊动了整个试场。

主试官不动声色，只是从容地说："这个典故，实在不易解决，那还是不用算了。"

这样慢条斯理的答复完全出乎听众的估计以外，大家又是"哗"的一声笑开了。

欧阳修在这一次考试中，所出的有赋题，也有论题。赋题是《贵老谓其

---

[1] 见《易·蒙》。

近于亲赋》。当时考生有这样的两句"觌兹黄耇之状,类我严君之容"。陆续交卷以后,一位考官看到,慌忙传给大家,这一联荒唐的对句,引起哄堂的大笑。

尧臣正在精心地看卷,翻到一篇论文,题目正是主考出的《刑赏忠厚之至论》。他一句一句地吟咏着:

……传曰:"赏疑从与",所以广恩也;"罚疑从去",所以谨刑也。当尧之时,皋陶为士,将杀人,皋陶曰:"杀之"三,尧曰"宥之"三,故天下畏皋陶执法之坚而乐尧用刑之宽。四岳曰"鲧可用",尧曰"不可,鲧方命圮族",既而曰"试之"。何尧之不听皋陶之杀人而从四岳之用鲧也?然则,圣人之意,盖亦可见矣。……

他反复地沉吟,最后索性把"皋陶曰'杀之'三,尧曰'宥之'三"这几句朗诵出来了。

尧臣太高兴了,他捧着试卷,一直到主试官面前,再三指出这一篇文章简直和《孟子》一样,全场之中,没有第二篇这样的作品。好在王珪、范镇、韩绛、梅挚这几位同考官,每一位都是自己的好友,索性要求大家到欧阳修面前共同商讨。欧阳修把文章读过,着实欣赏,可是他还是不能放心。

"皋陶曰'杀之'三,尧曰'宥之'三,两句在什么书上见过没有?"欧阳修问。

尧臣双手一摊,昂着头说起:"这要什么出处?"考官们都觉得文章是好的,可是一时却想不出出处是怎样的。

欧阳修当然有他自己的考虑。他清清楚楚地知道这一篇文章好,可是他觉得这篇文章可能是曾巩做的。曾巩是自己的门生,又是江西人,再加上这两句虽然生动活泼,可惜究竟交代不清出处,当真取了第一,事实上经不起质问。可是文章实在是好,连带作者其他几篇也都觉得好。尧臣还在坚持要把这篇放在第一,欧阳修仰看着这位身材颀长的老友,心平气和地问一声:"圣俞兄,为了出处的关系,把这篇放在第二,行不行?"

韩绛在一旁也说："二丈，这一篇就放在第二吧。"

尧臣看到主试官和同考官都主张放在第二，也就哈哈地说："既然大家都主张放在第二，就放在第二吧，可真不免委屈了。"

这篇文章的作者是眉山苏轼，这一年二十二岁。

发榜以后，苏轼到欧阳修府上拜见，欧阳修重行问起两句的出处。

苏轼也是双手一摊，笑着说起："想起来是如此，这要什么出处？"

从这一位青年的眉心里，透出一份豪迈的气势，欧阳修想起那天在试院里尧臣力争时的神态，太高兴了。他从这一位青年人身上，看到老一辈的接班人，真是无比高兴，随即把当日在评卷讨论中的情况，完全告诉苏轼。

苏轼对于尧臣的感激是无比的，这一年他有《上梅直讲书》：

……今年春天下之士群至于礼部，执事与欧阳公实亲试之。轼不自意，获在第二。既而闻之，执事爱其文，以为有孟轲之风，而欧阳公亦以其能不为世俗之文也而取，是以在此。非左右为之先容，非亲旧为之请属，而向之十余年间，闻其名而不得见者，一朝为知己。退而思之，人不可以苟富贵，亦不可以徒贫贱。有大贤焉而为其徒，则亦足恃矣。苟其侥一时之幸，从车骑数十人，使间巷小民聚观而赞叹之，亦何以易此乐也。《传》曰："不怨天，不尤人。"盖"优哉游哉，可以卒岁"。执事名满天下，而位不过五品，其容色温然而不怒，其文章宽厚敦朴而无怨言，此必有乐于是道也，轼愿与闻焉。

——《经进东坡文集事略》卷四十一

嘉祐二年的考试，对于北宋文风的转变，起了一定的作用。在这以前，一般人喜爱用险怪的字句，有的说"狼子豹孙，林林逐逐"，有的更说"周公伻图，禹操畚锸，传说负版筑而来筑太平之基"，这真是文坛上的一股歪风。嘉祐二年的试场，不但整顿了考试规则，严格禁止挟带枪替这一类不正当的行为，同时也在阅卷的当中，拔取雄浑朴茂的作品，而对僻涩怪诞的文章，予以狠狠的打击。当时考生中的所谓"知名之士"如刘煇[1]等都没有录取，而朴实的曾巩和从西蜀来京，谁也没有听到过的苏轼、苏辙，都高高地录取了。愤怒、怨恨、嫉妒，这一些情绪在落选的考生中爆发了。有人在欧阳修上朝的时候，指着他的脸痛骂一顿，也有人写了一篇祭欧阳修的文章送到他的府上，幸好"君子动口不动手"，没有造成什么事故，可是这个时代的不良文风，毕竟因此而得到转变。

在试院里，欧阳修和尧臣都写下了不少的诗篇。欧阳修有《礼部贡院阅进士就试》一首：

紫案焚香暖吹轻，广庭清晓席群英。
无哗战士衔枚勇，下笔春蚕食叶声。
乡里献贤先德行，朝廷列爵待公卿。
自惭衰病心神耗，赖有群公鉴裁精。
——《欧阳文忠公集》卷十二

正月十五日到了，这是汴京的灯节，一个举国腾欢的节日，可是尧臣正被锁在试院里，只得从欧阳修等这几位考官登楼观灯。尧臣有诗：

上元从主文登尚书省东楼

阊阖前临万岁山，烛龙衔火夜珠还。
高楼迥出星辰里，曲盖遥瞻紫翠间。
辚辘车声碾明月，参差莲焰竞红颜。
谁教言语如鹦鹉，便著金笼密锁关。
——《宛陵文集》卷五十一

从孟元老[2]《东京梦华录》我们看到宣和年代上元节的热闹情况，嘉祐

---

[1] 刘煇，原名刘几，字之道，嘉祐四年进士及第，获在第一名。校订者注。
[2] 孟元老，号幽兰居士，北宋文学家，著有《东京梦华录》。校订者注。

年代可能不如宣和，但是宣和只是嘉祐的发展，1057年的情况是可以想象得到的，这几位主试官和梅尧臣，正是"金笼密锁"，谈不到出去看一下。能不能登楼看一看呢？这也解决不了什么问题，尧臣索性作了一首《莫登楼》：

莫登楼，脚力虽健劳双眸，下见纷纷马与牛。马矜鞍辔牛服辀，露台歌吹声不休。腰鼓百面红臂鞲，先打六幺后梁州。棚帘夹道多夭柔，鲜衣壮仆狞髭虬。宝挝呵叱倚王侯，夸妍斗艳目已偷。天寒酒醵谁尔俦，倚楹心往形独留。有此光景无能游，粉署深沉空翠帱，青绫被冷风飕飕。怀抱既如此，何须望登楼。

——同前

这首诗传到欧阳修手里，他只是哈哈一笑。本来年轻的时候，他就是近视眼，如今五十开外了，又添上一些昏花。还有——他仔细地忖量自己的身份，还能和青年一样去追逐吗？他拂拭一下纸笔，准备和诗：

答圣俞莫登楼

莫登楼，乐哉都人方竞游，楼阙夜气春烟浮，玉轮东来从海陬，纤霭洗尽当空留，灯光月色烂不收。火龙衔山祝千秋，缘竿踏索杂幻优，鼓喧管咽耳欲咻，清风袅袅夜悠悠。莹蹄文角车如流，娅姹扶栏车两头，髧髦垂鬟娇未羞。念昔年少追朋俦，轻衫骏马今则不，中年病多昏两眸，夜视曾不如鸺鹠，足虽欲往意已休，惟思睡眠拥衾裯。人心利害两不谋，春阳稍愆天子忧，安得四野阴云油，甘泽以时丰麦麰，游骑踏泥非我愁。

——《欧阳文忠公集》卷六

"当真是要登楼吗？"尧臣感到有些好笑，他感到试院里连饮酒也受到限制，给欧阳修又去一首《莫饮酒》，看看这一位老朋友怎样说。

仆人把这首诗送到主试官面前，等候长官的答复。

欧阳修笑着说："酒是可以饮的，诗却不须作了。"他在《答圣俞莫饮酒》诗里说起："子谓莫饮酒，我谓莫作诗。"最后他又叮嘱说："但饮酒，莫作诗，子其听我言非痴。"他想如今吩咐一位老诗人不要作诗，这一下是打中要害了。

尧臣看到欧阳修的诗以后，随即给他答复，正面提出自己的主张：

依韵和永叔劝饮酒莫吟诗杂言

我生无所嗜，唯嗜酒与诗，一日舍此心肠悲。名存贵大不辄思，甑空釜冷不俛眉，妻孥冻饥数恚之，但自吟醉与世违，此外万事皆莫知。王公谒请众去早，既衰愈懒身到迟，日高倦仆颜色沮，况骑瘦马两耳垂。厌此劳苦不喜出，唯有文字时能为。诸公尚恐竭智虑，勤勤劝饮莫我卑。再拜受公言，窃意公矫时，只爱诗，谓余痴。

——《宛陵文集》卷五十一

十二年以前，欧阳修在河北都转运按察使任内的时候，郭之美[1]来访，看到一首尧臣送别的诗，诗中说起：

> 忽闻人扣门，手把蟠桃枝。
> 问我此蟠桃，缘何结子迟。
> 但笑不复答，问者当自推。
> 振衣向河朔，河朔人伟奇。
> 以兹不答意，迟子北归时。

——《宛陵文集》卷二十四《郭之美忽过云往河北谒欧阳永叔沈子山》

当时欧阳修乘兴写了一首《读蟠桃诗》，却把这首诗寄给苏舜钦，诗中

---

[1] 郭之美，字君锡，庐陵人。校订者注。

自比韩愈,把尧臣比作孟郊。

> 韩孟于文词,两雄力相当。篇章缀谈笑,雷电击幽荒。众鸟谁敢和,鸣凤呼其皇。孟穷苦累累,韩富浩穰穰。穷者啄其精,富者烂文章。发生一为宫,揪敛一为商。二律虽不同,合奏乃锵锵。天之产奇怪,希世不可常。寂寥二百年,至宝埋无光。郊死不为岛,圣俞发其藏。患世愈不出,孤吟夜号霜。霜寒入毛骨,清响哀愈长。玉山禾难熟,终岁苦饥肠。我不能饱之,更欲不自量。引吭和其音,力尽犹勉强。诚知非所敌,但欲继前芳。……
> ——《欧阳文忠公集》卷二

在韩孟优劣已经定论的今日,我们也许觉得以韩自比,以孟比梅,有些欠妥,但是在韩愈的当日,他推重孟郊,不但把他当作前辈看定,而且也确实推重他的创作,从这一点看,欧阳修的比拟,没有贬低尧臣的意义。十二年的光阴过去了,现在欧、梅两人,同在汴京试院里衡量当时的举子,不免使尧臣有些感喟。他在给欧阳修的一首诗里说:

和永叔内翰

来时擘茧正探官,走马传宣夹路看。
便锁青春辞上閤,徒知白日近长安。
思归有梦同谁说,强意题诗只自宽。
犹喜共量天下士,亦胜东野亦胜韩。
——《宛陵文集》卷五十一

试场里看的卷子不少,可是真正惬心的并不太多。范镇就曾因为明经答经义,语多不通,作了一首《明经试大义多不通有感》,尧臣除了和一首以外,又有——

较艺和王禹玉内翰

> 分庭答拜士倾心,却下朱帘绝语音。
> 白蚁战来春日暖,五星明处夜堂深。
> 力摧顽石方逢玉,尽拨寒沙始见金。
> 淡墨榜名何日出,清明池苑可能寻。
> ——《宛陵文集》卷五十二

力摧顽石一联,正看到当日阅卷工作的艰苦。北宋文风的转变当日的试官们都付出了殷勤的劳动,可是也正因为不少人受到淘汰,他们看到欧阳修和梅尧臣的诗句,认为试官只是开心酬唱,无暇仔细评文,甚至以五星自比而以举子为"春蚕""白蚁"。他们除了给欧阳修送去祭文以外,还造出不少的闲言闲语。从此以后,很长的一段时间,试官们在试场里不敢作诗,当真做到了欧阳修"但饮酒,莫吟诗"的这两句。

出场以后,已经是清明时节,这才得到致仕太子太师杜衍逝世的噩耗。杜衍德高望重,他把尧臣的诗篇亲手装裱,逢人称道,这更使得尧臣感动。尧臣在《太师杜公挽词五首》里最后写道:

> 见录寻常咏,亲装复手题。
> 言从永嘉后,重与建安齐。
> 自古难知己,孤生每择栖。
> 春风寄黄鸟,为向墓间啼。
> ——同前

这一年春夏之间,和尧臣时常来往的,除欧阳修、陆经、韩缜等人以外,还有曾巩、王安石、王安国和苏轼。夏间,欧阳修因为安石的知常州发表了,决定给他和曾巩践行,给尧臣去了一信:

修启:大热甚于汤火之烈,两日差凉,粗若有生意,然以家人病患，饮食不能自给，区区煎迫，殊乱情悰。久不承问，不审尊体何似。二十二日欲就浴室或定力饯介甫、子固，望圣俞见顾闲话，恐别许人请，故先拜闻。《礼部诗》纳上。

——《欧阳文忠公集·书简》卷六

安石这一年仅三十几岁，但是对于政治有他的一套主张。尧臣对于这一位年轻人着实同情。他自己做过行政官，对于地方行政有切身的认识，因此对于安石，寄予极大的希望。送安石时有诗：

送王介甫知毗陵

吴牛常畏热，吴田常畏枯。有田[1]不荫犊，有水不滋稌。孰知事春农，但知急秋租。太守追县官，堂上怒奋须。县官促里长，堂下鞭扑俱。不体天子仁，不恤黔首逋。借问彼为政，一一何所殊。今君请郡去，预喜民将苏。每观二千石，结束辞国都。丝鞯加锦缘，银勒以金涂。兵吏拥后队，剑挝盛前驱。君又不若此，革辔障泥乌。欹行问风俗，低意骑疲驽。下情靡不达，略细举其麤。曾肯为众异，亦罔为世趋。学诗闻已熟，爱棠理岂无。

——《宛陵文集》卷五十三

从这首诗里，看到尧臣的政治主张，和他对于安石的好感，同时也可看到尧臣的诗已经开辟了一个新的境界。欧阳修《六一诗话》曾举尧臣之说："诗家虽率意，而造语亦难，若意新语工得前人所未道者，斯为善也。必能状难写之景如在目前，含不尽之意见（现）于言外，然后为至矣。"在《诗话》里，他们曾经拈出贾岛、姚合、严维、温庭筠的律句作为例证。这样做是对的，但是也正反映了那时偏重律诗的一面。倘使我们从古诗考虑问题，那么这首送安石知常州诗，恰恰是一个极好的例证。我们看到那时南方的大旱，地方

---

[1] 田，他本皆作"树"。校订者注。

州县官对于人民的无情迫逼，安石的政治主张，和他的朴素生活。他写出安石的坚决个性，不肯故意立异，也不敢存心苟同。最后更表白了自己的身份和他对于这位青年太守的深切希望。我们能说这首诗不是"状难写之景如在目前，含不尽之意见（现）于言外"吗？事实上尧臣的诗已经达到圆熟的阶段，开辟了新的境界。

在曾巩、苏轼出京的时候，他有一首《送曾子固苏轼》。他在诗里说起：

> 屈宋出於楚，王马出於蜀。荀杨亦二国[1]，自接大儒躅。各去百数年，高下非近局。钩陈豹尾斜，登俊何炳缛。楚蜀得曾苏，超然皆绝足。父子兄弟间，光辉自联属。古何相辽阔，今何相迤续。……
>
> ——同前

他指出两人培养的途径，不但在文学方面，同样在经术方面，必须继续努力；他也指出曾巩、曾布、曾肇，和苏洵、苏轼、苏辙的成就。

汴京从五月起，阴雨连绵，再经过七月九日的大雨，造成极大的灾祸。《宋史·五行志》说："嘉祐二年六月开封府界及京东西、河北水潦害民田。自五月大雨不止，水冒安上门，门关折，坏官司庐舍数万区，城上系筏渡人。"指的这一次的灾情。

七月九日的大雨，瓢泼一样地倒下来。尧臣的住处，本来低洼，天明一看，房子的四周全部都是浮萍，围墙倒了，里里外外，成了一片湖沼。他连忙招呼家人，把山墙设法顶住，总算没有倒下。计算一下亲友，幸好住的地方都还高爽，不至于出什么大乱子。可是欧阳修所在汴京直南，听说那里水最深，着实担心。尧臣连忙派仆人去打听。这一位使者高一脚低一脚，蹚着水顺着大街，一直向南。走啊走啊，最后总算找到欧阳修的寓所。这一位学士公正忙呢，吆喝着几位仆人，从院子里把积水一桶一桶地灌到大街上。

"直讲盼咐探望学士，光景还不太危险吧？"仆人说。

---

[1] 屈宋，屈原和宋玉；王马，王褒和司马相如；荀杨，荀卿和杨雄。这六位都是辞赋大家。校订者注。

"很难说，"欧阳修说，"你回去上复直讲，要是不住雨，水势再涨上来，我们只有准备逃难了。"说完以后，他下去写了一封信，仍由来人带给尧臣。

尧臣读着欧阳修的来信：

> 修启。自入夏，间巷相传，以谓今秋水当不减去年。初以为讹言，今乃信然。两夜家人皆屋水，并乃翁达旦不寐，街衢浩渺，出入不得，更三数日不止，遂复谋逃避之处。住京况味，其实如此，奈何奈何！方以为苦，不意公家亦然。且须少忍。特承惠问存恤，多感多感。蔡君谟寄茶来否？冈中喜见慰，人还忉忉。
>
> ——《欧阳文忠公集·书简》卷六

得书以后，尧臣有诗纪事，后半说：

> ……霹雳夜复作，虾蟆尚听鸣。辇道有白水，都人无陆行。浮萍何处来，青青绕我楹。连墙已坏破，屋赖撑撑牢。缅怀有亲友，亲友皆占高。独知欧阳公，直南望滔滔。遗奴揭厉往，答言颇力劳。正取旧屋斗，自课僮仆操。明日苟不已，挈家仍避逃。贤者尚若是，焉用数我曹。免为不吊鬼，世上一鸿毛。
>
> ——残宋本《宛陵文集》卷五十四《嘉祐二年七月九日大雨寄永叔内翰》

这一次水的来势虽猛，幸亏退得快，《宛陵文集》有《永叔内翰来访七月二十六日》一首，记载欧阳修的探访，诗中没有任何关于水灾的记载，想见生活已经恢复正常了。

国子监直讲虽是五品官，可是生活毕竟还是不坏的。常和尧臣来往的还有一位杨褎，也是一位雅人，家藏徐熙[1]夹竹桃花，有诗一首。尧臣和他：

---

[1] 徐熙，为五代、宋初花鸟画两大流派的代表人物之一。校订者注。

和杨直讲夹竹花图

  桃花夭红竹净绿，春风相间连溪谷。花留蜂蝶竹有禽，三月江南看不足。徐熙下笔能逼真，茧素画成才六幅。萼繁叶密有向背，枝瘦节疏有直曲。年深粉剥见墨踪，描写工夫始惊俗。从初李氏匡破亡，图书散入公侯族。公侯三世多衰微，窃贸担头由婢仆。太学杨君固甚贫，直缘识别争来鬻。朝质绨袍暮质琴，不忧明日铛无粥。装成如得骊颔珠，谁能更问龙牙轴。竹真似竹桃似桃，不待生春长在目。

——《宛陵文集》卷五十四

  嘉祐二年王安石调任常州，嘉祐三年再调提点江东刑狱。他在常州任上有致尧臣书，已经失传，尧臣有《得王介甫常州书》：

  斜封一幅竹膜纸，上有文字十七行。字如瘦棘攒黑刺，文如温玉烂虹光。别时春风吹榆荚，及此已变蒹葭霜。道途与弟奉亲乐，后各失子怀悲伤。到郡纷然因事物，旧守数易承蔽藏。搜奸证缪若治絮，蚕虱尽去烦爨汤。事成条举作书尺，不肯劳人鱼腹将。鱼沉鱼浮任所适，偶能及我为非常。勤勤问我《诗小传》，《国风》才毕《葛屦》章。昔时许我到圣处，且避俗子多形相。未即寄去慎勿怪，他时不惜倾箱囊。知君亦欲此从事，君智自可施庙堂。何故区区守黄卷，蠹鱼尚耻亲芸香。我今正值雁南翔，报书与君倒肺肠，直须趁取筋力强。炊粳烹鲈加桂姜，洞庭绿橘包甘浆，旧楚黄橙棉作瓤。东山故游携舞娘，不饮学举黄金觞。溪如罨画水泱泱，刺船静入白鹭傍。菱叶已枯镜面凉，月色飞上白石床。坐看鱼跃散星芒，左右寂寂夜何长。乌栖古曲传吴王，千年万年歌未央。莫作腐儒针膏肓，莫作健吏绳饿狼。傥如龚遂劝农桑，傥如黄霸致凤凰。来不来，亦莫爱嘉祥。

——《宛陵文集》卷五十五

仁宗嘉祐三年戊戌（1058）五十七岁

嘉祐三年六月，翰林学士欧阳修兼龙图阁学士、权知开封府。宋代的开封府是重要的官职，尤其在前任包拯之后，更使人感觉到必须精明强干，才能担当得了这一份重任。可是欧阳修一切都是按部就班，也应付过去。有人和他说起前后两任的不同，欧阳修只是说："各人才性有短有长，委实无法舍所长而求所短。"

权任以后，欧阳修去看尧臣，尧臣有诗：

> 我居城东隅，地僻车马少。忽闻大尹来，僮仆若惊鸟。入门且坐笑，丰颊光皎皎。问我餐若何，依旧抱糜麨。问我诗若何，亦未离缠绕。我庭有藜苋，不堪秩腰裹。我壶无醪醴，不能犒介侣。乃喜百事稀，来此与世矫。固非傲不往，心实压扰扰。
>
> ——《宛陵文集》卷五十七《永叔内翰见过》

尧臣的生活态度，有时是比较简慢些。对付欧阳修是如此，对付韩绛也是如此。韩绛访问以后，尧臣也有一首《韩子华内翰见过》。他在篇首就说："但见公轩过，未见我马去，我懒宜我嫌，公曾不我恶。"尧臣有时对于欧阳修称为"权门"。权门可能竟是权门，对于这样的一位朋友，欧阳修真是无可奈何，只有在答书中说起：

> 修启。累日不见，不审体气如何，兼以俗事，无由奉诣，理固当然。圣俞遂以权门见薄，无乃太僭也！……
>
> ——《欧阳文忠公集·书简》卷六

看来欧阳修对于尧臣，找到应付的方法。尽管尧臣有时语气重了一些，只要就便一转，也不成问题了。

这一年六月文彦博自首相调任判河南府兼西京留守,朝政集中到韩琦、富弼二人手中,欧阳修启请韩琦推荐尧臣:

  修顿首:自明公进用,虽愚拙有以竭其思虑,效万一裨补之,而久无一言,甚可责也。今窃见国子监直讲梅尧臣,以文行知名。以梅之名而公之乐善,宜不待某言固已知之久矣。其人穷困于时,亦不待某言而可知也。中外士大夫之议,皆愿公荐之馆阁。梅得出公之门,一美事也;公之荐梅,一美事也;朝廷得此举,一美事也。某不敢以一言而让三美,故言之,虽公而不敢泄。公赐择焉。惶恐惶恐。
           ——《欧阳文忠公集·书简》卷一

可能因为这一次的推荐没有取得成果,欧阳修把尧臣汲引到唐书局,一则多少给尧臣一些支援,二则国子监直讲无事可做,到唐书局有具体的工作,对于欧阳修也有帮助。尧臣在诗中曾说:

次韵和裴寺丞喜予修书

唐虞[1]典册竟骈罗,汉诏重令与削磨。
古圣规模犹可法,众贤驰骋必无蹉。
既除太史来为尹,遂用非才往补讹。
代匠只忧伤手甚,君宜怜我不遑他。
           ——《宛陵文集》卷十九

欧阳修作《归田乐》,本来想好春夏秋冬各作一首,春夏两首作好以后,觉得作不下去了,还不如请尧臣续作,他去了一信:

  修启:经节阴雨,犹幸且晴,不审尊候何似。闲作《归田乐》

---

[1] 诸本皆作唐宋,夏敬观疑作唐虞。

四首，只作得二篇，后遂无意思，欲告圣俞续成之，亦一时盛事。来日食后早访及为望。

——《欧阳文忠公集·书简》卷六

尧臣看到"食后早访及"觉得好笑。趁着一时的诗兴，把秋冬两首一挥而就：

续永叔归田乐秋冬二首

秋风忽来鸣蟋蟀，豆叶半黄陂水枯。织妇夜作露欲冷，社酒已熟人相呼。坎坎击鼓坐林下，醉去自有儿童扶。壮男独猎南山虎，中子已扨荒径狐。田家此乐乐有余，食肉缉皮裘岂无。我虽爱之乏寸土，待买短艇归江湖。

北风如刀割寒骨，谷已成囷不仓猝。任从密雪落交加，旋采乾薪烧槢柮。锄犁满屋牛在牢，鹅鸭乱鸣鸡乱发。割烹炊黍待邻叟，饱向茅檐闲兀兀。田家此乐乐无涯，谁道一生空汩没。公希平子定何如，我效梁鸿终适越。

——《宛陵文集》卷二十三

在复书里，尧臣还提出"食后早访及"的一句，问欧阳修约人食后奉访，是不是执笔的厅子发生了什么错误。

欧阳修高高兴兴地读了这两首，答复道：

修启：承宠惠二篇，钦诵感愧。思之，正如杂剧人，上名下韵不来，须勾副末接续尔。呵呵。家人见诮："好时节将诗去人家厮搅。"不知吾辈用以为乐尔。后日绝早过吃不托，适简误云食后，这回不是厅子误也。

——《欧阳文忠公集书简》卷六

就在这一年尧臣夫人刁氏生了最小的儿子。早一晚尧臣梦见道士送给他一个黄龟，孩子出生以后，因此小名龟儿。欧阳修得到消息以后，好在早一年曾送去一坛酒，正好作为洗三之用，随即去诗一首：

月晕五色如虹霓，深山猛虎夜生儿。虎儿可爱光陆离，开眼已有百步威。诗翁虽老神骨秀，想见娇婴目与眉。木星之精为紫气，照山生玉水生犀。儿翁不比他儿翁，三十年名天下知。材高位下众所惜，天与此儿聊慰之。翁家洗儿众人喜，不惜金钱散闾里。宛陵他日见高门，车马煌煌梅氏子。

——《欧阳文忠公集》卷七

尧臣接到欧阳修这一首诗以后，在高兴中不免有一些感喟。他说："车马煌煌梅氏子，当真会这样吗？不一定。自己已经衰老了，更谈不到看见这一天。"他顺手也写下一首七古。

依韵和答永叔洗儿歌

衣梦有人衣帔蜺[1]，水边授我黄龟儿。仰看星宿正离离，玉魁东指生斗威。明朝我妇忽在蓐，乃生男子实秀眉。自磨丹砂调白蜜，辟恶辟邪无宝犀。我惭暮年又举息，不可不令朋友知。开封大尹怜最厚，持酒作歌来庆之。画盆香水洗且喜，老驹未必能千里。卢仝一生常困穷，亦有添丁是其子。

——《宛陵文集》卷五十九

刘敞在这一年四月间自扬州调知郓州兼京东西路安抚使，不久以后召还，纠察在京刑狱。刘敞到京以后，尧臣又添一位在京的朋友。他曾和江休复、

---

[1] 帔蜺，帔，披；蜺，霓的异体字。校订者注。

陈绎去看他。刘敞是一位收藏家，饮酒中间，除了观赏孔雀、白鹇以外，他又检出凫鼎、周亚夫印、钿玉宝和赫连勃勃的龙雀刀。在那个时代，士大夫家里是常有女伎的，刘敞一边吩咐女伎行酒，一边传观古玩，这一夕的豪饮，一直搞到灯昏月落。尧臣有诗：

饮刘原父[1]舍人家同江邻几陈和叔[2]学士观白鹇孔雀凫鼎周亚夫印钿玉宝赫连勃勃龙雀刀

主人凤凰池，二客天禄阁。共来东轩饮，高论杂谈谑。南笼养白鹇，北笼养孔雀。素质水纹[3]纤，翠毛金缕薄。大夸凫柄鼎，不比龙头杓。玉印传条侯，字辩亚与恶。钿剑刻辟邪，符宝殊制作。末观赫连刀，龙雀铸镮锷。每出一物玩，必劝众宾酌。又令三云鬟，行酒何绰约。固非世俗欢，自得阅古乐。圣贤泯泯去，安有不死药。竟知不免此，乌用强检缚。开目即是今，转目已成昨。归时见月上，酒醒见月落。恍然如梦寐，前语诚不错。

——《宛陵文集》卷十八

仁宗嘉祐四年己亥（1059）五十八岁

嘉祐四年的元旦，又在积雪之后来临了。尧臣作诗一首示欧阳修。

嘉祐己亥岁旦呈永叔内翰[4]

阶前去年雪，镜里旧时人。
不觉应销尽，相看只似新。
屠酥先尚幼，彩胜又宜春。

---

[1] 父，或作"甫"。校订者注。
[2] 陈和叔，陈绎，字和叔。校订者注。
[3] 纹，据残宋本、正统本、万历本、康熙本作"绞"。校订者注。
[4] 万历本原题脱"呈"字，从宋荦本。

独爱开封尹，钟陵请去频。

——《宛陵文集》卷十九

欧阳修有一首答诗：

奉答圣俞岁日书事

积雪照清晨，东风冷著人。
年光向老速，物意逐时新。
贳酒闲邀客，披裘共探春。
犹能自勉强，顾我莫辞频。

——《欧阳文忠公集》卷十三

他们会面时，有时谈到书法。尧臣和欧阳修在当时都不以书法名家，但是对于这一项艺术，都有一套自己的看法。他们认为宋代开国以来，书法是不断衰落的。他们提出书法只是人品的一种表现形式，人品不高的，书法必然不高，而书法较高的，人品也必然不俗。通过了这一番讨论，尧臣把两人的见地用诗句写下来：

韵语答永叔内翰

世人作肥字，正如论馒头。厚皮虽然佳，俗物已可羞。字法叹中绝，今将五十秋。近日稍稍贵，追踪慕前流。曾未三数人，得与古昔俦。古人皆能书，独其贤者留。后世不推此，但务于书求。不知前日工，随纸泯已休。颜书苟不佳，世岂不宝收。设如杨凝式，言且直节修。又若李廷中，清慎实罕俦。乃知爱其书，兼取为人优。岂书能存久，贤哲人焉廋。非贤必能此，惟贤乃为尤。其余皆泯泯，死去同马牛。大尹欧阳公，昨日喜疾瘳。信笔写此语，谓可忘病忧。黄昏走小校，寄我东郭陬。缀之辄成篇，聊以助吟讴。

——《宛陵文集》卷十九

这一年尧臣逐步感到衰颓，病痛不断向他侵袭，他总是避免谈起，有时甚至提出生死一致，本来没有什么差别。他想以此自慰，实际上正透露了健康上的问题。有诗一首：

长歌行

世人何恶死，死必胜于生。劳劳尘土中，役役岁月更。大寒求以燠，大暑求以清。维馁求以饐，维渴求以酕。其少欲所惑，其老病所婴。富贵拘法律，贫贱畏笞搒。生既若此苦，死当一切平。释子外形骸，道士完髓精。二皆趋死途，足以见其情。遗形得极乐，升仙上玉京。是乃等为死，安有蜕骨轻。日中不见影，阳魂与鬼并。庄周谓之息，漏泄理甚明。仲尼曰焉知，不使人道倾。此论吾得之，曷要世间行。

——同前

二月间，欧阳修解除权知开封府的职务，他同翰林学士、集贤校理江休复同为御试进士详定官。这一年他们在试院中作的诗比嘉祐二年少了许多，可是也有六首，尧臣没有参加这一次试院的工作，也还和了几篇。

唐书局的同事中，有一位吕夏卿，字缙叔，知道尧臣爱作诗，更爱饮酒，特地送酒给他，附诗一首。尧臣在和诗中，特地把他的期望提出：

缙叔以诗遗酒次其韵杂言

君尝谓我性嗜酒，又复谓我耽于诗。一日不饮情颇恶，一日不吟无所为。酒能销忧忘富贵，诗欲主盟张鼓旗。百觚孔圣不可拟，白眼步兵吾久师。君多赐壶能以遗，向口满碗倾琉璃。醇酿甘滑泛绿蚁，从此便醉醒无期。既以乐吾真，亦以奉吾身，莫问今人与古人。

——《宛陵文集》卷二十

尧臣这首诗里，提出"主盟张鼓旗"的期望。他在同时还有一首：

诗癖[1]

人间诗癖胜钱癖，搜索肝脾过几春。
囊橐无嫌贫似旧，风骚有喜句多新。
但将苦意摩层宙，莫计终穷泣暮津。
试看一生铜臭者，羡他登第一何频。

——同前

坦白讲，这首诗是让人失望的。尧臣对于诗曾经有过积极的看法，他自己的作品，也确实能把他的主张付以具体的实践。为什么在这里只提到句法多新，争盟诗坛呢？他自己不曾提过吗？"直辞鬼胆惧，微文奸魄悲。"这是何等高昂的斗争口号，为什么一下子只在字句中追求呢？事实上，从嘉祐元年以来，尧臣一直生活在安定的环境中，因此在斗争方面，不免有些松懈的现象。

在书局工作中，尧臣在丛莽里，看到一本芸香，这是一种草本植物，黄花，有强烈气味，可以辟蠹虫。尧臣看到以后，高兴之至，随即赋诗：

唐书局后丛莽中得芸香一本

有芸如苜蓿，生在蓬藋中。草盛芸不长，馥烈随微风。我来偶见之，乃稭彼翳蒙。上当百雉城，南接文昌宫。借问此何地，删修多钜公。公喜书将成，不欲有蠹虫。是产兹弱本，薦尔发荒丛。黄花三四穗，结实植无穷。岂料凤阁人，偏怜葵叶红。嘲景彝独爱葵花美。

——《宛陵文集》卷二十一

---

[1] 这首诗是梅尧臣"和范景仁王景彝殿中杂题三十八首并次韵"中的第十二首。校订者注。

欧阳修是负责唐书局的领导工作的,也有一首:

和圣俞唐书局后丛莽中得芸香一本之作用其韵

有芸黄其华,在彼众草中。清香濯晓露,秀色摇春风。幸依华堂阴,一顾曾不蒙。大雅彼君子,偶来从学宫。文章高一世,论议伏群公。多识由博学,新篇匪雕虫。唱酬烂众作,光辉发幽丛。在物苟有用,得时宁久穷。可嗟凡草木,粪壤自青红。

——《欧阳文忠公集》卷七

在这首诗里,欧阳修总是尽量给尧臣一些安慰。从尧臣看,当日的后辈都已经飞黄腾达了。他在河南县主簿任内认识的富弼,不是现在已经是宰相了吗?更不必谈欧阳修、韩绛、刁敞这些朋友。有时他竟有些牢骚了。

一天,尧臣正在一晌烦闷的当中,刁夫人走来。

"官人,"刁夫人说,"你为什么总是这么闷怏怏的啊?"

"是啊,自从到了唐书局以后,我才是猢狲入布袋,什么解数都使不上。"尧臣说。

"我看官人的官运简直是鲇鱼上钓竿,越爬越上不去啊。"

"说得好,"尧臣哈哈大笑道,"猢狲入布袋,鲇鱼上钓竿,恰恰是一联,又新鲜,又别致,正是古诗里用得上的。"

这一夕的酒倾得痛快,尧臣真有些陶醉了。

夏天以后,因为天气热,容易受暑,受暑以后,有时转为痢疾。欧阳修有给刘敞两条手简,叙述自己和尧臣的病况:

修启:特辱问念,感愧曷已。某腹疾犹未平,衰年已觉难支,以不敢常食,遂且在告。热药不敢多服,惟晨起一服尔。盖自家常服者,已顽无效,冀新功尔。承教,当节之也。亦闻梅二不安,方欲致问。

修启：承出城劳顿，晚来喜佳裕。拙疾特辱问念，感愧曷已。自夜来益注泄，今且薾然，遂召张康，诊云："热中伤冷，当和阴阳，偏用热药，所以难效"。遂以黄连、干姜之类为散，服之，近午差定。亦戏家人云："近日人脆，事须过防。"昨日得圣俞简云："小小伤冷"。然用徐青，乃俚巷庸工尔。此公多艰滞，更当慎摄，今须驰问之也。精神稍复，承见问，不觉书多，聊代面话。

——《欧阳文忠公集·书简》卷五《与刘侍读原父》

秋天以后，尧臣和欧阳修的病都好了。九月重阳那一天，欧阳修在尧臣家会饮，欣赏阶前的菊花，觉得很有兴致。十一月欧阳修同着刘敞、范镇、何郯这几位再去的时候，菊花已经残败，不免又是一番慨叹。欧阳修在诗中说：

会饮圣俞家有作兼呈原父景仁圣从[1]

忆昨九日访君时，正见阶前两丛菊。爱之欲绕行百匝，庭下不能容我足。折花却坐时嗅之，已醉还家手犹馥。今朝我复到君家，两菊阶前犹对束。枯茎槁叶苦风霜，无复满丛金间绿。京师谁家不种花，碧砌朱栏敞华屋。奈何来对两枯株，共坐穷檐何局促。诗翁文字发天葩，岂更青红凡草木。凡草开花数日间，天葩无根长在目。遂令我每饮君家，不觉长瓶卧墙曲。坐中年少皆贤豪，莫怪我今双鬓秃。须知朱颜不可恃，有酒当欢且相属。

——《欧阳文忠公集》卷八

尧臣读过以后，也和了一首：

次韵和永叔饮余家咏枯菊

今年重阳公欲来，旋种中庭已开菊。黄金碎蘂千万层，小树婆

---

[1] 圣从，何郯字。校订者注。

娑嘉趣足。鬓头插蕊惜光辉，酒面浮英爱芬馥。旋种旋摘趁时候，相笑相寻不拘束。各看华发已垂颠，岂肯少年苔色绿。自兹七十有三日，公又连镳入余屋。阶傍犹见旧枯丛，楼[1]底青芽欢催促。但能置酒与公酌，独欠琵琶弹啄木。所叹坐客尽豪英，槐上冻鸲偷侧目。盘中有肉鸲伺之，乌乌不知啼鹐曲。诸公醉思索笔吟，吾儿暗写千毫秃。明日持诗小吏忙，未解宿醒聊和属。

——《宛陵文集》卷二十二

这只是一首寻常记事的小诗，可是在另一首里，他却把自己的感慨完全提出来了。刘敞陪同欧阳修、范镇、何郯等在尧臣家痛饮以后，也作了一首五言古诗，今日流行的刘敞《公是集》，因为只是辑本，所以没有保留下来，尧臣的和诗如次：

次韵和原甫陪永叔景仁圣徒饮余家题庭中枯菊之什

九日车马过，我庭黄菊鲜。重来逾七旬，枯萼无复妍。自非凌霜操，枝叶徒相连。衰败未忍去，根荄尚翘然。不意憔悴丛，犹为君子怜。固值时节晚，岂恨地势偏。直如木上萝，缘蔓欲到天。一朝风雪厉，零落向暮年。至此事乃等，高低复何言。公休夸松柏，彭祖与颜渊。各不相健羡，焉能论柔坚。愿公时饮酒，周孔今下泉。

——同前

事实上，尧臣在官阶上已经提升到屯田员外郎，当然，这只是官阶，他的职务还是国子监直讲，具体任务是唐书局修书。是哪时提升的，已不可考，也许因为这是空名，所以欧阳修作《梅圣俞墓志铭》的时候，竟没有提到。不过这究竟是提升，而且在嘉祐四年冬天举行祫祭的时候，圣俞进祫祭诗，仁宗皇帝还赐有奖谕敕书：

---

[1] 楼，他本皆作"根"。校订者注。

赐屯田员外郎国子监直讲梅尧臣奖谕敕书十二月六日

敕梅尧臣：省所进《袷享诗》事，具悉。汝行懿而粹，学优而纯，以诗自名，为众所服。矧乃咏祖宗之功德，述礼乐之声容，宜被朱弦以荐清庙。载披来献，深用叹嘉。故兹奖谕，想宜知悉。

——《欧阳文忠公集·内制》卷七

这一道敕书，是由欧阳修以翰林学士的身份代拟的，因此收入集中。尽管这篇出于好友之手，因为以敕书的形式发表，这就对于尧臣的"行懿而粹，学优而纯"，做出了无可争辩的鉴定。

冬天到了，下了一场大雪，欧阳修约了朋友们看雪。

"对雪哪能不作诗，可是作诗必须避开一切的俗路。"

"怎样的避法呢？"大家都愿意听到。

"是这样。作雪诗的都是月呀、玉呀、粉呀的一套，再不然，便是梨花、梅蕊、柳絮。如今一概都不许用。"欧阳修说。

对着飘飘的雪花，每一位诗人都在凝思。避只得是避了，可是不太容易。大家正在咀嚼的当中，欧阳修的诗先完成。

对雪十韵

对雪无佳句，端居正杜门。人闲见初落，风定不胜繁。可喜轻明质，都无剪刻痕。铺平失池沼，飘急响窗轩。惜不摇嘉树，冲宜走画辕。寒欺白酒嫩，暖爱紫貂温。远霭销如洗，愁云晚更屯。儿吟雏凤语，翁坐冻鸱蹲。病思惊残岁，朋欢赖酒罇。稍晴春意动，谁与探名园。

——《欧阳文忠公集》卷十三

尧臣读过一遍道："好得很，我这里也有一首。"

次韵和永叔对雪十韵

纷纷何乱目，凛凛自开门。著莫风难定，侵凌物已繁。装成新树色，遮尽古苔痕。冷入梁王苑，清乘卫国轩。欺贫冻蓬荜，增险想辕辕。小隙皆能及，洪炉逼不温。云衣随处积，水甲等闲屯。团戏为丸转，堆雕作兽蹲。岂愁穿破履，幸喜有清樽。谁问诸公子，高楼与后园。

——《宛陵文集》卷二十二

嘉祐四年的岁暮已经逼近了，尧臣的内舅刁纺正在打点回润州去。刁纺，字经臣，在润州有一座极大的园林，回去以后，正可欣赏园林的风味，在刁纺回去时，尧臣想到从前的一位方外好友，这位昙颖和尚，现在金山，好在和润州只是一水之隔，正好托刁纺带去一首诗。此外另有一首。

送刁经臣归润州兼寄昙师

古来山林士，一往不复返。区区世上名，岂毕[1]车自挽。前有高山危，后有落日晚。未知所止息，已慕田家饭。爱君京口归，万事不着眼。乘马饰鞍辔，乘舟画屋版。长途与白浪，健驶固莫限。力殚风定时，各各系岸栈。寄语老空人，青崖莫锄铲。

——《宛陵文集》卷二十二

寄金山昙颖诗呈永叔内翰

江中峨峨山，上有道人住。风涛响殿阁，云雾生席屦。道人如不闻，道人如不顾。谁能识此心，来往只鸥鹭。京洛三十年，尘埃一相遇。我与信都公[2]，已落衣冠故。平生守仁义，齿发忽衰暮。世事不我拘，自有浩然趣。未由逢故人，坐石语平素。

——同前

---

[1] 诸本皆作毕，疑常作必。
[2] 信都公，欧阳修封信都子，故有此称。

这两首诗都写得非常自然，非常圆熟。是不是也透露了一些迟暮的气息呢？"前有高山危，后有落日晚。未知所止息，已慕田家饭。"可能正写出尧臣此日的心境。他羡慕昙颖的"道人如不闻，道人如不顾。谁能识此心，来往只鸥鹭"。可是自己却寄家汴京。他曾和欧阳修相约买田颍州，也曾和刁纺的兄弟辈刁约相约买田润州。是不是宣城也还有一些田地呢？不很清楚。现在能去这些地方吗？都谈不上。鲇鱼还在钓竿上，顾不得颍州的西湖，润州的长江，宣州的宛溪。

仁宗嘉祐五年庚子（1060）五十九岁

新年到了，尧臣五十九岁，气色很好，远远地一看，使人感到非常红润。欧阳修却感到苍老，须发苍白，面色黧黑，憔悴得很，正如早一年他在《秋声赋》里说的："渥然丹者为槁木，黟然黑者为星星。"他想起也许尧臣有保健的药物，可以祛病延年，因此寄去一诗：

乞药有感呈梅圣俞

宣州紫沙合，圆若截郓筒。偶得今十载，走宦南北东。持之圣俞家，乞药戒赢僮。圣俞见之喜，遽以手磨砻。谓此吾家物，问谁持赠公。因嗟与君交，事事无不同。忆昔初识面，青衫游洛中。高标不可揖，杳若云间鸿。不独体轻健，目明仍耳聪。尔来三十年，多难百忧攻。君晚得奇药，灵根断离宫。其状若狗蹄，其香比芎䓖。爱君方食贫，面色悦以丰。不惮乞余剂，庶几助衰癃。平时一笑欢，饮酒各争雄。向老百病出，区区论药功。衰盛物常理，循环势无穷。寄语少年儿，慎勿笑两翁。

——《欧阳文忠公外集》卷四

尧臣读到"其状若狗蹄，其香比芎䓖"两句，感到有些可笑。他一边盼咐夫人刁氏检出药物，付与来使，一边却在写出诗句，给使者一并带去。

次韵永叔乞药有感

子厚论钟乳，要若鹅翎筒。安取啖枣栗，谓相出山东。所产有所美，慎勿凭村僮。公问我饵药，石白将使砻。我饵乃藤根，得方非仓公。曾闻李习之，其品今颇同。此物俗为贱，不入贵品中。吾妻希孟光，自舂供梁鸿。荏苒岁月久，颜丹听益聪。虽能气血盛，不疗贫病攻。何如面黳黑，腰金明光宫。亦莫如学钓，缗钩悬香茏。但知烟水乐，宁计身瘠丰。我生无快意，岂异抱笃癃。公乎忽我求，略辨雌与雄。雄赤而雌白，由来不同功。沙合固切似，朋好殊未穷。长年苟不遇，笑杀渭上翁。

——《宛陵文集》卷二十三

这几年以来，尧臣的精力，主要贯注在《新唐书》的编写方面。他曾经作过《诗小传》二十卷，《唐载》二十六卷。其后调入唐书局工作，全是因为这部《唐载》的关系。唐书局之内，正如中国古代的建筑物一样，有一座小小的园庭，工作之余，可以赏心悦目。这一年早春，尧臣有诗：

早春书局即事

蔷薇结旧蔓，夭桃种新红。
伤根桃不死，著架蔓依丛。
要以玩芳物，亦宁负春风。
谁念太行下，移谷学愚公。

——同前

二月中，唐书局的一位刘羲叟，字仲更，在书局种下一株郁李，尧臣又写下一首五古：

刘仲更于唐书局中种郁李

冷局少风景，买花栽作春。
前时樱桃过，今日雀李新。
搦条红蓓蕾，婀娜含雨匀。
旧来蔷薇丛，饶借与近邻。
始移棣萼密，不惭车下榛。
日暮缀书罢，暂赏举杯唆。

——同前

在清明前几天，春雨缠绵，尧臣原想出门访欧阳修，可是刚刚发脚，又感到一阵酸痛，他想还是不去吧。正在踌躇的当中，刘敞送来一首七律，题目是"复雨"两字，尧臣看看诗题虽然是现成的，可是切合当前的情况，信笔和了一首，送给欧阳修。

和刘原甫复雨寄永叔

阶下青苔欲染衣，晴光才漏又霏微。
冲风燕子衔泥去，隔树鹁鸪嗔妇归。
乍阴乍冷将禁火，自开自掩不关扉。
浑身酸削懒能出，莫怪与公还往稀。

——同前

早一年冬天，尧臣的官位是屯田员外郎，嘉祐五年春天，调都官员外郎。欧阳修为尧臣称庆，特地在家置酒，朋友们都来了，大家向尧臣致贺。

主人一面向尧臣祝酒，一面说："圣俞兄红润满面，果然迁官了，可喜之至。"

尧臣酒已经喝多了，两手高拱，看到欧阳修，连忙道谢："不敢不敢，可是今天又破费永叔，怎么过意得去呢！"

座上都是旧友，大家向尧臣敬酒，谁也不落后一步。

忽然刘敞站起来,说道:"且慢,我还有一句。"

欧阳修一向知道这一位刘学士是没有多少好话的,眯着眼睛对他说:"原父,你还有什么好说的?"

"啊呀,好得很呢!"刘敞打一个哈哈,"唐朝有位诗人郑谷,号称郑鹧鸪,又称郑都官。如今我朝有一位梅都官。好极了,诗着实比他好,可是官位,我看官位也就到这里了,不然怎能说得上梅都官?"

尧臣只是笑着,不作声。

大家着实把刘敞训了一顿,可是也总觉得梅都官这个称呼真不坏。至于官位是不是仅止于此,谁会相信刘敞的瞎话呢?

四月里,汴京的流行病正在蔓延。那时在医药方面,虽然已经有了很大的进展,汴京城里有医官院,主持医疗的事务,可是疫病传播开来,一时无法控制。四月十六日刑部郎中江休复病危,尧臣和刘敞同去探病,退出以后,同到刘家休息。休复是他们的好友,危在旦夕,两人谈到朋友们越来越少,都不免一番伤感。

刘敞猛一抬头,觉得尧臣的神色有些不对,连忙拉着他的手腕,给他切脉。古代的知识分子多少懂得一些医道,可是不一定有把握。他想还是早些访医诊断为是,就把这个主张和尧臣说了。

尧臣自己也感到一些不舒服,听到刘敞的话,总还是将信将疑。他准备请一位医师诊视一下。

早几天契丹派遣林牙左骁卫上将军耶律格、崇禄卿吕士林、瑞圣节度使耶律素、东上阁门使张戬来贺乾元节。这是有关邦交的一件大事。十八日赐宴,文武百官全部参加,尧臣当然谈不上在家卧病。当他挣扎着参加宴会,回到汴阳坊的私寓以后,就睡倒了。这一下全家都很惊慌,连忙去请医师珍视。医师切脉以后,把外染看成内感,几剂汤药,暴泻不止,舌枯唇焦,津液都涸上去了。亲戚朋友等前来探望,可是情况逐步恶化,会诊的医师们束手无策。二十五日那天,这一位当代最有名的老诗人离开他的生母清河县太君张氏、妻恩平县君刁氏和四子一女而去世了。

尧臣去世以后,欧阳修、王安石、司马光、刘攽都有长诗哭他,录两诗于次:

哭圣俞

　　昔逢诗老伊水头,青衫白马渡伊流,滩声八节响石楼。坐中辞气凌清秋,一饮百盏不言休,酒酣诗逸语更遒。河南丞相称贤侯,后车日载枚与邹。我年最少力方优,明珠白璧相报投。诗成希深拥鼻讴,师鲁卷舌藏戈矛。三十年间如转眸,屈指十九归山丘,凋零所余身百忧。晚登玉墀侍珠旒,诗老斋盐太学愁。乖离会合谓无由,此会天幸非人谋。颔须已白齿根浮,子年加我貌则不。欢犹可强闲屡偷,不觉岁月成淹留。文章落笔动九州,釜甑过午无馈馏。良时易失不早收,箧椟瓦砾遗琳璆。荐贤转石古所尤,此事有职非吾羞,命也难知理莫求。名声赫赫掩诸幽,翩然素旐归一舟,送子有泪流如沟。

　　　　　　　　　　　　——《欧阳文忠公集》卷八

哭梅圣俞

　　诗行于世先《春秋》,国风变衰始《柏舟》。文辞感激多所忧,律吕尚可谐鸣球。先王泽竭士已偷,纷纷作者始可羞。其声与节急以浮。真人当天施再流。笃生梅公应时求,颂歌文武功业优,经奇纬丽散九州。众皆少锐老则否,翁独辛苦不能休。惜无采者入名道,贵人怜公青两眸。吹嘘可使高岑楼,坐令隐约不见收。空能乞钱助馈馏,疑此有物可诸幽。栖栖孔孟葬鲁邹,后始卓荦称轲丘。圣贤与命相楯矛,势欲强达无所由。诗人况又多穷愁,李杜亦不为公侯。公窥穷厄以身投,坎坷坐老当谁尤。吁嗟岂即非善谋,虎豹虽死皮终留。飘然载丧下阴沟,粉书轴幅悬无旒。高堂万里哀白头,东望使我商声讴。

　　　　　　　　　　　　——《临川先生文集》卷九

　　六月,尧臣的长子梅增奉着尧臣的棺柩归宣城,嘉祐六年正月葬于柏山,欧阳修有《梅圣俞墓志铭》，见《欧阳文忠公集》卷三十三。

  这一位杰出的宋代诗人终于在五十九岁这一年离开人世，长眠地下了。诗是有永恒生命的文艺形式，不同的时代当然有不同的风格。从王禹偁开始，宋代的诗歌开始出现自己的面目，但是还没有完全形成。尧臣早年的作品是在西昆诗人钱惟演启发下而创作的。随着时代的演变，他更清楚地认识自己的时代，也更清楚地了解诗歌的使命。他终于熟练地掌握这有力的武器，进行搏斗。他懂得如何运用诗的语言，歌颂自然景象和祖国河山；但是他更沉着地进行政治斗争，打击凶恶的敌人，摧毁虚伪的偶像。他遭到诋毁和诽谤，有时甚至最亲切的朋友对他也不能完全谅解，然而他毕竟完成了他独特的使命。在他的手里宋诗有了特有的风格，不要求和唐诗相同，也就当然和唐诗不同。谁能抹杀宋诗的特征呢？陆游说尧臣"突出元和上，巍然独主盟"，刘克庄称他为宋诗的"开山祖师"，应当是有他们的根据的。是不是这样呢？让这个问题留给后人商讨吧。

附录　书中主要人物简释

（按人物出场先后为序）

第一章　成长的时代

1. 谢朓，字玄晖，东晋陈郡阳夏（今河南太康县）人。南朝齐杰出的山水诗人，与"大谢"谢灵运同族，世称"小谢"。建武二年（495），出为宣城守，官至尚书吏部郎。

2. 梅让，字克逊，宋江南东路宣州宣城（今安徽宣城）人，梅尧臣之父，终生未仕。

3. 梅询，字昌言，宣州宣城人，梅尧臣的叔父。太宗端拱二年（989）进士，为利丰监判官，真宗咸平三年（1000）直集贤院。因事降通判杭州，历知苏、濠、鄂、楚、寿、陕诸州，为两浙、湖北、陕西转运使，仁宗天圣六年（1028）直昭文馆，知荆南。明道元年（1032）以枢密直学士知并州。入为翰林侍读学士，拜给事中，知审官院。宝元二年（1039）知许州。康定二年卒，年七十八。

4. 梅尧臣，字圣俞，宣城人，世称宛陵先生。北宋著名现实主义诗人。本书传主。

5. 宋太祖，赵匡胤，字元朗，祖籍河北涿郡人，宋朝开国皇帝，庙号太祖。

6. 宋太宗，赵光义，本名赵匡义，后因避其兄太祖讳改名赵光义，即位后改名炅，宋朝的第二位皇帝，开宝九年（976），即皇帝位，庙号太宗。

7. 宋真宗，赵恒，宋朝第三位皇帝，宋太宗第三子，初名赵德昌，后改赵元休、赵元侃，历封韩王、襄王和寿王，曾任开封府尹。至道元年（995），被立为太子，改名恒；至道三年（997），即皇帝位，庙号真宗。

8. 拓跋思恭，唐末党项族首领，汉将李陵的后裔，黄巢起义后，与唐王朝勾结，官拜检校司空、同中书门下平章事、拜夏国公，赐姓李。

9. 李继捧（962~1004），又名赵保忠，是宋朝初年党项族的首领、定难节度使，为李光睿的儿子。

10. 李继迁，又名赵保吉，宁夏银州（今陕西榆林米脂县）人，党项族平夏部人，银州防御使李光俨之子，李继捧族弟。982年，与弟李继冲、亲信张浦等人组织党项各部叛宋。1004年，中吐蕃潘罗支之计，伤重而死，年仅四十二岁。

11. 潘罗支，吐蕃六谷部大首领。咸平六年（1003）配合宋军击败李继迁。

12. 何亮，宋咸平二年（999）六月，永兴军通判何亮上《安边书》。

13. 李沆，字太初，洺州肥乡（今属河北）人。官至参知政事、同中书门下平章事。

14. 寇准，字平仲，华州下邽（今陕西渭南）人，北宋政治家、诗人。淳化三年（992）任参知政事，咸平六年（1003）八月与毕士安一起拜相，次年御敌契丹，参与"澶渊之盟"的订立。

15. 高琼，字宝臣，亳州蒙城（今安徽省蒙城县）人。北宋大将。

16. 圣宗，即辽圣宗耶律隆绪，辽朝第六位皇帝，契丹名文殊奴，景宗耶律贤长子。辽圣宗统和二十二年（1004）侵宋，与宋军订立"澶渊之盟"。

17. 曹利用（？~1029），字用之，赵州宁晋（今河北宁晋）人，北宋大臣、将领。官至宰相，"澶渊之盟"宋朝代表。

18. 萧挞览(一作萧达凛)，辽朝名将。986年，于朔州设伏，擒宋名将杨业，升迁为南院都监。随辽圣宗多次南征，是继耶律休哥、耶律斜轸之后辽国的又一名将。景德元年（1004）澶州之战，他是辽军统帅，却被宋军射杀于城外，壮烈牺牲。他的死促使了"澶渊之盟"的签订。

19. 谢涛，字济之，其先阳夏人，徙家富阳（今浙江富阳）。谢绛的父亲。官至太常少卿、太子宾客。梅尧臣的岳父。

20. 邵煜，生卒籍贯不详，宋真宗时期地方官员。

21. 盛度，字公量，祖籍应天府（今河南商丘），铜陵县石洞耆（今董店镇）人。北宋著名政治家、军事家、外交家。卒后赠太子太保，谥文肃。

22. 丁谓，字谓之，后更字公言，苏州府长洲县人。宋真宗大中祥符五年至九年任参知政事，天禧三年至乾兴元年再任参知政事、枢密使、同中书门下平章事。

23. 窦元宾，五代汉宰相窦正固之孙，宋仁宗年间，曾任馆阁职。

24. 吕夷简，字坦夫，寿州（今安徽凤台）人。祖籍莱州（今山东莱州），祖父吕龟祥曾任寿州知州，因而移家寿州，其伯父吕蒙正是真宗时期的宰相。仁宗年间，他两度为相，才识卓优、清慎勤政，有"廉能"之誉，是北宋著名政治家。

25. 范仲淹，字希文，亦称范履霜，祖籍邠州（今陕西彬县），后迁居苏州吴县（今吴中区和相城区），北宋著名文学家、政治家、军事家、教育家。他为政清廉，体恤民情，刚直不阿，力主改革，屡遭奸佞诬谤，数度被贬。卒谥文正，封楚国公、魏国公，有《范文正公集》传世。

26. 夏竦，字子乔，江州德安人。北宋大臣，古文字学家、文学家。宋仁宗时为洪州知州，后任陕西经略安抚招讨使等职。初谥文正，后改谥文庄。

第二章　主簿的才华

27. 宋仁宗，赵祯，宋朝第四位皇帝。初名赵受益，宋真宗的第六子，乾兴元年二月即位，在位四十二年，庙号仁宗。

28. 王曾（978~1038），字孝先，别称王沂公、王文正，青州益都（今山东青州）人，北宋时期名相。卒谥文正。

29. 冯拯，字道济，孟州河阳（今河南孟州）人。太平兴国进士，景德间任参知政事。卒谥文懿。

30. 谢绛，字希深，浙江富阳人，谢涛之子，北宋进士、文学家、诗人、礼部侍郎。有四子：谢景初（字师厚）、谢景温（字师直）、谢景平（字师宰），皆有文名；谢景回（字师俊），早卒；其女嫁王安石之弟王安礼为妻。梅尧臣的妻兄。

31. 钱惟演，字希圣，钱塘（今浙江杭州）人。吴越忠懿王钱俶第十四子，刘娥（刘皇后）之兄刘美的妻舅。从钱俶归宋，累迁至工部尚书，拜枢密使，官终崇信军节度使，卒赠侍中，谥号思。后加增太师、中书令、英国公，改谥文僖。北宋大臣、文学家，"西昆派"诗体的代表人物。为西京留守时，对欧阳修、梅尧臣等人颇有提携之恩。有三子：钱暖、钱晦（娶宋太宗第九女献穆大长公主之女）、钱暄。钱暄子钱景臻（娶宋仁宗大长公主）封康国公，盛度为其女婿。

32. 杨亿，字大年，建州浦城（今福建浦城县）人。北宋文学家，"西昆体"诗体的主要代表人物之一。曾为翰林学士兼史馆修撰，官至工部侍郎。卒谥文，人称杨文公。

31. 刘筠，字子仪，河北大名（今河北大名县）人。北宋文学家，"西昆体"诗体的主要代表人物之一，诗和杨亿齐名，时称"杨刘"，与杨亿、钱惟演等十七人唱和，结集成《西昆酬唱集》。谥文恭。

32. 欧阳修，字永叔，号醉翁、六一居士，吉州永丰（今江西吉安永丰）人，北宋政治家、文学家，唐宋文学八大家之一，卒谥文忠，世称欧阳文忠公。与梅尧臣为莫逆之交。

33. 尹源，字子渐，河南（今河南洛阳）人，北宋文学家，世称河内先生。与梅尧臣交好。

34. 尹洙，字师鲁，河南人，尹源的哥哥，北宋散文家，世称河南先生。天圣八年（1030）六月，知伊阳县，来到洛阳，与梅尧臣、欧阳修等共事河南府。与梅尧臣、欧阳修等人交好。

35. 张汝士，字尧夫，开封襄邑（今河南睢县）人。钱惟演留守河南府，辟为幕府推官，后罢，又辟为司录。工书，喜为诗。洛阳"七友"之一。

洛阳"七友"是：张汝士、尹洙、杨子聪、梅尧臣、张太素、王几道和欧阳修。

36. 杨户曹，杨愈，字子聪，生卒籍贯不详，洛阳"七友"之一。天圣、明道年间，曾为河南府户曹参军。

37. 张太素，生卒不详，洛阳"七友"之一。天圣、明道年间，曾为河南府判官。

38. 王秀才，王复，字几道，洛阳人，秀才，生卒不详，洛阳"七友"之一。《邵氏闻见录》云，王复和王尚恭二人是欧阳修的门生。

39. 王顾，字公慥，太原人，生卒不详。天圣、明道年间，曾为河南府判官。"八老"之一。

第三章 政治斗争的开始

40. 张先，字子野，开封人。天圣、明道年间，曾任河南府法曹参军。"八老"之一。

40. 李迪，字复古，先祖为赵郡人，后移居幽州；曾祖父时为避战乱，又移居濮州（山东鄄城县）。宋真宗景德二年（1005），中进士甲科，状元及第。深厚稳重有才学，后两度为相。谥文定。

41. 范讽，字补之，生卒不详，齐州（今山东济南）人，范正辞之子。明道年间，曾任御史中丞，官至给事中，病卒。

42、王曙（？~1034），字晦叔，隋东皋子绩之后，世居河汾，后为河南人。仁宗明道二年，钱惟演去任后，继任河南府。官至枢密使、同中书门下平章事。次年病逝。赠太保、中书令，卒谥文康。

43. 次公，孙长卿，字次公，扬州人。以外祖朱巽任为秘书省校书郎。仁宗"嘉其年少敏占对，欲留侍东宫"，后曾任河南府通判。欧阳修《书怀感事》里的次公，疑为此人。

44. 富弼，字彦国，洛阳人，北宋名相，晏殊的女婿。梅尧臣在河阳时，富弼为河阳签书判官，与尧臣交善。

45. 杨偕，字次公，坊州中部人（今陕西黄陵县东南），以尚书工部侍郎致仕。偕性刚而忠朴，敢为大言，数上书论天下事，议者以为迂阔难用。与人少合，尤喜古今兵法，有《兵书》十五卷，集十卷。

46.张耆，（？~1048），初名旻，字元弼，开封（今河南开封）人。为人重密，有智数，以太子太师致仕，卒，赠太师兼侍中，谥荣僖。

47.张士逊，字顺之，阴城(今湖北老河口)人，一说故均州（今湖北丹江口）人，北宋政治家、诗人，在真宗、仁宗两朝三度为相。卒谥文懿。

48.余靖本名希古，字安道，号武溪，韶州曲江（今属广东韶关）人。北宋官员，景祐三年（1036）二月任集贤院校理，五月为范仲淹辩护，与尹洙、欧阳修同被贬。庆历三年（1043），复起任谏院右正言，为庆历四谏官之一。卒谥襄。

49.高若讷，字敏之，本并州榆次人，徙家卫州。北宋官员，官至参知政事，为枢密使。景祐年间，任知谏院。通历学，精通医学。卒谥文庄。

50.蒋堂，字希鲁，生卒不详，常州宜兴人。北宋官员，以尚书礼部侍郎致仕，卒，特赠吏部侍郎。

51.蔡襄，字君谟，兴化军仙游县（今福建仙游县）人，北宋著名书法家、政治家、茶学专家。他是北宋"苏、黄、米、蔡"四大书法家之一。病卒，赠吏部侍郎，后加赠少师，南宋乾道年间，追谥忠惠，故称"蔡忠惠"。

52.韩琦，字稚圭，自号赣叟，相州安阳（今河南安阳）人，北宋政治家、军事家、词人。历仕真宗、仁宗、英宗三朝，官至宰相。卒谥忠献，赠尚书令。

53.苏舜钦，字子美，祖籍梓州铜山（今四川中江县），曾祖时迁至开封，曾任县令、大理评事、集贤殿校理，监进奏院等职位。为守旧派所弹劾罢职，长期闲居苏州，庆历八年（1048）起复为湖州长史，但不久病死。他是宰相杜衍的女婿，北宋著名的词人，与梅尧臣合称"苏梅"。

54.王世贞，字元美，号凤洲，又号弇州山人，明代南直隶苏州府太仓州人。明代官员，文学家。

55.严嵩，字惟中，号勉庵、介溪，分宜（今江西新余市分宜县）人。明朝著名的权臣，擅国二十年，累官至吏部尚书，六十三岁拜相入阁。严嵩书法造诣深厚，擅写青词。

56. 严世蕃，乳名应钤，字德球，号东楼。严嵩之子，累官至工部尚书，权倾朝野，阴险狡诈。

57. 王随，字子正，北宋河阳（今河南孟州）人，北宋政治家、佛学家，仁宗期间官至宰相。

第四章　西夏战事的阴影

58. 赵元昊，即李元昊（1003~1048），别名曩霄，小字嵬理，党项族人，西夏开国皇帝。李元昊是北魏鲜卑族拓跋氏之后，远祖李思恭，在唐朝时受赐李姓，其祖父李继迁，父李德明。李元昊继位夏国公之位后，弃李姓，自称嵬名氏。北宋宝元元年，西夏天授礼法延祚元年（1038）十月，李元昊称帝，建国号大夏（史称西夏），定都兴庆（今宁夏银川），修建宫殿，设立文武两班官员，创造西夏文，并颁布秃发令。先后派遣军队攻击并占领了瓜州、沙州（甘肃敦煌）、肃州（今甘肃酒泉、嘉峪关一带）三个战略要地。李元昊建国后，与宋的关系破裂，共有四次大的战役：三川口（延川、宜川、洛川汇合处）之战、好水川之战、麟府丰之战、定川寨之战等四大战役中，西夏歼灭宋军西北精锐数万人。并在河曲之战中击败御驾亲征的辽兴宗，奠定了宋、辽、夏三分天下的格局。北宋庆历八年，西夏天授礼法延祚十一年（1048），李元昊被太子李宁令哥（宁林格）所杀，谥武烈皇帝，庙号景宗。

59. 范镇，字景仁，华阳（今四川双流县）人，北宋文学家、史学家，翰林学士，曾参与修编《新唐书》。

60. 庞籍，字醇之，单州成武（今山东成武县）人，北宋宰相。卒谥庄敏，追赠司空，加侍中。

61. 刘敞，字原父，一说原甫，世称公是先生，临江新喻（今江西新余）人。北宋史学家、经学家、散文家。为人耿直，立朝敢言，为政有绩，出使有功，与梅尧臣、欧阳修交善，与弟刘攽合称为北宋二刘，著有《公是集》。

62. 胡瑗，字翼之。祖籍陕西路安定堡（今陕西子长县），随祖父迁居泰州海陵，世称安定先生。北宋理学先驱、思想家和教育家。

63. 范雍，字伯纯或作伯淳，世家太原，祖葬河南（今河南洛阳），遂为河南人。累官至龙图阁待制、陕西转运使。卒谥忠献。

64. 刘平，字士衡，生卒不详，开封祥符人，北宋勇将，累官至侍御史。康定元年（1040），鄜延环庆路副都部署刘平、鄜延副都部署石元孙、鄜延路都监黄德和及其巡检万俟政、郭遵共五路大军，一万余人，与李元昊战于三川口。刘平、石元孙力战被俘，刘平病死，元孙后被放还，还京后亦死，黄德和等退守甘泉。刘平身后仅存一子景文，亦穷困落寞而死。

65. 石元孙，字善良，始名庆孙，避章献太后祖讳易之，开封浚仪（今河南开封）人，北宋开国大将石守信之孙、石保吉之子，历官殿前都虞侯及鄜延副都部署等。康定元年三川口之战被俘，后被放还，还汴京后即卒。

66. 宋庠，初名郊，字伯庠，入仕后改名庠，更字公序，祖籍开封雍丘（今河南省民权县），后徙安州安陆（今湖北安陆）。北宋文学家、宰相，工部尚书宋祁之兄。仁宗天圣二年（1024），宋庠状元及第，成为"连中三元"（乡试、会试、殿试均第一）之人。卒赠太尉兼侍中，谥号元献（一作元宪），与弟宋祁并有文名，时称"二宋"，有《宋元宪集》等。

67. 唃厮啰，清人译作嘉勒斯赉，唃厮啰政权的创建者，原名欺南凌温，吐蕃王朝赞普后裔，宋仁宗明道元年（1032）迁都青塘，为青塘吐蕃首领。降宋后，授其为宁远大将军、爱州团练使，在仁宗景祐三年（1036）大败李元昊于河湟地区。仁宗康定元年（1040），宋又联合唃厮啰抗击西夏。

68. 葛怀敏（？~1042），生卒不详，河北真定（今河北正定县）人，北宋名将葛霸之子，以父荫授西头供奉官，历官雄、沧等州知县。仁宗康定元年（1040）三月，由莱州团练使改任泾原路副都部署、秦凤两路经略安抚副使，仁宗庆历二（1042）年，定川寨之战，怀敏等十五位将领战死。赐谥忠隐。

69. 孙何，字汉公，北宋汝州人，因其父孙镛为荆门知军，亦说其为荆门人，北宋文人。孙镛三子：孙何，孙仅，孙侑，俗称"荆门三凤"。孙氏一门，三进士两状元，其中孙何（992）、孙仅（998）状元及第，孙侑也在大中祥符年间进士及第。孙何与丁谓友善，俗称"孙丁"。

70. 陆经，字子履，自号嵩山老人，祖籍越州（今浙江绍兴），寓居洛阳。

母再嫁陈见素，因冒姓陈，见素卒，还本姓。仁宗朝，官至集贤殿修撰，坐谪流落。与欧阳修、苏舜钦辈游。善真行书，时有《寓山集》。

第五章　赴任湖州

71. 晁宗悫，字世良，北宋官员、文学家。宋初大理寺丞晁佺子孙，礼部尚书晁迥之子。

72. 任福，字佑之，祖籍河东（今山西运城一带），后迁居开封，北宋将领，宋仁宗康定二年（1041）宋夏好水川之战为环庆副部属，战死。

73. 桑怿，开封雍丘人，北宋将领，仁宗康定二年（1041），宋夏好水川之战，与任福一同战死。其余战死的战将还有朱观、武英等。

74. 宋祁，字子京，小字选郎。祖籍安州安陆（今湖北安陆），高祖父宋绅徙居开封府雍丘县（今河南民权县），遂为雍丘人。北宋官员，著名文学家、史学家、词人。宋祁与兄宋庠并有文名，时称"二宋"。

75. 裴煜，字如晦，临川人，生卒不详。北宋官员。

76. 刁约，字景纯，丹徒（今江苏镇江）人。庆历初年与欧阳修同知太常礼院，为集贤校理，后出外官。梅尧臣第二任夫人刁氏的哥哥。

77. 胡宿，字武平，常州晋陵（今江苏常州）人。北宋官员、诗人，累官至枢密副使，谥文恭。

第六章　穷而后工的诗人

78. 王素，字仲仪，北宋太尉王旦之子，莘县人。官至工部尚书致仕，卒谥懿敏。

79. 王琪，字君玉，华阳（今四川成都）人，徙舒（今安徽庐江），王罕之子，王珪从兄。北宋官员，著名的豪放派词人。

80. 萧英，字何宁，本名萧特末，萧和尚弟，辽国大臣、驸马、北院宣徽使。仁宗庆历二年（1042）与辽国大臣刘六符（参知政事）一起出使宋朝，索要关南十县。

81. 刘六符，河间（今河北河间）人，辽兴宗时为翰林学士、知制诰、同修国史。1038年，任参知政事；1042年，与宣徽使萧特末（萧英）使宋，索关南十县地。

82. 耶律仁先，字纠邻，乳名查刺，孟父房后裔，燕王、南府宰相耶律瑰引之子，辽国名臣，官至于越（至高无上的意思）。仁宗庆历二年（1042），任北院副枢密使，与刘六符出使宋朝，知南京事。后历任辽国东京留守、南院枢密使、北院大王，1063年，加官于越。

83. 石介，字守道，一字公操。兖州奉符（今山东泰安徂徕镇）人，世称徂徕先生。北宋初学者、思想家、宋理学先驱，与孙复、胡瑗并称"宋初三先生"。

84. 章得象，字希言，浦城（今福建省浦城）人。北宋著名的政治家、诗人。官至司空致仕，并赠太尉兼侍中，谥文宪，皇祐中，改谥文简。

85. 杜衍，字世昌，越州山阴（今浙江绍兴）人，北宋大臣。累官至枢密使、拜同平章事，任宰相百余日因苏舜钦事而罢，出知兖州。以太子少师致仕，封祁国公，谥正献。

86. 王拱辰，原名王拱寿，字君贶，开封府咸平（今河南通许）人。仁宗天圣八年（1030）进士第一名，状元及第。累官至御史中丞、武汝军节度使。因谏逐王益柔、苏舜钦以倾范仲淹事，为公议所薄。卒谥懿恪。

87. 李定，字资深，扬州（今江苏扬州）人。曾受教于王安石，进士及第，元丰初年，召拜宝文阁待制、同知谏院，进知制诰，官御史中丞，元丰二年（1079年）同舒亶制造"乌台诗案"，致使苏轼入狱。

88. 鱼周询，字裕之，雍丘人，早孤好学，进士及第，仁宗时累官至右谏议大夫，知御史中丞，熟悉吏治。庆历四年（1044）受御史中丞王拱辰指使，与刘元瑜一道弹劾刘巽、苏舜钦等，酿成朋党冤案。

89. 刘元瑜，字君玉，河南（今河南洛阳）人，进士及第，累官右司谏。庆历四年（1044）受御史中丞王拱辰指使，与鱼周询一道弹劾刘巽、苏舜钦等，酿成朋党冤案。

90. 江休复，字邻几，河南开封陈留人，进士及第，累官至刑部郎中，北宋诗人。庆历四年（1044），因参加苏舜钦进奏院集会，被斥逐。

91. 王益柔，字胜之，河南（今河南洛阳）人，王曙之子，因荫补入官，累官至龙图阁直学士、秘书监。庆历四年（1044）除集贤校理，因参加苏舜钦进奏院集会，醉作《傲歌》，黜监复州酒税。

92. 宋敏求，字次道，赵州平棘（今河北赵县）人，赐进士及第，史学家。初任馆阁校勘，官至史馆修撰，累官至龙图阁直学士。庆历四年（1044）因参加苏舜钦进奏院集会，被斥逐集庆军判官。

93. 钱明逸，字子飞，钱塘（今浙江杭州）人。以父荫为殿中丞，策制科，擢右正言。擢知谏院，为翰林学士，加史馆修撰。庆历五年（1045）八月，谏诬欧阳修"家事案"，使欧阳修罢黜滁州。

94. 王举正，字伯仲，镇定人。王化基之子，以荫补秘书省校书郎，后进士及第，授知伊阙，历官馆阁校勘、集贤校理，累官至礼部侍郎、资政殿学士。以太子少傅致仕，卒，赠太子太保，谥安简，赐黄金百两。

95. 吴育，字春卿，建州浦城（今福建浦城）人，礼部侍郎吴侍问长子，少时奇颖博学，进士考试获礼部第一，考中甲科。"自宋初以来，制策入三等，惟吴育与轼而已。"为人正直，直言敢谏，累官至参知政事。宰相王旦之婿。庆历五年（1045）秋，有人诬杜衍、富弼图谋不轨，欲调往淮南，吴育力谏才作罢。卒赠吏部尚书、谥正肃。

96. 韩亿，字宗魏，祖籍真定灵寿（今河北灵寿），后徙居开封雍丘（今河南民权县）。北宋名臣，历知大理寺丞、枢密直学士、谏议大夫，同知枢密院事，景祐四年（1037）受参知政事，庆历二年（1042）以太子少傅致仕，赠太子太保，谥号忠献（一作忠宪）。韩亿有八子，时称"韩氏八龙"，曰：纲、综、绛、绎、维、缜、纬、缅。

97. 严羽（1192或1197~1245），字丹丘，一字仪卿，自号沧浪逋客。南宋诗论家、诗人。有诗集《沧浪先生吟卷》，《沧浪诗话》附于诗集后。

98. 谢景初，字师厚，号今是翁，北宋官吏，谢绛之子，其女嫁黄庭坚。

99. 胥元衡，字平叔，胥偃之子，北宋潭州长沙人。少力学，工文章。

荫补入仕后,进士及第,累迁尚书都官员外郎,通判湖、海等州,所至以廉洁称。

100. 刁衎,字元宾,升州(今南京市)人。初仕南唐为秘书郎,集贤校理,从李煜归宋,授太常寺太祝。历官授大理寺丞、授兵部郎中,西昆派诗人。子刁湛(尚书刑部郎中),刁湛子:刁绎(通判,诗人)、刁约(判太常寺,诗人);三子刁渭(太常博士),子刁纺(推官);女嫁尧臣。

101. 王冲,字道损,疑似韩亿的妻弟。韩亿是宰相王旦之婿,但《宋史·王旦传》附传王冲字仲和,这个是道损,所以说是疑似。

102. 孙永,字曼叔,世为赵人,迁居长社(今河南长葛东),给事中孙冲之孙,累官至龙图阁直学士、端明殿学士。

103. 赵可度,宋仁宗年间任均州知州,曾迫害尹洙。

第七章 从扬州到陈州

104. 张方平,字安道,号"乐全居士",应天府南京(今河南商丘)人,仁宗年间历任知谏院、知制诰、知开封府、翰林学士、御史中丞及地方州官,神宗时官拜参知政事,反对王安石变法。卒,赠司空,谥文定。

105. 王则(?~1048),涿州(今河北涿州)人,河北贝州士兵起义领袖。早年因灾荒落难贝州,沦为牧羊人。后投宣毅军,升为小校,参加弥勒教,习五龙、滴泪等经。准备在庆历八年(1048)起兵推翻宋王朝,因事不密,遂于庆历七年冬至日,起兵谋事。自封东平郡王,建国号"安阳",年号得圣。士兵面刺"义军破赵得胜"字样。次年,朝廷派明镐、王信、文彦博等率重兵围攻贝州,城陷被俘,解至东京被杀。

106. 贾昌朝,字子明,真定获鹿(今河北鹿泉)人,北宋宰相、文学家、书法家。庆历三年(1043)拜参知政事,以工部侍郎充枢密使,庆历五年,拜相,拜昭文馆大学士。庆历七年春,判大名府兼北京留守司河北安抚使,参与镇压贝州王则起义。著《群经音辨》,卒谥文元。

107. 王信,字公亮,太原人,将军。参与三川口之战,累迁至马步军都虞侯、象州防御使，徙高阳关路。庆历七年（1047），王则在贝州起义，明镐任都总管、王信任都部署，文彦博为帅，王信擒获王则。

108. 明镐，字化基，密州安丘（今山东安丘）人，北宋大臣。庆历七年（1047）王则起义，明镐与王信、文彦博一道共同率军镇压，平定起义。其因功拜端明殿学士、给事中、权三司使，旋即升任参知政事。庆历八年因病逝世，赠礼部尚书，谥号文烈。

109. 文彦博，字宽夫，号伊叟，汾州介休人，北宋时期政治家、书法家，他历仕仁、英、神、哲四帝，出将入相五十年之久，被誉为"北宋第一名相"。庆历七年（1047），以枢密副使名义，平定贝州王则起义。

110. 许元，字子春，宣州宣城人，尧臣的同乡，许逖之子，以荫补官，历仕国子监博士、三门发运判官、江淮两浙荆湖发运判官，后历知扬州、越州、泰州。

第八章　监仓的前后

111. 张尧佐，字希元，北宋河南永安（今河南巩义）人，张尧封堂弟，温成皇后（仁宗张贵妃）的伯父。官至提升为天章阁待制、吏部流内铨，历迁兵部郎中、权知开封府，加官为龙图阁直学士，升为给事中、端明殿学士，被任命为三司使。卒赠太师。

112. 文洎，生卒不详，文彦博之父，以"强直勤敏、振利攘害"，判三司开拆磨勘司，终主客郎中、河东转运使，封魏国公。

113. 唐介，字子方，江陵（今湖北江陵）人，一说广西兴安人。北宋著名谏臣。神宗时拜参知政事，卒谥"质肃"，追赠礼部尚书。陆游之母为其嫡亲孙女。

114. 包拯，字希仁，庐州合肥（今安徽合肥肥东）人，北宋名臣。进士及第，累迁监察御史，入朝改知谏院，多次论劾权贵。曾任任枢密副使、天章阁待制、龙图阁直学士，故世称"包待制""包龙图"，民间呼为"包青天"。卒谥孝肃，追赠礼部尚书。

115. 吴奎，字长文，潍州北海人。曾官知谏院，每进言，唯劝帝禁束左右奸幸。至和三年（1056），拜翰林学士，权开封府，除端明殿学士、知成都府，以亲辞，改郓州，复还翰林，拜枢密副使。卒谥曰文肃，赠兵部尚书。

116. 梁适，字仲贤，郓州（今山东东平）人，其父梁灏为翰林大学士，梁固之弟，梁灏第三子，梁适早年以父荫为官。宋仁宗宝元年间出任兖州知府，有治迹，累官至观文殿大学士、同平章事，加太子太傅。卒谥庄肃，赠司空兼侍中。子梁子美。

117. 魏泰，字道辅，襄阳人，北宋士人。出身世族，姐魏氏是北宋著名女词人，封道国夫人；姐夫曾布官至丞相。喜讹托他人之名作书，曾借梅尧臣名作《碧云》。

118. 厉鹗，字太鸿，又字雄飞，号樊榭、南湖花隐等，钱塘（今浙江杭州）人，举人，清代著名诗人，浙西词派中坚人物。

119. 侬智高，广南西路傥犹州人，后随父侬全福徙居广源州（今广西靖西、睦边一带），广西壮族少数民族首领。宋仁宗皇祐四年（1052）四月，侬智高率领少数民族五千余人在广南西路邕州起义，历时十个月之久，后被狄青、余靖等率兵击败，逃至云南大理而死。

120. 杨畋，字乐道，兖州莱芜（今新泰）人，保静军节度使杨重勋之曾孙。官至龙图阁学士、知谏院。仁宗皇祐四年，参与平定侬智高起义。

121. 孙沔，字元规，越州会稽（今浙江绍兴）人，北宋大臣，累官至枢密副使、资政殿学士，熟谙边事，有治军才。皇祐四年，参与平定侬智高起义，升授枢密副使。卒谥威敏，追赠兵部尚书。

122. 狄青，字汉臣，汾州西河（今山西）人，出身贫寒，面有刺字，善骑射，人称"面涅将军"。在宋夏战争中，勇而善谋，屡立战功，以功升枢密副使。仁宗皇祐四年（1052）平定侬智高起义。卒谥武襄，追赠中书令。

123. 刘攽（1023~1089），字贡夫，一作贡父、赣父，号公非，临江新喻（今江西新余）人，刘敞之弟，北宋史学家。进士及第，历任曹州、兖州、亳州、蔡州知州，官至中书舍人。一生潜心史学，治学严谨，有《东汉刊误》等。

124. 李寿朋（？~1071），字延老，一作廷老，复圭兄，徐州丰县（今属江苏）人。进士及第，判吏部南曹，累迁户部、盐铁副使。与梅尧臣、韩维、刘敞、江休复等均有交往。

125. 杨元明，北宋金石学家。

126. 吴开，字正仲，滁州人，北宋医学家。

127. 吴冲，字冲卿，建州浦城人。北宋名臣，未冠举进士，与兄育、京、方皆高中，入为国子监直讲、吴王宫教授，累官至枢密使。

128. 刘沆（995~？），字冲之，吉州永新（今江苏永新）人，北宋名臣，累官至参知政事、同中书门下平章事。

129. 刘中允，即刘涣，字凝之，刘恕之父，颖上令。仁宗天圣八年（1030）与欧阳修同榜进士及第，所以谓之同年。

130. 曾巩，字子固，建昌军南丰（今江西南丰）人，后居临川，北宋散文家、史学家、政治家。唐宋文学八大家之一。

131. 王安国，字平甫，王安石弟，临川（今江西抚州市临川区）人，进士及第，北宋著名诗人。与王安礼、王雱称为"临川三王"。

132. 杜植，字廷之，官至转运使，诗人。

133. 邵必，字不疑，邵亢从父，丹阳人。举进士，为上元主簿。

134. 李中师，字君锡，开封人，进士及第，历官集贤校理、淮南转运使、天章阁待制、陕西都转运使、权三司使、龙图阁直学士。

135. 朱处仁，字表臣，营邱（今山东昌乐）人，少从苏舜钦游，进士及第。历官泗州判官、夷陵推官、阶州通判、泗州知州、职方员外郎、屯田郎中等。与欧阳修、苏舜钦、梅尧臣等人交往甚密，相互唱和。

第九章　最后的安排

136. 孙复，字明复，号富春，晋州平阳（今山西临汾）人，北宋理学家、教育家。与石介、胡瑗并称宋初"三先生"。

137. 韩绛，字子华，开封雍丘（今河南杞县）人，韩亿第三子，韩氏八龙之三，曾拜参知政事。庆历二年壬午科探花（第三名），第一名杨寊（字审贤），第二名王珪（字禹玉），第四名王安石（字介甫）。

138. 王珪，字禹玉，北宋名相、著名文学家。祖籍成都华阳，幼时随叔父迁居舒州（今安徽省潜山县）。仁宗庆历二年（1042年），王珪进士及第，高中榜眼。曾拜参知政事。赠太师，谥文恭。

139. 范镇，字景仁，华阳人，北宋文学家、史学家，翰林学士。

140. 梅挚，字公仪，成都府新繁县人，曾任殿中侍御史、天章阁待制、龙图阁学士。

141. 苏轼（1037~1101），字子瞻，又字和仲，号东坡居士，世称苏东坡、苏仙。北宋眉州眉山（今四川眉山）人，北宋著名文学家、书法家、画家，唐宋文学八大家之一。嘉祐二年丁酉科甲科第二名，第一名是章惇之侄章衡。

142. 苏辙，字子由，一字同叔，自号颍滨遗老，眉州眉山人，苏轼之弟，同科进士，北宋文学家、诗人、宰相，唐宋八大家之一。

143. 刘辉，原名刘几，字之道，陈坊沽溪人。幼失怙恃，但卓然有志，八年学成，成为海内名士。刘辉受西昆派濡染，为文靡丽。仁宗嘉祐二年（1057），欧阳修知贡举，名落孙山，后文风大改。嘉祐四年（1059）春，其在礼部贡士中，高中第一名。

144. 孟元老，原名孟钺，号幽兰居士，北宋东京开封府（今河南开封）人。曾任开封府仪曹，北宋保和殿大学士领都水、将作二监事务。宋代文学家。北宋末年，他在东京生活二十余年，北宋灭亡后，南迁临安。于南宋绍兴十七年（1147）撰成《东京梦华录》。

145. 郭之美，字君锡，庐陵人，景祐元年进士及第。

146. 杨褒，字子美，四川华阳人，宋代嘉祐年间为国子监直讲。

147. 徐熙（？~975），五代南唐杰出画家，钟陵（今江西进贤县）人，出身于"江南名族"。宋灭南唐，随李后主归宋，不久病故。江南布衣，其性情豪爽旷达，志节高迈，善画花竹林木、蝉蝶草虫，其妙与自然无异。后人将其与后蜀黄筌并称为"黄徐"，有"黄家富贵，徐熙野逸"之评，为五代、宋初花鸟画两大流派的代表人物。

148. 陈绎，字和叔，开封人，进士及第，历官馆阁校勘、集贤校理、实录检讨官、陕西转运副使、知制诰，拜翰林学士，以侍讲学士知邓州。

149. 杨凝式（873~954），字景度，号虚白，华阴（今陕西华阴）人，唐末五代时书法家。

150. 吕夏卿，字缙叔，泉州人，与其兄吕乔卿同登庆历二年进士，史学家。

151. 何郯，字圣从，陵州（今四川眉山仁寿县）人，徙成都，仁宗景祐元年（1034）进士。累官至龙图阁直学士，历知州府。

元好问传

第一章　元好问的先世及其时代

　　元好问,字裕之,号遗山,七岁能诗。太原秀容人。秀容即今忻州市忻州区,其地在太原之北,东去河北省亦不远。元好问的远祖是鲜卑拓跋人,拓跋氏开创了北魏王朝,至孝文帝迁都洛阳,从此便逐步汉化了。远祖元结是唐代的道州刺史,是一位有名的地方官。道州地在南方山区,生活比较艰苦一些,人民也长得矮小,唐代照例要由道州岁贡若干矮民,服务宫中,称为矮奴,当然这是一种人身侮辱,元结断然拒绝。他认为道州只有矮民,没有矮奴。在那个顽固的中古时代,作为一个地方官,没有坚强地为人民谋幸福的精神,是不可能有这样的举动的。安史之乱发动以后,北方和中原都陷落了,危在旦夕的唐王朝,为了要支撑这个垂亡的局面,一切都依靠着东南半壁。东南半壁的地位重要了,因此东南半壁的人民也更苦了。从长安来的使者,从各地来的使者都把压力加到了道州刺史身上。刺史元结要应付使者,便得把一切压力转加到人民身上。这是怎样的政治、怎样的社会!然而无论怎样,元结要应付他们!是讨好上官呢,还是要爱护人民?问题是向元结提出来了。但是元结的答复也很简单。官可以不做,但是人民不能不爱护。没有人民,还成怎样的国家。他的一首《舂陵行》把他的立场很坦白地全部提出来!

舂陵行　并序

　　癸卯岁,漫叟授道州刺史。道州旧四万余户,经贼以来,不满四千,大半不胜赋税。到官未五十日,承诸使征求符牒二百余封,皆曰:"失其限者罪至贬削。"於戏,若悉应其命,则州县破乱,刺史欲焉逃罪;若不应命,又即获罪戾,必不免也。吾将守官,静以安人,待罪而已。此州是舂陵故地,故作《舂陵行》以达下情。

军国多所需,切责在有司。有司临郡县,刑法竞欲施。供给岂不忧,征敛又可悲。州小经乱亡,遗人实困疲。大乡无十家,大族命单羸。朝餐是草根,暮食仍木皮。出言气欲绝,意速行步迟。追呼尚不忍,况乃鞭扑之。邮亭传急符,来往迹相追。更无宽大恩,但有迫促期。欲令鬻儿女,言发恐乱随。悉使索其家,而又无生资。听彼道路言,怨伤谁复知。去冬山贼来,杀夺几无遗。所愿见王官,抚养以惠慈。奈何重驱逐,不使存活为!安人天子命,符节我所持。州县忽乱亡,得罪复是谁?逋缓违诏令,蒙责固其宜。前贤重守分,恶以祸福移。亦云贵守官,不爱能适时。顾惟孱弱者,正直当不亏。何人采国风,吾欲献此辞。

在上级官吏层层压迫之下,能大胆为人民提出疾苦,元结是具有巨大的决心的,因此后人把他和杜甫相提并论,指出"臣结春秋二三策,臣甫杜鹃再拜诗"。在这一点上,元结是当之无愧的。杜甫后人所作的诗篇,我们无从考证了,但是元结后人所作的诗篇我们可以确实指出好问的著作,这里有诗、有文、有词;有《壬辰杂编》,可惜有些散佚了;有《中州集》,这是他的一部选本。好问的著作是多的,可惜是没有辑出全集。

同样地,我们对于金这一代,认识也不够全面。通常我们只认为这是东北的一个少数民族,曾经占领过北方的一片土地,不久以后就灭亡了,算不上什么正统。其实这里正充满了历史上的偏见,即如五代时代的郭威及其义子柴荣,只占领了中原的一小部分,为期前后不过十年,待到柴荣一死,赵匡胤以一个小小的殿前都点检,经部下士兵的一哄而起的推戴,他就成了正统的皇帝,而且传下了九位皇帝的北宋和九位皇帝的南宋。但是柴荣和赵匡胤同样成为历史的正统。

金的初期,其实只是东北的一个人数极少的小民族。但是出了两位野心勃勃的兄弟。哥哥是阿骨打，他一起兵，发动了不少的少数民族，居然把个长期统治北方，并且久已闯入长城，占领过现代河北省的大部分和山西省的东北一角的辽代统治者推翻了。糊涂的北宋徽宗皇帝还想全不费力地从阿骨打手里索还原是中国的十六州。阿骨打头脑很清楚，看到这只是寄存外库的买卖，随时可以取回的生意经，也就慨然地承认了。待到辽政权已亡，宋徽宗居然派蔡攸出兵收复燕京和附近土地的时候，蔡攸还恬不知耻地对徽宗说："臣功成之后，别的不敢指望，只望皇上把这位宫娥赏给小臣。"徽宗慨然地承诺说："那还不容易。"正当宋朝君臣做这一场儿戏的时候，金人完全并吞了北方数千里，准备随时并吞宋朝。大辽帝国的统治者正在向北宋学习，一步步走向彻底腐化，结果自然是覆没了。剩得几位英雄的领导者索性把全部辽境放弃，带着一些不怕千辛万苦、能征惯战的英雄，向西一直推进，终于在中亚细亚的边境建立了西辽帝国，和中国彻底割断了。

收复燕京成了一场春梦，宋朝的领导者应当可以清醒了，但是一翻身又打起呼噜来。阿骨打虽然死了，但是他的弟弟吴乞买更是一位刁钻彻底蛮横无赖的凶手。他指出宋人是怎样不守和约、意图破坏，以此为借口带兵一直逼向开封。这一次宋徽宗是第一次接受教育了，他出其不意，一边把政权交给儿子赵桓，一边脚下抹油带着几个亲信向东南退却。只要赵桓能向唐肃宗李亨学习，他有能力号召将士建立起新政权，重新做出一番事业来。李亨尽管不是一个理想的皇帝，可是比他更无能、更不像领导的人物还大有人在。赵桓一听到父亲跑了，他担心的不是逼向开封的金兵而是逃向东南的父亲。他派军队连夜发动，追向东南的父亲，终于在亳州的附近追到了徽宗。经不起来者的能言善辩，说起赵桓是怎样呼天号地，只望父亲早日回宫，以尽人子事亲之道。徽宗有些不忍，因此随即回马，前往开封，接受儿子爱亲的一片赤诚，其结果是父亲和儿子同时被困在开封城内。他们之间，是不是互相信任呢？也不尽然。一次，赵桓进宫向父亲请安了，徽宗高兴得很，随即吩咐左右捧出御酒，自己亲手满斟一杯赐给赵桓，赵桓高高兴兴地跪在地上感谢父亲的赏赐，不料带来的亲信在他的脚跟后猛踢一下。他清醒了，随即自称"谢谢父亲的恩典，儿子有病在身，不能饮酒"。赵佶是何等聪明的人，他看到儿子怀疑自己给的是毒酒，因此不敢接受。他想起父子之间的情感，因此号啕大哭，回到内宫。是不是赵桓完全错了，也不尽然。封建帝王的宫廷，好像是一座毒药库，什么毒药都有，南唐后主李煜不就是吃了宋太宗亲赐的牵机药而死的吗？不过赵桓居然把生身的父亲看成一个忍心下毒者，也难怪徽宗要恸哭回宫了。

在女真大队人马把开封包围得水泄不通的时候，讲和的声浪一天高似一天。女真人并不拒绝，但是他们要皇帝自己去金营议和。这也难怪他们的刁难，因为宋人用的是延宕政策，一边放出议和的空气，一边却调动自认为武将林立的关西老种经略相公和他的弟弟，带领大兵向开封进发。他们准备一待关西大兵调齐，随即向金营反扑，当然这也不一定有把握，但是希望确是有的。于是还在关西大军没有调到之前，开封城里已经传遍了某日关西军调到，某日某时向女真人进攻。连女真人如何没有准备、如何溃败、开封如何解围、失地如何收复，他们都说得清清楚楚，妇孺皆知。真是好消息，更好的消息是不可能再有了。但是好就好在把这一切都在事前原原本本地通知了女真将士。

女真人的文化发展是落后于宋人的，但是他们不是聋子和傻子。他们有的是身经百战的士兵和长枪大刀的武器。关西大军正在准备按期偷营的时候，女真的武士们把来者杀得丢盔弃甲、断枪折刀，即使保存了种老将军，但是关西大军早已变成了关西残军，杀死了的是尸横遍野，幸保残生的早已魂飞魄散。

宋人又提出求和了，女真人也居然宽宏大量，准予议和。他们的条件是要宋朝的皇帝亲自去求和。这位新上任的皇帝，后来称为钦宗的有这个胆子吗？那怎样办呢？要求和没有胆子，不求和就得牺牲开封府的百万生灵。正在钦宗考虑自己和这百万生灵孰存孰亡的问题时，太上皇自请来了。先时的徽宗早已看到赵桓急于当皇帝了，他把帝位让出来，跟着众人称赵桓为皇帝，自己却称为"老拙"。皇帝看到"老拙"毛遂自荐，这就恭恭敬敬派人把他送到女真大营。女真大营看到徽宗的到来，当然高兴，但是他们也知道"老拙"不是当今的皇帝，无权把他们的要求全盘奉献出来。他们还是要钦宗自己出面，到女真大营把他们的要求全部提出。

金人最初的要求只是割河北三镇、赔款等等，徽宗和钦宗父子一边告苦告哀，一边也作了一些小小的折中，事实上双方都明白，在老虎抓到绵羊以后，无论怎样哀求，其实是没有什么结果的。徽宗还有一线希望——他的小儿子赵构还没有落到敌人的网罗，他总该想方设法来救出父母吧！其实这是妄想，一位手握大兵、高居宝座的皇帝还没有办法自救，那么一个二十左右、无拳无勇也没有抓到兵权的青年能干什么呢？经过金人的几次玩弄，一霎要抓，一霎又放，终于把整个开封大城彻底括尽，带回金人大营，顺带也把徽宗父子连同三宫六院一齐带回金国。宋朝的人民对于自己的皇帝还是有感情的，市井困顿的燕青是贫无立锥之地的最低阶层的人民，准备了北方人民爱吃的青子，趁一个适当的机会献给太上皇帝徽宗，表示他的一片忠诚。

事隔一百多年，南宋都城临安还出现了一本《阿计替传》，备述徽宗父子被金人发配到五国城这片北大荒的经过。其中叙述徽宗一家配充北边，北方人怎样侮辱宋室帝后以及徽宗死后，骸骨熬油的经过。看来阿计替实无其人，穷老干瘪的朽骨也实在无油可熬，这本书是靠不住的，不过在民族内部斗争十分剧烈的时候，这书还是起过一定作用的。

九百年已经过去了，对于宋人和女真的斗争，我们已经到了可以平心静气做一个比较符合事实的结论的时候了。

在和金人作战的最初几年中，宋康王赵构，无论他怎样顶着大元帅的头衔，甚至后来还升为皇帝、太上皇帝，死后还称为"受命中兴全功至德圣神武文昭仁宪孝皇帝"，其实只是一个胆小如鼠，听到金人出兵便连跑带跳、下河碰海的皇帝。他的荣衔是大元帅、皇帝，但是他的本领只是对于金人称臣称子的儿皇帝。这就无怪金海陵王完颜亮自称他的疆土，当然包括南宋，是中国自古以来最强大的国家。

金朝传国虽然不到一百二十年，但是他的国土，连同向他称臣的疆土在内，确实是自古少有的。金的皇帝中，阿骨打、吴乞买是两位开国皇帝，他们的本领，一边是弄刀舞棍，一边是机巧变诈，其实只是市井无赖的放大形象，算不上什么具有人君之度的角色。假如容许各抒己见的话，我认为比较还有一些人君风度的人物，第一个是海陵王完颜亮，其次是世宗完颜雍。

海陵王是一个悲剧人物，他的上台，固然是由于杀死了熙宗，因此背负着封建时代弑君的罪名，而他的下台，又是因为部下的火并，因此也算是罪有应得。在《二十四史》这部封建正史里，他顶着十恶不赦的罪名。其实唐代的肃宗、宋代的太宗、明代的成祖，当真没有什么擅权自立的罪名吗？并不见得。至于为部下火并，因此而死，在历史中更是数不胜数，只能看作林冲杀王伦，算不上什么号外新闻。比较醒目的是海陵王上弑熙宗，下为部下所杀，把两件新闻并在一身，这就成为号外的资料。

海陵是一个对外扩张的君主，到他的继承者世宗，便是一位整顿内部的皇帝。好问后来把世宗和他的孙子章宗称为"神功圣德三千牍，大定明昌五十年"，其实对于世宗、章宗祖孙二人的政绩，并没有什么本质的认识。

世宗在金代是作为一个极其高明的皇帝而记载下来的。实际上世宗只是一个平常的人物。海陵虽然是一位高瞻远瞩的皇帝，但是在女色方面，他是没有节制的。这也难怪，中国的圣人，尽管高喊礼仪之邦，在这方面他们的看法也和我们不一样。据说这个礼仪之邦，统治者应有的享受是一后、三妃、九嫔、二十七世妇、八十一御妻。这就是说他应得的妇女是一百二十一人。这许多后妃的配合，也有合法的规定：后专夕，三妃一夕，九嫔一夕，世妇三夕，御妻九夕。这就是半个月，下半个月再来一次轮流，遇到一月小建二十九夕的时候，如何调剂，因为古人没有交代，我们是不得而知了。海陵更特别，遇到这一类的规定，更是我行我素，不受任何限制的。据说他曾根据他的特权，召过世宗夫人葛王妃。这件事在《世宗本纪》没有交代，但是在《后妃传》里看到："世宗在济南，海陵召（葛王妃乌林荅氏）来中都，后（妃殁后世宗追赠为王后）念若身死济南，海陵必杀世宗，惟奉诏，去济南而死，世宗可以免。谓世宗曰：'我当自勉，不可累大王也。'……后既离济南，从行者知后必不肯见海陵，将自为之所，防护甚谨。行至良乡，去中都七十里，从行者防之稍缓，后得间即自杀。海陵犹疑世宗教之使然。"是不是"教之使然"，史家虽无明文，但是女真族是比较落后的，在落后的民族，领导者的权力是不受任何限制的，世宗的徘徊隐忍，我们不难想象，这就铸定了他那样谨慎小心，甚至到了动心忍性、细密无间的地步。

从海陵一面看，他认定了自己是皇帝，不但东方的高丽、西方的西夏，甚至南方的南宋，幅员不可谓不广，人口比金多到十倍以上，财赋比金高出十倍，也都称臣了，因此居常自称为"幅员万里"。

> 海陵召（张）仲轲、右补阙马钦、校书郎田与信、直长习失入便殿侍坐。海陵与仲轲论《汉书》，谓仲轲曰："汉之封疆不过七八千里，今吾国幅员万里，可谓大矣。"仲轲曰："本朝疆土虽大，而天下有四主，南有宋，东有高丽，西有夏，若能一之，乃为大耳。"海陵曰："彼且何罪而伐之？"仲轲曰："臣闻宋人买马修器械，招纳山东叛亡，岂得为无罪。"海陵喜曰："向者梁珫尝为朕言，宋有刘贵妃者姿质艳美，蜀之华蕊、吴之西施所不及也。今一举而两得之，俗所谓'因行掉手'也。江南闻我举兵，必远窜耳。"……海陵曰："彼将出兵何地？"曰："不过淮上耳。"海陵曰："然则天与我也。"既而曰："朕举兵灭宋，远不过二三年，然后讨平高丽、夏国。一统之后，论功迁秩，分赏将士，彼必忘劳矣。"[1]

事实上，不但在南宋、高丽、西夏纳土称臣以后，金的疆土可以超过汉唐，即在南宋纳土以前，既然称臣，金也确实是一个大国，海陵自称超越汉唐，一边是自大，一边也能举出一定的理由。

海陵的志在灭宋，不是一朝一夕的，当然也不会因为刘贵妃的缘故，发动两个国家的战争。正隆五年（宋高宗绍兴三十年，公元1160年）海陵遣都水监徐文等率舟师九百浮海讨东海县民张旺、徐元，临行的时候，他说："朕意不在一邑，将试舟师耳。"什么是不在一邑，这一点海陵自己是清楚的。当然，这也会提醒南宋方面的注意。

次年海陵命参知政事李通谕宋使徐度等："朕昔从梁王军，乐南京（指

---

[1] 《金史》卷一二九《佞幸传》。

开封）风土，常欲巡幸。今营缮将毕功，期以二月末先往河南。帝王巡狩，自古有之，以淮右多隙地，欲校猎其间，从兵不逾万人，况朕祖宗陵庙在此，安能久于彼乎？汝等归告汝主，令有司宣谕朕意，使淮南之民无怀疑惧。"当然这只是一幅烟幕，无论淮南淮北，谁都不敢相信的。

当时的南宋是不是有所准备呢？这就很难做出一定的结论。从一方面说，南宋的统治已经有一定的规模，这和靖康初年那种张皇无主，是完全不同了。从另一方面讲，南宋的老兵宿将已经日渐凋零，要求当日的韩世忠、岳飞，当然渺不可得；剩余的只有大将刘锜，他是以少数兵力死守颍州，力破金兵的宿将，但是经过多年的弃置，刘锜老了，病了，他在接受淮南、江东西、浙西制置使的最高使命时，已经病到每日以稀粥延年了。当然，他有副将，最得力的应当是王权，然而王权败了、溃退了，刘锜的右翼完全暴露在海陵的前面。侥幸的是正在海陵试图派遣小舟渡江的时候，被南宋的虞允文击溃，这就迫使海陵策马东行，准备率领大军由东路进军。这一晚是南宋存亡决定的一晚。但是金人已经不是三十年前的金军，金的大将也不是三十年前的兀术。他们不再认定胜利有一定的把握，同时也认定在河北、河南、山东、山西，他们的享受已经远远足够了，为什么还要拼命？他们在这一晚把海陵杀了，准备退出淮南，享受他们已经获得的荣华。

从此开始，宋金的关系变了，宋人称侄不称臣，即使口头上还得称一声叔叔，但和此前一大段时间称臣的情况不同了。

这是一次侥幸，也正是这一次侥幸延长了南宋一百二十年的统治，南方获得了长足的发展，为他们后来应付蒙古大军的南征，准备了长期抗战的条件。虽然他们最后还是以失败而告终，但是元代的统治，仅仅迁延了九十年。最后的胜利还是决定于淮上的人民。

海陵的南征是他自取灭亡的道路。在他出兵的时候，世宗是没有推翻统治的决心的。不但没有，而且还时时唯恐海陵有图己的阴谋。事实上这也是必然的。封建统治者不但时时杀人，时时准备杀人，而且时时防备被杀。杀人正是封建制度的伴侣。不杀人是无法维持封建制度的。海陵存在一日，世宗便有被杀的危险；而且凭他们二人的个性，我们虽然看到世宗的夸大、自是，但是他并没有杀人的气魄。他的长处是认识自己所处的地位，因此他所急于处理的是怎样维持自己的安全。

要保障自己的安全，世宗看清楚首先必须保障女真族的安全。当时的女真族虽然依靠阿骨打、吴乞买二人的阴险狡诈、虚声恫吓以及利用汉民族的败类，夺取宋的北方，但是这仅仅是宋的一小部分，长江以南还有宋的广大地面。不仅如此，即使在那个奔走如鼠、小心如鼠的赵构的心里，他也知道守江必先守淮，因此始终没有放弃长江以北的广大地区。宋金的边界始终维持在沂泗、唐邓、商秦一线。这是南北的一条分界线。金人在维持刘豫的傀儡政权的时候，维持了这一条线，及至废除刘豫以后，还是维持了这一条线。

我们一定要认清楚，从海陵到世宗，金的形势有一个极大的转变——从攻势转到守势，从大一统的迷梦中转向各个发展；特别是南宋从极衰极弱的当中转向奋发有为。是什么情况促成这样的转变的？是客观的形势，是女真民族的落后情况和汉民族的觉醒程度。在最后这一点上，南方的汉民族因为受到契丹和后来的女真民族的奴化比较小一些，因此觉悟得比较早一些；而北方的汉民族，受的奴化比较大一些，因此觉悟也比较慢一些。在这些方面，主观的努力往往要受到客观势力的影响。

女真民族的勃兴，以及金帝国的树立是受到契丹民族压迫的结果。契丹民族本来也是东北的一个集体，他们本来是大唐帝国统治下的一个部族，天宝之后，大唐帝国逐步解体，契丹民族也开始抬头，终于成立了大辽帝国。这个帝国成立之初，本来也是野心勃勃的，准备夺取中原的统治权，但经不起南来的抵抗，他们暂时按下野心，但是还留下南京道，盘踞今北京市、天津市以及河北省的北半部作为日后夺取中原的基地，幸而经过澶渊一役，遏止了南下的野心，但是还向宋索取大量的岁币。其后在西夏勃兴时，再趁机索取更多的岁币。在两国交聘中，维持一个宋兄辽弟的局势。

在北宋政权不断腐化中，契丹政权也随同一齐腐化，因此宋辽之间没有发生什么大的争执，而东北的女真民族，尽管他们的实力比契丹更差，但是他们的野心更大更顽强，并吞了辽国而后，他们随即推翻北宋政权，幸亏南方的爱国志士和将领，违反了领导者宋高宗的意志，继续抗战，终于维持了这条沂泗、唐邓、商秦的分界线。

是不是女真民族也尊重这一条线呢？海陵就要统一中国，当他发动三十二军南下的时候，他的眼光里是没有这条线的。现在是世宗执政了，他是比较持重的。要他从沂泗、唐邓、商秦退却是不可能的，但要保持这条线也是不易。为什么？因为女真族的人数太少，于是他向契丹族讨好，希望他们也来共同维持这条线。因此造成女真人第一、契丹人第二的形势。这是确定的。其余的都是汉民族了，当然，北方的汉民族，沂泗、唐邓以北的是第三。金人讨好这部分汉人，因为他希望他们为他卖命，共同抵抗南方民族。至于南方民族，那当然是最差了，是第四等民族。近代常常以为四等分别起于元代，其实金世宗以来，这种情形就早已形成了。《金史》也有记载：

> 贺扬庭字公叟，曹州济阴人也……世宗喜其刚果，谓扬庭曰："南人矿直敢为，汉人性奸，临事多避难。异时南人不习词赋，故中第者少，近年河南、山东人中第者多，殆胜汉人为官。"

这里的汉人当然是指河北、大名以及山西的人民，南人是指沂泗、唐邓、商秦的人民。世宗的看法是有眼光的。假如我们的眼光放远一点，那么一百多年以后，在元人以北方人民的地位统治中原的时候，和元人拼死斗争，终于夺回中原统治权的人民还是淮河南北人民。读历史的人眼光总得放远一点。

元好问这一族，从唐代元结以后，久已是深受汉化了，正因为他住在山西的蔚州，在女真人来的时候，女真并没有把他看成拓跋族，而把他当作当地的汉人。这是他的仕路不能畅通的缘故。无论他对于金世宗如何歌颂，如何推崇，然而他正是当局者眼中的汉人，更是不如南人的汉人。

大定七年五月，世宗问曰："宰臣议山东猛安贫户如之何？"奏曰："未也。"乃问（唐括）安礼曰："于卿意如何？"对曰："猛安人与汉户，今皆一家，彼耕此种，皆是国人，即日签军，恐妨农作。"上责安礼曰："朕谓卿有知识，每事专效汉人，若无事之际可务农作，度宋人之意且起争端，国家有事，农作奚暇？卿习汉字，读诗书，姑置此以讲本朝之法。前日宰臣皆女直拜，卿独汉人拜，是邪非邪？所谓一家者皆一类也，女真、汉人，其实则二。朕即位东京，契丹、汉人皆不往，惟女真人偕来，此可谓一类乎？"又曰："朕夙夜思念，使太祖皇帝功业不坠，传及万世，女真人物力不困，卿等悉之。"从这里我们看得很清楚，无论元好问怎样歌颂金世宗"神功圣德三千牍"，其实世宗只是一个为他的部族谋利益，不顾汉人生活的统治者。

其实自从女真人入中原以来，他们的政策，就是分割汉人的土地，把汉人逐步逼上荒山秃岭，少田或是无田的境地。世宗的政策是为女真人谋生活，其实正是逼得汉人用他们可能使用的武器向女真人索回他们赖以生活的土地。这正是《金史·张九思传》中所说的"一切以功利为务，率意任情，不恤百姓。诏检括官田，凡地名疑似者，如皇后店、太子庄、燕乐城之类，不问民田契验，一切籍之"。在这样的政策下，人民的生活道路是越走越窄了。

不仅如此，金朝人口中还有大量的奴婢。大定二十五年户六百一十五万八千六百三十六，内正口四百八十一万二千六百六十九，奴婢口一百三十四万五千九百六十七。在都宗室将军司户一百七十，口二万八千七百九十，内正口九百八十二，奴婢口二万七千八百八。从这里看到大量奴婢口的存在，证明了北方汉人所受的灾难。在京的奴婢固然不少，在外的变相奴婢也不在少数。金人入关的初年，大量的女真人集中在现在北京一带，其后因为战争的需要，他们逐步南移。南移之中，世宗注重的有两点。第一是中都，就是现在的北京。这是金代政治的中心，唯有巩固了这个中心，即使在与宋人叔侄相称以后，才能维持北方的大局。其次便是山东东平，在明代以济南为山东省会以后，我们对于东平的重要性不了解了，其实不了解这一点，我们就不了解当时的大局。东平在山东的西部，在金以前很少有人注意到这一点；在金以后，我们更是不够重视了。其实东平正卡住当时南北的交通要道。自东平而南，直趋徐州，这是中国东部的关键地区；自东平而北，可以控制保定，也就是说卡住中都的嗓子。宋末瓦子里的平话，不厌其烦无数次提出梁山泊的重要，因为梁山泊正是东平的咽喉之地，勒紧了梁山泊，也就勒紧了北方的咽喉之地。杭州瓦子里的说书人硬要把北宋末年的宋江，刘豫时的关胜、李逵，海陵南征时的戴宗，守襄阳的张顺安排在同一个时代，在东平郊外的同一个地点梁山泊，他是有意义的，但是我们不清楚了，不但我们不清楚，连读书特具只眼的金人瑞（圣叹）也不清楚了。

除了北京、东平以外，世宗还注意到极北的女真发祥之地和沂泗、唐邓这一条金宋交界之线。他以垂暮的高龄，把国事交给稳健的太子，自己一直趋向关外极寒的女真发祥之地，他和宗族伯叔兄弟、姑嫂阿姨们，一道唱歌喝酒，叙述先代创业的艰辛，经过长时期的联欢，这样来巩固自己的后方；同时他又发动女真族的青年到淮河北岸开辟新的女真殖民地，防止宋人的向北推进。禁止汉人学习拳术使用刀棍，是从世宗开始的。切实地讲一句，推动女真人的前进，防止南宋人的反攻，凡是世宗想到的，他是无所不用其极。

然而由于女真人的好逸恶劳，这一切都是白费了。北边的女真人不再随着阿骨打的胜利大旗继续前进了，靠近南边金宋边界线的女真人的确也在开辟荒地，不过他们是一边强占汉人的土地，一边驱使汉人拼力开辟荒山，待到荒地成熟以后，依然还是由女真人占领。世宗的政策是实现了，实现的结果不是女真人的进一步发展，而是加深了汉人对女真人的深刻仇视。这一点在蒙古人编定《金史》的时候，他们是看到的，但是编史的人不是执行政策的人，而执行政策的人又不了解编史的人从史实中所获得的教训。沂泗、唐邓的汉人在 14 世纪的时代，他们是懂得自己所受的奴役，也懂得如何夺回自己丧失的政权和土地的。

海陵是被杀的，世宗是为了维护女真人的政权而忧勤惕厉，维护女真人的利益而并不明显地迫害他统治下的汉人的。1161 年海陵被杀了，1189 年世宗死了，金代这两位杰出的皇帝死了。继承金统治地位的应当是世宗的太子，但是他在世宗未死以前就死了，大位落到他的儿子章宗身上。在古代的这批皇帝之中，章宗还算是不坏的，但是海陵的气魄他是没有了。他最特殊的成就是他爱上了李贵妃。在蒲察皇后死了以后，他主张立李贵妃为后，可是因为李妃的哥哥做过强盗，记录在案，皇帝究竟不能有这样的皇后，这就立李妃为元妃，在贵妃中进一级，但是不算皇后。除了这件以外，章宗的成就是不多的，但是大体还过得去。因此在好问诗里留下了"神功圣德三千牍，大定明昌五十年"两句，"大定"是世宗的年号，"明昌"是章宗的年号。

至于章宗的事业，那是在章宗的末年击溃了宋人韩侂胄领导的北伐，不过这一次的战争，宋人虽然在主战场出了大力，主将李显忠和次将邵宏渊都出场了，但是邵宏渊很不得力，反而造成李显忠不得不退的场面。西战场的大将吴曦向金人虚晃一枪，其实是要金人看到他的实力，封他为蜀王，成为一个道道地地的叛徒。这一次的叛乱终于平定下来，宋金之间已经要开出新的篇章，元好问也在这个新时代出世了。

第二章　元好问的青少年时代

元好问的祖先是鲜卑拓跋族，拓跋魏在北方进行掠夺破坏，也做过不少的坏事，但是自从代北迁居洛阳以后，他们开始汉化了，也做过一定的好事。到唐朝安史之乱以后，中国又经过极大的破坏，但是好问的远祖元结在道州刺史任上，却做了一件大好事。他的一篇《舂陵行》恰恰表现了一个不愧为民父母的好官。

他还有一首《贼退示官吏》，对于苛征暴敛的官吏作了恰当的描绘。他说自己"今来典斯郡，山夷又纷然。城小贼不屠，人贫伤可怜。是以陷邻境，此州独见全。使臣将王命，岂不如贼焉！今彼征敛者，迫之如火煎。谁能绝人命，以作时世贤！"

在诗歌的主题方面，元结是得到当时的称颂的，那个时代最伟大的诗人，也是历史上最伟大的诗人之一的杜甫读到他这两篇作品，激动万分，写下了《同元使君舂陵行》："粲粲元道州，前圣畏后生。观乎舂陵作，歘见俊哲情。复览贼退篇，结也实国桢……两章对秋月，一字偕华星。"因此有人把他和杜甫相比。在唐代后期把元结、杜甫相提并论，这是一种荣誉，是元结可以当之无愧的，因为他们同样是为人民而作诗，是人民的诗人。

好问是诗人，同样也是文人和词人，在文字的成就方面，他不但无愧于乃祖元结，而且超过了元结，这是就文字的技巧而论，可是在追溯到文学的源泉方面，我们会看到他们中间还有一段很大的距离。我们会看到元结的诗歌是为人民而作的，遗山的诗歌是为诗歌而作的。为人民而诗歌，当然会为人民所热爱；为诗歌而诗歌，当然也会得到人民的喜悦，但是人民会把它忘却了，即使没有忘却其中的词句，很可能忘却诗歌的命意，甚至蔑视其意义。

自从北魏迁都洛阳以后，这个部族久已汉化了，这就造成了元结这样的人，到了遗山，情形又起了变化。北宋之前燕云十六州久已随同营平一带接受契丹的统治，像朔县（今山西省朔州市朔城区）这样接近十六州的所在，不免也开始受到契丹的影响，及至靖康年间，宋的北部全部陷落，接受金人的统治，那就更谈不上山西的朔县了。因此好问自从1190年金章宗明昌元年出生以来，就应当算是金朝人；直至1234年金亡，北中国沦陷于蒙古以后，他应当算是蒙古朝人。恰恰和他的远祖元结不同，他不属于汉人统治的区域。不过由于汉人的文明程度远远高出于金人和元人，他所受的文化影响，还是属于汉人的。可是这也只是一个大概。

好问出生的时代，秀容镇久已属于金人，因此他的感情久已属于金国了，他的有生之年，尽管有将近一半属于蒙古朝人的时代，文学史家却从来没有把他作为蒙古朝人。

从学术和文学讲，好问所承继的还是来自汉民族方面的影响，自汉代以来，汉民族一直奉孔子为大宗，敬奉孔子的思想。诚然自汉代以来，对于孔子也有种种不同的认识，但最重要的还是推重孔子的夷夏大防。不过这条防线和西方人的种族大防有所不同。西方人的防线是放在血统上的。白人娶了黑人，孩子只有二分之一的黑人血统，还算是黑人，在凭着血统出卖孩子的时候，这个二分之一的孩子照样送到市场作为黑人出卖。一直到只有十六分之一的黑人血统的时候，才能免去作为黑人出卖的命运。中国完全不是这样的。华夏民族的夷夏大防是在礼教方面的，因此用夷狄之礼则夷狄之，用夏礼则夏之。人们常说"舜，东夷之人也；文王，西夷之人也。"这是说的他们本来的族姓，但是我们从来没有把舜和文王作为夷狄来看待。"春秋僖公三十三年四月辛巳，晋人及姜戎败秦师于殽。"《谷梁传》："不言战而言败，何也？狄秦也。其狄之何也？秦越千里之险，入虚国，进不能守，退败其师徒，乱人子女之教，无男女之别，秦之为狄，自殽之战始也。"昭公十二年晋伐鲜虞。《左传》："因肥之役也。"《谷梁传》："其曰晋，狄之也。

其狄之何也？不正其与夷狄交伐中国，故狄称之也。"当然，这里只能举出个别的例子，但是已经可见古代的中国，不一定因为肤色的不同、出生的远近而称人为夷狄，不少的例子可以证实中国人的这一看法。从今日看来，这种看法还是有一定的理由的。从这个例子推演开来，唐人把元结、杜甫并称，是完全符合他们的逻辑的。

但是到了女真人占领淮河以北的时候，情况又起了变化。就统治阶级看，和自古以来的一切统治者一样，他们做的和他们说的是两码事。他们占领了淮河以北的地区，随时威慑着南宋，从太祖、太宗到海陵王完颜亮，他们日夜图谋的是如何地占领宋的全部疆域。淮河以南的宋人，情况也不一样。当权的皇帝、丞相以及一般以做官谋生的人物，多半是做一天算一天，过着苟且偷生的生活。可也有不少的志士仁人，他们固然一面为国家着想，时时没有忘记去收复失地，一面也为自己着想，不想身陷夷狄，永远成为女真人的牛马。这是当时的领导思想，是民族复兴的思想。这两种思想支配着当时淮河以南的广大区域，是前进的、对民族有利的思想，但是始终不能呵为一气，席卷全境。气势磅礴的陈亮、学问精深的朱熹，都抱有这样的思想，但是没有取得全民族的拥护，同时也不能取得在政治上苟且偷安的统治者的同情，终于不能形成向北方争取统一的力量。

当时北方的人民是怎样呢？

在女真人初来的时候，北方曾经有过抵抗外侮的组织，但是组织很松散，即使偶然有较强的领导者的出现，但是往往是一哄而起，一哄而散。在耿京、辛弃疾这批领袖出现的时候，他们一呼而起，号称数万众乃至更多，及至耿京被刺，弃疾为他报仇，渡江南归的时候，手下只剩得寥寥可数的几位，那么这些人哪里去了？说起来很奇怪，说穿了道理也很简单。他们号召的一批大军，其实是一批衣不蔽体、食不果腹的灾民，为女真人所掠夺以致饥寒交迫的灾民，及至他们的领导死的死了，走的走了，他们当然各走各的路，有衣食可寻的当然去寻衣食，没有衣食可寻的当然是挨冻挨饿，甚而至于死亡，可是他们的归宿绝不是投奔征战沙场的女真，也不会是去自寻死亡，但是从最大多数的人民说来，死亡是一条必然之路。

在金的统治者方面，无论好问怎样推崇，其实章宗只是一个平凡的统治者，贪享乐，图安逸，和他的祖父世宗差远了。世宗只是一个统治者，当然少不了统治者那一套欺骗人民的办法，人民受了他的欺骗，还有一班文人，包括遗山在内，相信他，认为那是神功圣德，到了章宗便不然了，他主要是图享乐，不过在享乐中还有一些限制，没有做到一意孤行、全然不顾的地步，如果这也算是"神功圣德"，那比世宗的励精图治是差远了，不过我们也得记清所谓图治，不是站在人民的立场上考虑问题，而是考虑怎样更好地维持女真民族的统治。章宗是图享乐的，一直到死，只是考虑要找一个肯听话、肯推让的叔叔，待章宗可能有的儿子出世，再把皇位退还自己的嫡子。章宗的如意算盘打得太急了，到哪里去找这样的叔叔呢？因此章宗一死，妃子们的怀孕都算是落了空，这位叔叔的皇位却落了实，但是他并不是当皇帝的材料，所以待到蒙古军队打到居庸关，他提不出什么好的办法，只有派当时有名的骄将胡沙虎出征。胡沙虎遇到大权旁落、手无寸铁的君主的时候，是虎，可是遇到兵强马壮的成吉思汗的时候，却不是虎，因此一边逼这位皇帝退出皇宫，随即杀去，后来称为卫王，一边拥立章宗的叔叔昇王，这就是后来的宣宗。

自从居庸关失守以后，河北的形势大变，涿州、河间、沧州都失去了，这个时候，宣宗和满朝文武的策略，只剩了退到开封的一条路，当时称为移都南京。蒙古大军的南下，不但赶走了宣宗，同时西边打败了西夏，东边一直打到山东的莱州。宣宗的前途已经不远了，现在是他进行决策的时候了。

假如他的血管中还流动着阿骨打、吴乞买的热血，他应当振作三军，向蒙古兵迎头北上，在长城以南、黄河以北的冀中平原和蒙古军队作一次决战，胜了固然安定全国，败了也不失为沙场上的一位英雄。但是女真军开国时本来是靠的虚声恫吓，实际上并没有和宋代后起的名将经过一次沙场的大战，当初以虚声恫吓而得胜，现在却以被虚声恫吓而失败，宣宗是没有作战的勇气的。

是不是他就甘心于失败呢？当然不会甘心。于是他又想出第二条既怯懦又无用的办法来。他认为对于蒙古，固然是刚刚接受过教训，不能再动，但是打南宋还是有办法的。他忘记了当时的南宋已经有一个安定的政府，军事上、生产上都和以前大不相同了。但是他还是想把对蒙古作战丧失的从南宋夺回来。他却忘却这时的南宋和靖康年间的北宋是大大不同了。用这一种刻舟求剑的办法来处理国家大事，他的失败还可以幸免吗？不但宣宗本人如此，他的继承者还是采用同样的办法。

直至一退开封，再迁归德，终于困在蔡州的当中，在向宋人借粮的时候，哀宗还说："宋人负朕深矣。朕自即位以来，戒饬边将无犯南界。边臣有自请征讨者未尝不切责之。向得宋一州，随即付与。近淮阴来归：彼多以金币为赎，朕若受财，是货之也，付之全城，秋毫无犯。清口临阵生获数千人，悉以资粮遣之。今乘我疲敝据我寿州，诱我邓州，又攻我唐州，彼为谋亦浅矣。大元灭国四十，以及西夏，夏亡及于我，我亡必及于宋，唇亡齿寒，自然之理。若与我连和，所以为我者亦为彼也。"其实这只是一段空话。自从居庸关失守以后，金人的计划，正是放弃中原，袭取南宋，这一个骗局，是当时人共同的认识，宋人哪能不清楚？从另一方面讲，金人自靖康以来，无一日不在谋宋，及至元人侵入秦中、逼近潼关的时候，金人还准备乘人之虚闯入四川，以川中的人力物力抵住蒙古，以后再乘机逼取南宋。这一切都是南宋人亲自看到的。不仅如此，自从阿骨打灭辽以来，在宋金交涉之中，金人无一次不是在欺凌南宋，无一日不在准备灭宋。世宗五年以后，看到这一着已经行之多年，久已为宋人所深知，这才决定改变逼宋称臣的办法，但是岁币是照旧的，淮水犹在，每到中流，即为金人对宋百端挑剔、百端压迫的剧场，宋人对于年年的这一幕，是不会忘却的。当然，宋人也不是全无准备的，淮水的中流，正是宋人对于金人进行经济战争的战场，宋人的货物是北上了，而金人的货币正在不断南下，终于使金人不得不痛心经济战的失败，聪明一些的人提出在北方种茶，防止货币南流的办法，但是茶树的生长要靠气候的调节，不是文学侍从之臣掌握得了的，所以在宋金对立的时候，在经济方面，金人永远处在劣势，抵御不了南宋的进攻。临安的繁荣固然证实了国际通商的政策的成功，在这一方面，金人也在势不得已的情况下做出了应有的支出。

最后我们还得提出西方先哲给我们的教导。在敌人打了你左颊以后，赶紧把右颊献给他,一则免他生气,二则争取和平。这一种良好的愿望,一般欧美人并不实行,不过在他们向东方侵略时,他们的牧师们曾经这样教导我们,以免欧美的侵略者动了真气,有碍卫生。中国的圣人是没有这种高见的。有人问孔子:"以德报怨,何如?"孔子说:"何以报德?以直报怨,以德报德。"这是说,人家待我好,我也待他好;人家待我不好,我还是待他好。这办法怎样?孔子说:"如果是一样了,我们怎样对待待我好的人?人家待我不好,我照样应付他;人家待我好,我也待他好。"这是说人是平等的,人家怎样对付我,我便怎样对付他。在宋金关系中,经过了将近百年的不平等,现在是要考虑如何平等的时候了。

好问从郝天挺求学,二十一岁学成,归陇城,是年陇城君死,好问丁忧归葬。二十三岁崇庆元年曾至燕都就试,失败后仍回秀容。出京诗云:"春风不剪垂杨断,系尽行人北望心。"北望指燕京。次年至宁元年(1213)癸酉胡沙虎杀卫绍王,立宣宗,蒙古成吉思汗大举攻金。山东、河北、河南俱无完土,金所存只有燕京,次年(1214)夏宣宗迁汴京。是年好问有《答聪上人书》:

> 仆自贞祐甲戌南渡河时,时犬马之齿二十有五,遂登杨赵之门,所与交如辛敬之、雷希颜、王仲泽、李钦叔、麻知几诸人,其材量文雅皆天下之选,仆自以起寒乡小邑,未尝接先生长者余论,内省缺然,故痛自鞭策以攀逸驾。后学时文,五七年之后颇有所省,进而学古诗,一言半辞,传在人口,遂以为专门之业。……

是年三月蒙古兵破忻州,有屠城之祸。遗山兄敏之(名格)亦与其中,有《敏之兄墓铭》。

画马为邢将军赋

大宛城下战骨满,骛驷入汉龙种藏。
将军此纸何处得,便觉房驷无光芒。

人中马中两勍敌，天门雁门皆战场。
并州父老应相望，早晚旌旗上太行。

在这首诗中，好问还是希望金人大军的北上，但是这是又一次的失望。次年二月蒙古兵进围太原，好问于五月间渡河，道出虞阪，作《虞阪行》：

虞阪盘盘上青石，石上车踪深一尺。当时骐骥知奈何，千古英雄泪横臆。龙蟠于泥易所叹，麟非其时圣为泣。元龟竟堕余且网，老凤常饥竹花实。天生神物似有意，验以乖逢知未必。若论美好是不祥，正使不逢何足惜？孙阳骐骥不并世，百万亿中时有一。乃知此物非不逢，辕下一鸣人已识。我行阪路多阅马，敢谓群空如冀北。孙阳已矣谁汝知，努力盐车莫称屈。

在这首诗中，好问似乎还有一些不遇之感。其实这正是他的认识不足。在女真人当道的金朝，作为第三等人的汉人，即使有些知遇的好运，只能作为女真人的文学侍从之臣，杨、赵也不过如此，不幸不如杨、赵的，更谈不上知遇。"努力盐车莫称屈"，正是汉人应有的待遇，何况还有连盐车也轮不到的呢？

这一年好问的踪迹始终在太原、洛阳、女几山三处之间回转，主要的目的当然是避兵。他要避蒙古兵，同时也要避女真兵，女真兵并没有比蒙古兵好多少，同样的没有给养，因此也没有纪律。

洛阳古城曦阳门早出

乘月出曦阳，黎明转北冈。
荒村自鸡犬，长路足豺狼。
天地怜漂泊，风霜忆闭藏。
微吟诉行役，凄断不成章。

落魄

落魄宜多病,艰危更百忧。

雨声孤馆夜,草色故园秋。

行役鱼赪尾,归期乌白头。

中州遂南北,残患付悠悠。

人在兵戈中转悠,国家在兵戈中转悠,天地在兵戈中转悠。好问的命运在哪里,他在一切转悠中转悠。

但是1214年究竟安定下来了。是怎样的安定?是放弃了京城,安定在开封的周围,但是整个的金王朝起了一个大转变。在北京的时候,无论东北的女真族是否还能给一些支援,但是支援的希望是存在的。希望就是力量,金王朝还有一线希望。到了河南,和东北的交通完全切断,希望是没有了。希望虽然没有,但是庞大的军队,无论兵员已经死亡、走失、转业甚至流浪,整个的数字还在,有了数字便得提供给养。兵员要给养,兵员的家属也得要给养。凭着整个的北方,谈到给养便是一个不易解决的问题,现在河南一隅就能解决问题吗?还有呢!汉人的妇女是跟着丈夫吃辛受苦长大的,只要小小一个角落能搭窝篷,栽些稗糜,她们也就应付了,可是女真的妇女不行,她们大小也是人上人,要人伺候,要吃现成的,老公公、老婆婆,乃至大姑子,毛丫头,这一切给养都得由当官的供养,不这样还要什么皇帝。但是宣宗皇帝只有一个河南,最多再加上一点点关中的残破土地,他凭什么做这个皇帝呢?

放弃北京并不等于放弃其他的地方。山西虽然已经残破,但是不还有山东吗?山东的生产力还没有遭到很大的破坏。梁山泊虽然已经说得称王称帝,其实那只是杭州瓦子里的故事,宋江在北宋时期久已投降了。关胜、李逵久已被刘豫杀了。戴宗确有其人,但那双踏着风火轮的两脚久已被海陵王戳穿了,并没有这回事。至于那位水上英雄张顺,虽然也确有其人,但是他的出现在蒙古封锁襄阳之后,这时大约还没有出世。总的说来,山东东路和山东西路应当还是太平的,可以作为宣宗的大后方,但是事实不是如此。

在蒙古大军正在准备进攻河南之时,南宋已经看到了山东的军事价值。在西南一带久经锻炼的彭义斌这时出现了。义斌,湖南人,青年时代,由于在西南和少数民族作战中获得了一定的锻炼,成为一位名将,这时他正带着少数军队由南方转战直到山东西路东平一带,所向无敌,号称山东宣抚使。宣抚使是南宋在作战中地位最高的官职,带着这条军衔出征,正见到南宋对于山东的重视。当时的山东也有许多本地土生土长的领导,资格最高的是杨鞍儿,后称杨安。其次则有李全。杨安死后,其女杨妙真以梅花枪得名,与李全成亲后,李全据有山东、安徽和江苏的北部,和蒙古、女真、南宋三方面都取得联系,最后由于兵力的不断膨胀,终于决定割据这三部分的地方,拥兵自立。这种办法,在中国历史里,帝王的出现,取的大都是这个形式,原是无法判断其中的是非的。不幸在他包围淮南名城扬州的时候,守城的李庭芝把护城河水放了。李全一见大喜,纵马渡河,准备夺取扬州,但终被乱箭射死,做完了称帝的美梦。李全死后,剩余的只有严实、张柔两位。严实在山东、河北一带颇卖了一些气力,据有全魏、齐之三、鲁之九。彭义斌的北伐军到了东平界首便受到了严实的阻挠。严实已经据了数州之地,又扼住了南北通道的咽喉,是一支不可轻视的力量。义斌承认把宣抚使的头衔让给他,可是严实还是不让通行,最后经过一番较量之后,义斌终于被杀,完成了一位爱国志士的事业,而严实却在宋亡以后,再由忽必烈收拾干净。

在太原、洛阳、女几山三处之间回转了一年之后,好问看到国家的前途已经是不可闻问了。他的前途唯有找一个容身之地。金的土地只剩得河南和陕西的一隅,山西也许还有敌人未到之处,好问有《并州少年行》:

北风动地起,天际浮云多。登高一长啸,六龙忽蹉跎。我欲横江斗蛟鼍,万弩进射阳侯波。或当大猎燕赵间,黄黑朱豹皆遮罗。男儿万马随拔诃,朝发细柳暮朝那,扫云黑山布阳和。归来明堂见天子,黄金横带冠峨峨。人生只作张骞傅介子,远胜僵死空山阿。君不见并州少年夜枕戈,破屋耿耿天垂河,欲眠不眠泪滂沱。著鞭忽记刘越石,拔剑起舞鸡鸣歌,东方未明兮奈夜何。

这首诗是贞祐四年（1216）作。是年又有《女几山避兵送李长源归关中》一首，关中已经是"带甲满天地"的世界，可是还没有完全陷落。长源至泾州，用荐书得史馆从事。实际上一无可为，在乱世找一啖饭所在而已。好问诗言：

> 山骨棱棱雪花白，北风不贷单衣客。与君此别欲何言，若个男儿不湮厄。相濡相呴尚可活，辁釜何曾厌求索？从知鲛鳄无隐鳞，芥视三山需一擘。自古饥肠出奇策，汉廷诸公必动色，见君轩盖长安陌。

其实这只是一种无可奈何的慰藉。好问和长源是知己，长源的诗歌、长源的史学是好问全知的。在这个"带甲满天地"的时代里，一击不中，群飞冲天，长源的前途，可想而知，好问不容不知道，但是他竟是无可奈何。去泾州是不得已，不去泾州又将如何？正如后来的好问，到东平是不得已，不去东平又将如何？人生的道路尽多可以自己决定的，但是也何尝没有自己不能决定的。不过到了名节攸关的地位，不容不作出自己决定的时候，那时即使赴汤蹈火，尽有汤火在所不顾的情况。人总还是人，他不能不做出一个为人的决定。

战事正在胶着中，可是金人处在劣势，蒙古的大军正在一步一步地逼近。

这里我们必须再次提到他的好友李长源。长源名汾，平晋人。仕至史馆从事。旧例以宰相领史馆，凡编修官专纂述之事。从事特抄写小史，编修官得目录，分受纂述，以授小史录洁本再呈长官。李汾素高亢不可一世，史馆编修率以新进入馆，史家凡例或未尽知。李汾入馆正襟危坐，读太史公、左丘明一篇，或数百言，音吐朗畅，旁若无人，既毕，顾四坐，漫为一语曰："看"。秉笔诸人多切齿，讼于有司，则漫为和解之。在蒙古发兵进攻陕西中，李汾所作尤多，如"洛阳才子怀三策，长乐钟声又一年"；"烟波苍苍孟津渡，旌旗历历河阳城"；"长河不洗中原泪，赵括尤非上将才"；"三辅楼台失归燕，上林花木怨啼鹃"；"空余一掬伤时泪，暗堕昭陵石门前"之类，对于当时关陕的争夺战，确实是非同凡响的诗史。

但是蒙古席卷中原的形势，究竟不是金人抵挡得了的。最后只能以河南的一隅支持中原的战局，不幸的是宣宗在彷徨无路的情况下，更加紧地发动对南宋的攻势。

是不是南宋应付得了呢？应当说是绰绰有余。在高宗的时代，金人以席卷南下的形势，欺骗讹诈，无所不为，确实是宋人招架不了的，但是经过一个半世纪的时间，形势变了。当时是没有韩世忠、岳飞、刘锜、魏胜这样的骁将，但是战事的决定，在将士的骁勇以外，还有时代的因素。蒙古大军已经在摧残河北、山西之后现在正在摧残陕西。宁夏的西夏本来是金人的与国，一向称臣纳贡，但是这是当时的时代使然，在宋夏之间脱离接触，久已相安无事，金人又不断失败之后，西夏已和金人断绝往来了。不过这于西夏也并没有多少好处，因为蒙古入侵西夏之后，西夏也亡国了。因此金人当前的敌人只有蒙古，而他们自救之策，除了入侵南宋以外，更想不到其他的办法。

这里主要的错误是既不认识自己，也不认识宋人。

在金人进攻北宋之初，他们乘着席卷全辽之势，大举南下。倘使宋人运用唐肃宗即位灵武的事，不是没有收复中原的可能。但是钦宗不怕金人的进攻而怕徽宗的复位，待到把徽宗追回以后，徽、钦二宗同往青城和狡诈百端的金人议和，父子二人同时落网，幸而康王在外，辛苦百端，经过长期的斗争、称臣、称侄、和战交用，才得以淮水中流为界，勉强维持了一个半独立的局面。每年还得照例进贡，进贡之余，对于金使还得照例献纳。但是南宋究竟是一个大国，东起沂泗，中经唐邓，西迄商秦，在后来几次战争之后，究竟还能和金人打一个平手。到13世纪的初年，蒙古大兵南下，宋金之间的形势，更来了一个转变，现在已经不是金人南征而是宋人北伐的年代了。彭义斌的北进，固然由于严实的出卖而失败了，但是后继有人，金人的命运是不长了。

金人最丧失人心，也丧失军心之事，莫过于军田。

从古代一直到唐代，没有军田。在战争中，百姓奉诏出征，军士的食粮由国家供给，家属的食粮由他们自己供给。当然，由于作战，劳动力不足，粮食的生产不足，这是事实。杜甫不是说过吗："苦辞酒味薄，黍地无人耕。兵革既未息，儿童尽东征。"但是金代是以军队征服北方的，无形中造成以汉地居民供养金军人的事实。及至猛安、谋克分调南来之后，再进一步造成以汉地居民供养金军及其家属的情况。金人和蒙古作战的形势愈急，汉民族的供养义务也愈重。据《金史·食货志》："宣宗贞祐三年七月，以既徙河北军户于河南，议所以处之者。"当时的宰臣提出："当指官田及牧地之分界，已为民地者则俟秋获后，仍日折米一升。"这是所谓括地。当时侍御史刘元规指出"伏见朝廷有括地之议，闻者无不骇愕。向者河北、山东已为此举，民之茔墓井灶悉为军有，怨嗟争讼至今未绝，若复行之，则将大失众心，荒田不可耕，徒有得地之名而无享利之实。纵得熟土，不能亲耕，而复令民佃之，所得无几而使纷纷交病哉！"

扩地之事没有办成，但是河北的军民徙居河南，官兵既然要河南养，官兵的家属又凭什么生活呢？贞祐三年十月高汝砺言："河北军户徙居河南者几万口，人日给粟一升，岁费三百六十万石。半以给直，犹支三百万。河南租地计二十四万顷，岁租才一百五十六万，乞于经费之外倍征以给之。"这一下遂以官荒田及牧地可耕者分给北来军户，每人三十亩。

这件工作刚做毕，十一月又议以扩荒田及牧马地给军户，仍命高汝砺总之。汝砺还奏："今顷亩之数，较之旧籍甚少，复瘠恶不可耕，均以可耕者与之，人得无几，又僻远之处必徙居以就之。彼皆不能自耕，必以与人，又当取租于数百里之外。况今农田且不能尽辟，岂有余力以耕丛薄交固、草根纠结之荒地哉？军不可仰此得食也审矣……今民之赋役，三倍平时，飞挽转轮，日不暇给，而复为此举，何以堪之？且军户暂迁，行有还期，何为以此病民哉！病民而军获利，犹不可为，况无所利乎？"其结果是一半给粮，一半给价，作为一种调停的计划。

贞祐四年复遣官扩河南牧马地，事情刚办成功，宣宗又命省院会议，怎样筹措军粮。当时的大臣说："今军户当给粮者四十四万八千余口，计当口占六亩有奇，日后续来者尚不在内，但相去数百里者，岂能以六亩之故而远来，但月支口粮又不可遽罢，宜准近制，系官荒地，军民一概许与开辟。"管民事的尚书省是这样说的，但是管军事的枢密院不同意，他们的意见是"牧马地少，且多荒难耕，军户复乏农器，然如不给之，则彼自支粮外，更无从得食，非蓄锐待敌之计。给之亦未能遽减其粮，唯有待以岁月，俟颇成伦次，渐可以省官粮耳"。其结果是由民开。能开牧马地及官荒作熟田者以半给之为永业，以另外一半给军户。

就在这一年尚书省奏："自古用兵，且耕且战，是以兵食交足。今诸帅分兵不啻百万，一充军伍咸仰于官，至于妇子安坐待哺，不知屯田为经久之计。请下明诏令诸帅府各以其军耕耨，亦以逸待劳之计。"这个奏章得到宣宗的同意，但是不能实行。

兴定五年正月，京南行三司石抹斡鲁上言："京南、东、西三路，屯军老幼四十万口，岁费粮百四十余万石，皆坐食民租，甚非善计，宜括逋户旧耕田，南京一路（指开封府附近），旧垦田三十九万八千五百余顷，内官田民耕者九万九千顷有奇。今饥民流离者大半，东、西、南路计亦如之。朝廷虽招使复业，民恐既复之后，生计未定而赋敛随之，往往匿而不出。若分给军户，人三十亩，使之自耕，或招人佃种，可数岁之后，畜积渐饶，官粮可罢。"这时离金人亡国，已经不远了，一切计划都成了泡影。

金人之兴，主要靠的是猛安、谋克的力量；大定以后，虽然一再号召他们复振祖宗的遗业，但是世宗去世以后，章宗最多只做到守成的功业，中兴的光彩已经失去了。卫绍王、宣宗那就更不如了，亡国的命运正在等待着哀宗。以残破的河南养朝廷百官和四十万口的官军老幼，更加是力不胜任，这时即使贤能在位，犹恐应付无方，何况哀宗只是一个中才之主呢！

从贞祐四年（1216）起，遗山的生活，主要是在避兵中度过的。在混战的当中一切艰险都不能算意外，何况当时的女真人是把汉人看成是低人一等的呢！

第三章　入仕的前夕

宣宗兴定元年，好问有《论诗三十首》，在文学批评史中，这是成功的著作，但是也还有一些偏见，特别在他谈到南宋作品的方面。大定五年以前，金人认为南宋只是一个属国，和高丽、西夏一样，因此南宋的作品，无论如何慷慨激昂、发扬蹈厉，只认为是偏方小国的著述，和中原的大雅之音，是不可同日而语的。好问说："只知诗到苏黄尽，沧海横流却是谁？"这样的认识只看到好问的偏狭。从陆游的意气激昂，直到文山的血泪纵横，都开辟了诗家的新天地。当然，这些诗有的是好问不及见到的，有的是发于好问身后的。在这种情形之下，我们要以此责望于好问，只见到我们的不恕，但是即据此而认为诗境仅限于此《论诗三十首》，则见到我们的不学，不知道诗的境界广阔无垠，不但不是五言八句所能尽包，而且在放翁、文山这些诗篇以外还尽多诗人未能描塑的境地。世界是无穷无尽的，要以我们所知的一些偏隅之见，持论世人无穷无尽的著述，这正是庄子所讥笑的斥鷃之论："我腾跃而上，不过数仞而下，翱翔蓬蒿之间，此亦飞之至也。而彼且奚适也。"

《论诗三十首》大致可以分为三部分：

（一）古代至唐　在这一段时间里，好问的主张恰恰是读者最能接受的。

（二）北宋　好问对于北宋的作家，没有贬词，读者也容易接受。金人自认为北宋的继承者，这也造成他对于北宋的好感。

（三）南宋　好问始终认为南宋是偏方小国，是金的属国，因此对于南宋的作者也一律加以贬斥：

> 古雅难将子美亲，精纯全失义山真。
> 论诗宁下涪翁拜，未作江西社里人。

为什么把江西诗派和黄鲁直分开呢？主要的还是一个南北之见。好问自认为是北方正统，因此不得不把江西诗派完全排斥。其实陈与义的诗有哪一点不如好问呢？当然，与义的诗流传不广，不如好问的诗彰彰在入耳目之间。那么陆游的诗总应当可以给他一个应有的地位吧。当然，这里也有一个问题：陆游诗的前二十卷，经过自己的选定，每篇都是精金美玉；其后的六十多卷，由儿子随得随抄，当然不及前二十卷的精练，但是精金美玉仍随处可见。好问的排斥是不公平的，是以北方为正统，而以南方为偏方小国，不给以公正的评价，是与事实不符，也是与世宗以来的宋金关系不符合的。

兴定二年，蒙古兵攻破北方重镇太原府，又取金代、隰、潞、平阳等州府。兴定三年，复取金深、冀以北、镇、定以东三十余城，进攻绛州，屠其城，又破晋安府。

同一年，孟宗攻破金兵于枣阳。李全接受了宋人的招致，兵已入淮，南方兵势益振，南北交攻的形势已经形成，金人的情况更紧张了。遗山移家昆阳，有《雪后招邻舍王赞子襄饮》：

> 去年春旱百日强，小麦半熟雨作霜。青山无情不留客，单衣北风官路长。遗山山人伎俩拙，食贫口众留他乡。五车载书不堪煮，两都觅官自取忙。无端学术与时背，如瞽失相徒伥伥。今年得田昆水阳，积年劳苦似欲偿。邻墙有竹山更好，下田宜秔稻亦良。已开长沟掩乌芋，稍学老圃分红姜。宋公能诗雅好客，劝我移家来水旁。一闲入手岂易得，梦中戎马犹玄黄。君不见并州少年作轩昂，鸡鸣起舞望八荒，夜如何其夜未央。卖刀买犊未厌早，腰金骑鹤非所望。河南冬来已三白，土膏坟起如蜂房。嵩山东头玉斾出，父老知是丰年祥。南溪酒熟梅花香，高声为唤墙东王。便当过我取一醉，听歌

长安金凤凰。

当然这是一首高兴的诗，但是也不尽然，因为蒙古的大军只隔一条黄河，待到过了黄河以后，那时又是金戈铁马，丰年一醉，是没有希望了。但是经过丧乱的人，也许了解到在死亡之前一醉也不易得，醉也是金戈铁马，不醉也是铁马金戈，当然只能及时行乐，且待兵戈来了以后再说了。

兴定三年，金人再筑开封里城，开封已经有两道城了。金人对于开封应当是熟悉的。当初宋人守开封，是经过不少困难的，好在城大，城内再筑起一道里城，对于防守便是多了一层把握。作战的技术，是经过多次的艰辛学到的。人们有理由希望金宣宗和他所奴役的人们不要忘却这个血汗的教训。

在这一年，遗山有《题名引》，这是一篇不可多得的作品。

兴定庚辰太原贡士南京状元楼宴集题名引

晋北号称多士，太平文物繁盛时，发策决科者率十分天下之二，可谓富矣。丧乱以来，僵仆于原野，流离于道路，计其所存者百不能一。今年预秋赋者乃有百人焉。从是而往，所以荣吾晋者在吾百人而已，为吾晋羞者亦吾百人而已。然则，为吾百人者，其何以自处耶？将侥幸一第以苟活妻子耶？将靳固一命蹒跚廉谨，死心于米盐簿书之间以取美食大官耶？抑将为奇士、为名臣，慨然自拔于流俗，以千载自任也？使其欲为名臣奇士以千载自任，则百人之少亦未害；如曰不然，虽充赋之多，至十分天下之九，亦何贵乎十分天下之九哉！呜呼，往者已矣、来者未可期，所以荣辱吾晋者，既有任其责者矣，凡我同盟其可不勉！

这实在是一篇奇文，也许我们可以说，拓跋魏久已是过去了，唐代名臣元结的时代还是不太远的。地下若逢元漫叟，岂宜重问箧中诗？事实上这一年遗山虽然投考，其实并没有录取。从诗文的成就讲，当时晋中入闱的九十九人，不可能有一个超出遗山的。从诗文言诗文，从考试言考试，考试的价值是没有定论的。

兴定五年，遗山三十二岁，再应省试，考官是杨云翼、赵秉文，这两位是当时的名臣和文士，遗山即以是年登第，这里正见到遗山的才具和杨、赵两位的识力，是完全没有侥幸的。云翼不仅仅是文士，而且他的识力也远在当时的一般臣庶之上。宣宗南渡以后，主要的策略是对于宋人的攻击。他的逻辑是失之于蒙古的即以取之于南宋，宣宗据此以问云翼，云翼既然仕于金朝，当然要为金人计较利害，但是他也直率地说出：

> 天下有治有乱，国势有弱有强。今但言治而不言乱，言强而不言弱，言胜而不言负，此议论所以偏也。臣请两言之。夫将有事于宋者，非贪其土地也，第恐西北有警而南又缀之，则我三面受敌矣，故欲我师乘势先动以阻其进。借使宋人失淮，且不敢来，此战胜之利也。就如所料，其利犹未可必然。彼江之南其地尚广，虽无淮南，岂不能集数万之众，伺我有警而出师耶？战而胜，且如此，如不胜，害将若何？且我以骑当彼之步，理宜万全，臣犹恐其有不敢恃者。盖今之事势与泰和不同，泰和以冬征，今我以夏往，此天时之不同也。冬则水涸而陆多，夏则水潦而涂淖，此地利之不同也。泰和举天下全力，驱犰军以为前锋，今能之乎？此人事之不同也。议者徒见泰和之易而不知今日之难。请以夏人观之，向日弓箭手之在西边者，一遇敌则搏而战，袒而射，彼已奔北之不暇。今乃陷吾城而虏守臣，败吾军而擒主将。曩则畏我如彼，今则侮我如此。夫以夏人既非前日，奈何以宋人独如前日哉？愿陛下思其胜之之利，又思败之之害，无悦甘言，无贻后悔。

云翼与赵秉文同时，年辈皆后于秉文，但是见地之卓越，立言之恳切，较秉文且过之，故当时人称为"杨赵"。在蒙古军队纵横燕赵时，宣宗的计划是放弃中原，进取西蜀，他也不是全无理由的。他从居庸关的失败中吸取教训，认为和蒙古军队正面作战，胜利是没有把握的，但是对于西蜀，他认为还是有办法的。第一，宋都临安，重兵全在东南，因此西南一带相对地放松了，这是一点；其次，金人既迁都汴京，重兵所在，随时可以截断临安和西南的联系，从军事地理看，进攻西南，还是有根据的。这一切都有待于历史的证实。

宣宗兴定五年三月乙亥省试，有探花词五首，登第之作也。不就选，归登封。次年为元光元年，游踪常在黄河南岸，有诗：

鸿沟同钦叔赋

刘郎著手乾坤了，未害与渠分九州。
夸儿衣绣自楚楚，作计岂复西鸿沟。
雌雄自决已无策，尺寸必争唯上流。
韩生已死言犹在，千载令人笑沐猴。

楚汉战处同钦叔赋

虎掷龙拏不两存，当年曾此赌乾坤。
一时豪杰多行阵，万古河山自壁门。
原野犹应厌膏血，风云长遣动心魂。
成名竖子知谁谓，拟唤狂生与细论。

这两首诗都是咏古讽今的名篇，是不易分出一个上下的，不过今人多称好问后面这一首，因而大家更熟悉一些。蒙古、女真都是北方的英雄民族，都尚武好斗，值得后人钦仰的。不过从大处讲，蒙古族正在初兴，更富于英雄的壮气，女真族经过一百多年的文化熏陶，不免有一些衰迟之感。项羽的衣锦夜行之叹，虽然无损于项羽的壮志，但是毕竟令人感到衰飒。

下一年的十一月，宣宗死了，由他的儿子守绪嗣位，史家称为哀宗。哀宗的嗣位，真是一个不幸。金的败亡，自卫绍王雁门关一败以后，大局已经注定了。继以宣宗的蒙昧，和南宋结下了不可解决的纠纷。以河南一省之地两面作战，同时再加以山东之乱，最初还不过是一些草莽之寇，及至严实投北，李全投南，敌方的力量不断增加，同时渡河南来的兵士家属，无问老少，一律都嗷嗷待哺，即使有十倍于哀宗的才略，也难于应付，何况这时，杨、赵衰亡，军权落到一批庸奴之手，金的前途已经卜可知。好问不幸，流离道路，最后甚至投靠严实这样的人物，这是好问的不幸，也是自有诗人以来不幸之尤，是中国文学史上的最大的不幸。好问《论诗三十首》言：

> 心画心声总失真，文章宁复见为人。
> 高情千古闲居赋，争信安仁拜路尘。

我们不能不低徊吟诵"争信安仁拜路尘"之句，为我国千古少有的诗人不胜唏嘘，这才使人太息"文章宁复见为人"！

哀宗即位在元光二年十二月，次年改年号为正大。好问有《赵闲闲真赞》：

> 兴定初，某始以诗文见故礼部闲闲公，公若以为可教，为延誉诸公闲。又五年，乃得以科第出公之门，公又谓当有所成就也，力为挽之。奖借过称，旁有不平者。宰相师仲安班列中倡言，谓公与杨礼部之美、雷御史希颜、李内翰钦叔为元氏党人，公不之恤也。正大甲申，诸公贡某词科，公为监试官，以例不赴院宿。一日，坐礼曹，钦叔从外至，诵某《秦王破窦建德降王世充露布》，公颇为耸动，顾座客陈司谏正叔言："人言我党元子，诚党之耶？"公之笃于自信盖如此。壬辰冬，某以东曹掾知杂，权都司，取行止卷观之，见公独衔及杨、雷猥相荐引者十七章。窃自念言，公起布衣，仕五朝，官六卿，自奉养如寒士，不知富贵为何物，其自待如此。顾虽爱我，宁欲为利禄计，欲使之亟进，得以斗升活妻子耶？惟是愚陋不足以当大贤特达之遇，兀兀近五十而迄无所成，用是为愧负耳。北渡后，求汴人赵济甫为公写真，因题赞其上。呜呼，公道德文章，师表一世，如我乃得而事之。公初不以利禄期我，然则今所以事公者，虽出于门弟子之私，亦岂独以门弟子之私也哉！

公无恙时,辱公陶甄,携之提之、且挽且前,万马之所驰,不足以北公之辕,万折之所碍,不足以回公之川。将私其私邪?抑以为文字之传?匠石斫斤,子牙绝弦,千载一人,犹以旦暮,万里一士,且谓比肩。念公生平,使我涕涟,颜如渥丹,双瞳炯焉。彼粹而温,既与不可传者死矣,观乎此,则犹可以仿佛其足音之跫然。

这一年遗山曾经到叶县,有《麦叹》《叶县雨中》等诗。

麦叹

借地乞麦种,徼幸今年秋。乞种尚云可,无丁复无牛。田主好事人,百色副所求。盼盼三百斛,宽我饿寒忧。我梦溱南川,平云绿油油。起来望河汉,旱火连东州。四月草不青,吾种良谩投。田间一太息,此岁何时周。向见田父言,此田本良畴。三岁废不治,种则当倍收。如何落我手,羊年变鸡猴。身自是旱母,咄咄将谁尤!人满天地间,天岂独吾雠。正以赋分薄,所向困拙谋。不稼且不穑,取禾亦何繇?办作高敬通,恶雨将漂流。吾贫有滥觞,贤达未始羞。单衣适至骭,一剑又蒯缑。焉知寄食饿,不取丞相侯!作诗以自广,时用商声讴。

叶县雨中

春旱连延入麦秋,今朝一雨散千忧。龙公有力回枯槁,客子何心叹滞留。多稼即看连楚泽,归云应亦到崧丘。兵尘浩荡乾坤满,未厌明河沸地流。

从中国历史上,我们可以知道河南是经常严重干旱的一个地方。《战国策》记"东周欲为稻,西周不下水"的故事,古代河南有大片土地是种稻的,即此可知。经过战争的破坏,水田是种不上了,种麦子也得仰赖苍天的保佑,人民的痛苦是可想而知了。

这一年遗山又有《杂著九首》：

万期流转不须臾，物物观来定有无。
玉席纸衣同一尽，枉将白骨计荣枯。

凫短何如鹤有余，非鱼谁谓子知鱼。
一枝莫作鹪鹩看，水击三千不羡渠。

太虚空里一游尘，造物虽工未易贫。
臧获古来多鼎食，可能夷叔是饥人。

青盖朝来帝座新，岂知卫瓘是忠臣。
洛阳荆棘千年后，愁绝铜驼陌上人。

六国孱王走下风，神人鞭血海波红。
无端一片云亭石，杀尽苍生有底功。

天上河源地上流，黄金浮世等闲休。
埋愁不著重泉底，尽向人间种白头。

泗水龙归海县空，朱三王八竟言功。
围棋局上猪奴戏，可是乾坤斗两雄。

昨日东周今日秦，咸阳烟火洛阳尘。
百年蚁穴蜂衙里，笑煞昆仑顶上人。

半纸虚名百战身，转头高冢卧麒麟。
山间曾见渔樵说，辛苦凌烟阁上人。

遗山是一个绝顶聪明的人，在他的诗里，我们看到他的喜怒哀乐，看到他的奔走荣枯，有时甚至看到他的徒倚权门，可是在这九首诗里，看到的是他的多面相，是他的般若波罗蜜多，然而毕竟不曾"能除一切苦，真实不虚"。人生是一个尘寰网，一经误落，岂止是"一去三十年"，简直是"不能解脱"。人的痛苦真是无穷无尽的。

在这一年好问回到汴京应试获隽，授国史馆编修官。遗山入仕了。有《汴梁除夜》一首：

一灯明暗夜如何，寐梦衡门在涧阿。
物外烟霞玉华远，花时车马洛阳多。
折腰真有陶潜兴，扣角空传宁戚歌。
三十七年今日过，可怜出处两蹉跎。

什么陶潜，什么宁戚，乃至什么衡门，什么出处，一切都是一个不得已。人生是自由的吗？你是自由的，然而还有一张世网。要自由便要和世网格斗。

第四章　入仕

正大三年（1226）遗山入仕了。由科举入仕，是一条正当的道路，有《吏部掾属题名记》：

> 吏部为六曹之冠，自前世号为前行官属，府史由中后行而进者皆以为荣焉。国朝故事：掾属之分有左右选，右选之在吏曹者往往至公卿达官，然不能终更者亦时有之。古人以为吏犹贾然，贾有贤有愚。贤贾之取廉，日计不足，月计有余。愚贾之求无纪极，举身以徇货，反为所累者多矣。此最善喻者。自风俗之坏，上之人以徒隶遇佐史，甚者先以机诈待之，廉耻之节废，苟且之心生，顽钝之习成，实坐于此。夫以天下铨综之系，与夫公卿达官之所自出，乃今以徒隶自居，身辱而不辞，名败而不悔，甚矣人之不自重也。乃录南幸以来名姓凡若干人刻之石，孰善孰恶，孰由此而达，孰由此而败，观者当自知之，得以监焉。正大二年五月日儒林郎权国史院编修官元某记。

文章尽管如此写，不久以后，六月仍归嵩山，有《饮酒五首》《后饮酒五首》。

饮酒五首之二

　　去古日已远，百伪无一真。独余醉乡地，中有羲皇淳。圣教难为功，乃见酒力神。谁能酿沧海，尽醉区中民。

　　利端始萌芽，忽复成祸根。名虚买实祸，将相安足论。驱驴上邯郸，逐兔出东门。离官寸亦乐，里社有拙言。

后饮酒五首之二

　　少日不能觞，少许便有余。比得酒中趣，日与杯杓俱。一日不自浇，肝肺如欲枯。当其得意时，万物寄一壶。作病知奈何，妾妇良区区。但愧生理废，饥寒到妻孥。吾贫盖有命，此酒不可无。

　　酒中有胜地，名流所同归。人若不解饮，俗病从何医。此语谁所云，吾友田紫芝。紫芝虽吾友，痛饮真吾师。一饮三百杯，谈笑成歌诗。九原不可作，想见当年时。

在这几首诗中，只见到遗山的作品还没有脱离古人的窠臼，但是到了《昆阳二首》，好问的诗变了，他的作品有了自己的面目。其痛切深刻，虽然还和后来有距离，但是使人一望便知道是遗山的诗了。

昆阳二首

　　古木荒烟集暮鸦，高城落日隐悲笳。并州倦客初投迹，楚泽寒梅又过花。满眼旌旗惊世路，闭门风雪羡山家。忘忧只有清樽在，暂为红尘拂鬓华。

　　去日黄花半未开，南来忽复见寒梅。淹留岁月无余物，料理尘埃有此杯。老马长途良惫矣，白鸥春水亦悠哉。商余说有沧州趣，早晚乾坤入钓台。

即使在这个兵戈扰攘的时候,还是不免有一些脂香粉腻的诗歌的。哀宗召驸马都尉仆散阿海的女子入宫。俄以人言其罪,又放出。好问有诗一首:

芳华怨

　　娃儿十八娇可怜,亭亭袅袅春风前。天上仙人玉为骨,人间画工画不出。小小油壁车,轧轧出东华。金缕盘双带,云裾踏雁沙。一片朝云不成雨,被风吹去落谁家。少年岂无恩泽侯,金鞍绣帽亦风流。不然典取鹔鹴裘,四壁相如堪白头。金谷楼台悄无主,燕子不来花著雨。只知环佩作离声,谁向琵琶得私语?无情鸂鶒翡翠儿,有情蜂雄蛱蝶雌。劝君满酌金屈卮,明日无花空折枝。

当然这是一首情诗,即使是国难当头,男女的感情也是不容抹杀的,所以这首诗还是有它存在的理由。可是他的好友李长源却作了一首《代金谷佳人答》,一时传为美谈。

代金谷佳人答

　　石家园林洛水滨,粉垣碧瓦连天津。楼台参差映金谷,歌舞日日娇青春。是时天下甲兵患,江南已传归命臣。永平以来太康治,四海一家无穷人。洛阳城中厌醻醵,司隶夜过不敢嗔。王门戚里争豪侈,车马如水争红尘。烧金斫玉延上客,季伦岂输赵王伦?两家炎炎贵相轧,笙竽嘈嘈妓成列。珊瑚红树鞭击碎,步障青丝马踏裂。因缘睚眦贵人怒,诏下黄门促收捕。邮夫防吏急喧驱,河南牒系御史府。钟鸣漏尽行不休,生存华屋归山丘。绿珠香魂涴尘土,侍儿忍居楼上头!君王慈明宥率土,妾身窜名籍民伍。平生作得健儿妇,狗走鸡飞岂敢恶?

两首诗渐渐要入题了。蒙古人的刀声剑影，正摇荡在空中，开封城边的黄河水，究竟维持得了多少时，是无从估计的。"劝君满酌金屈卮"是安慰，"生存华屋归山丘"是警戒，长源的诗是有他的深刻意义的。

蒙古人的刀光剑影是不是已经直逼到黄河北岸呢？看来情况是越来越紧张了。当然，女真人也不是弱者，大丈夫当死里求生，绝无束手待毙之理。还有那淮河南岸、大江东西的汉人（女真称之为南人）呢，由于文化发展比较成熟，不是在刀光剑影下成长的，曾经吃过不少的亏，现在他们也变了，特别是在淮河两岸的人民，他们能和女真人刀对刀、枪对枪，不这样他们又怎能活下去呢？所以黄河东西、淮水南北，始终是在刀枪对抗中生活。这几首诗只能作为诗人的一些闲情别致看，主要的还是刀枪对举，金铁齐鸣。这样的教育是深刻的，从那时到现在，淮水南北的人民还是特别坚强的，七百多年的历史在那里，是可以作证的。

正大三年好问应斜烈之招至邓州。斜烈行寿泗元帅府事，落职后，屯方城，其弟陈和尚随往邓州，好问应招往邓州，先后凡六年。有《过翠屏口》七律一首：

> 鬓须苍白葛衣宽，事外闲身也属官。
> 授简如闻数枚叔，乘车初不少冯欢。
> 沙城雨塌名空在，石峡风来夏亦寒。
> 两饱三饥已旬日，虚劳儿女劝加餐。

从表面看，好问对于邓州不甚留恋，事实上他对邓州有他的看法。从整个情形看，金的地盘，北边靠着黄河，蒙古军有随时南渡的可能。南边靠近湖广，宋人的军事调动，不是容许疏忽的。东边有严实，东南有李全，都可以随时构成威慑，金人的军队虽在，例如斜烈次弟陈和尚的忠孝军，军中几乎全部是当时各族人民中的亡命之徒，军纪固然谈不上，但是正由于他们全部是亡命之徒，偏偏又服从陈和尚的指挥，所以从大局看，邓州自守有余，无论是南宋或蒙古，是李全或严实，一时谁都没有想到要出兵进攻。从地势看，蒙古的军队胶着在山西或陕西，宋人的军队，主力始终在淮河的东段，他们对于四川,最初没有安排重兵,从吴玠、吴璘起,西北方的军队始终只是取的守势;吴曦死后,情况更是如此。在这年中秋时候,好问有诗一首:

中秋雨夕

南楼高兴在胡床,十日秋阴负一觞。
庾老未应妨啸咏,素娥多自怨昏黄。
此生此夜不长好,行雨行云有底忙。
却恐哦诗太愁绝,且烧银烛看红妆。

但是好问还是不能忘怀自己有一个家,他请假回去探亲。

即事

逋客而今不属官,住山盟在未应寒。
书生本自无燕颔,造物何尝戏鼠肝。
会最指天容我懒,鸱夷盛酒尽君欢。
到家慈母应相问,为说将军礼数宽。

好问说是还家,家在嵩山脚下,这时他的计较,是且先还到嵩山。他在留别王渥的诗中说起:

留别仲泽

避俗无机日见侵,逐贫不去巧相寻。
半生与世未尝合,前日入山唯不深。
绿水红莲惭大俯,清泉白石识初心。
相思命驾非君事,能寄诗来或赏音。

虽说"前日入山唯不深",但在《除夜》一诗中,好问还是叹息"三十七年今日过,可怜出处两蹉跎"。其实从一般人看,事情不是难解决的。在这样的年代里,出本来是说不上的,处也必然要有些麻烦,不过麻烦总还是有限的。陶潜的处,也没有什么过不去的。那么,好问为什么不处呢?倘使不去邓州,那又有什么不可以的?所以人说"遗山求仕不仕,全盘托出"。遗山的弱点也正在此。

正大四年,好问果然出山了。

出山

松门石路静无关,布袜青鞋几往还。
少日漫思为世用,中年直欲伴僧闲。
尘埃长路仍回首,升斗微官亦强颜。
休道西山不留客,数峰如画暮云间。

这次是到内乡县当县令。以一代诗人当一个内乡小县的县令,实在是有些出人意料,但是毫无疑问,这是得到好问同意的。为什么他要去?那么陶渊明以比好问更突出的地位为什么要去彭泽当县令呢?简单地说,他们是不甘寂寞;深入地说,带着一个官衔,在乡可以免去征租吏的敲扑,在官可以免去芝麻官的需索,这便驱使了不一定要做官的人也去做官。至于那些以官为业,以免子女啼饥号寒的人,那简直是人生的苦境,值得为之掉泪。等而下之,以职官为虎皮,从而作威作福,祸在当地,灾及故乡,那究竟是少数,是少而又少的,岂但不是彭泽,而且也不是内乡的县令了。

内乡究竟去前线还远得很,因此好问是有暇读书作诗的。录数首于此:

乙卯二月二十一日,归自汴梁,二十五日夜,久旱而雨,偶记内乡一诗,追录于此,今三十年矣

桑条沾润麦沟青,轧轧耕车闹晓晴。老眼不随花柳转,一犁春事最关情。

宿菊潭

田父立马前，来赴长官期。父老且勿往，问汝我所疑。民事古所难，令才又非宜。到官已三月，惠利无毫厘。汝乡之单贫，宁为豪右欺？聚讼几何人，健斗复是谁？官人一耳目，百里安能知？东州长官清，白直下村稀。我虽禁吏出，将无夜叩扉？教汝子若孙，努力逃寒饥。军租星火急，期曾切莫违。期会不可违，鞭扑伤汝肌。伤肌尚云可，夭阏令人悲。

自菊潭丹水还寄崧前故人

腊雪春泥晚未干，马迎残照入荒寒。初无凫舄将安往，正有牛刀恐亦难。倦客不知归路远，孤城唯觉暮山攒。黄金炼出相思句，寄与同声别后看。

去岁君远游送仲梁出山

去岁君远游，今年客他州。青天万古一明月，只与行人生暮愁。问君游何许？情多地遐兮遍处处。金鞭断折骐骥死，万里长鸿思一举。忆初识子梁王台，清风入座无纤埃。华岳峰尖见秋隼，金眸玉爪不凡材。西园日晴花满烟，五云楼阁三山巅。玉树瑶林照春色，青钱白璧买芳年。三年一梦南阳道，汴水迢迢入秋草。挐云心事人不知，千首新诗怨枯槁。破屋仰见星，疏衾风露清。匣中有长剑，为君鸣不平。泥途久辱思一濯，去去举足皆清泠。邓州大帅材望雄，爱客不减奇章公。军中宴酣笳鼓竞，银烛吐焰如长虹。幕中多士君又往，谈笑已觉南夷空。东州春回十月后，梅华分香入春酒。平生得意钦与京，青眼高歌望君久。淅江南下青沄沄，石门细路苍烟屯。五松平头白日静，千山万山如乱云。菊源不逐时事改，芝岭自与商颜邻。他日相思一回首，渔舟时问武陵人。

内乡县斋书事

吏散公庭夜已分,寸心牢落百忧薰。催科无政堪书考,出粟何人与佐军。饥鼠绕床如欲语,惊乌啼月不堪闻。扁舟未得沧浪去,惭愧舂陵老使君。

被檄夜赴邓州幕府

幕府文书鸟羽轻,敝裘赢马月三更,未能免俗私自笑,岂不怀归官有程。十里陂塘春鸭闹,一川桑柘晚烟平,此生只合田间老,谁遣春官识姓名。

好问在内乡做了三年的县官,虽然离前线还远,但是却十足地做了一个催租吏。人民已经在煎熬中生活,好问的责任是在油镬中把他们再来煎熬一番,官虽然是个官,但是他的工作是煎熬吏,对于一个诗人,这个工作是痛苦的。现在三更驰骤,对着一天的霜月,好问不免猜疑,这又是为什么?

三十九岁的元夕,遗山是在长寿山家中度过年的。从邓州会议以来,很快就到岁底,好问趁着这个时间,赶到家中过年。封建时期,每年岁残,都有封印的时期,时间是一个月或不到一些。除了典史官、典狱官以外,一般官吏是不工作的。好问因此趁机回到长寿山去一趟。

元夕

花影灯光一万重,青衫骢马踏东风。
彰阳旧事无人记,二十三年似梦中。

长寿山居元夕

微茫灯火共荒村,黄叶漫山雪拥门。
三十九年何限事,只留孤影伴黄昏。

当然这里看到好问的岑寂和失望,问题在于好问的期待究竟是什么?率直地说，他的期待不过是仕宦显达，至于富国利民，在女真人的制度下，汉人即使做到参知政事，甚至更高一点，也是不能容许参与机密的。在不同的民族掌握政权时，大权是不容许分享的。

新年一过，好问还得回到内乡县衙去，有《戊子正月晦日内乡西城游眺》一首：

> 雄蜂雌蝶为花狂，陌上游人醉几场。
> 前日少年今白发，却来闲处看春忙。

六月间大旱，这在北方是严重的威胁，特别是在河南，一直到中日战争发生以后，河南的一场大旱，不知死去几百万人，成为当时震惊中外的大事。哀宗五年六月，因为大旱，赦免狱中杂犯死囚以下。这一年总算侥幸，接下就是几场大雨，好问集中留下好几首：

马邓驿中大雨

> 万壑千岩一雨齐，先声喷薄卷湍溪。投林鸟雀不暇顾，移穴蛟龙应自迷。便恐他山藏厚夜，岂知高树有晴霓。两江合向西南斗，坐想风云入鼓鼙。

阻雨张主簿草堂

> 湿暑云气郁，漫淫成积雨。南风窃阴机，万籁困掀举。飞涛限江岸，悬流迫茅宇。块坐百虑滋，归兴生鸟羽。儿童十日约，竹马候门庑。曾是百里程，川途忽退阻。少游去我久，念子平生语。款段劣可乘，赢余果何取？河汾弊庐在，坐滞西南楚。世事不可期，客心徒自苦。

这一年的大雨总算没有成灾，但是政治方面却出了一个大灾难，八月七日杨云翼死了。在当时的政界中，杨云翼是与赵秉文齐名的，秉文长于云翼，以云翼直谅多闻，声名出秉文上，故时称杨赵。宣宗南迁，时欲出兵攻宋，以取偿于南。云翼极言其不可，虽其言未尽用，言者皆以云翼为是。哀宗即位，首命云翼摄太常卿，寻拜翰林学士。正大二年二月，复拜礼部尚书兼侍读。召集百官议省费。云翼说："省费事小，户部司农足以办之。枢密专制军政，蔑视尚书。尚书出政之地，政无大小皆当总领，今军旅大事，社稷系焉，宰相乃不得与闻，欲使利病两不相蔽，得乎？"这里切切实实地把金代的政治病痛，全部揭出，是时人欲言而不敢言的。

有《杨之美尚书挽章》七律一首：

  冠盖龙门此日空，人知麟出道将穷。景星明月归天上，和气春风在眼中。千古孙刘有余责，一时燕许更谁同？受恩知己无从报，独为诗交泣至公。

又有《内相杨文献公哀挽三章效白少傅体》：

  征南谏疏无多语，大度高皇有至仁。
  留得青囊一丸药，异时犹可活斯民。

  中台启事山吏部，东阁词臣何水曹。
  松柏萧萧一丘土，龙门依旧泰山高。

  姓名三字金瓯重，事业千年片简青。
  试向云间望光彩，看从何地现文星。

为什么有了七律一首，又有七绝三首？这说明了好问还有许多不尽之情，难言之隐。云翼为官虽为宣宗所深知，但是始终只做到翰林学士，有时称为"内相"，其实没有入相。他的平生大业，在于谏阻宣宗南伐。宣宗在居庸关与蒙古军队作战失败后，一意与宋人作战，其目的在于对北失败后，全部取偿于南。其大误在于以为当时之宋与宣和、靖康之时一样，可以虚声恫吓，长驱直入。他没有想到尽管南渡以后之宋室没有几位英明慷慨的君主，但是却有英明慷慨的大臣和人民。要想以虚声恫吓，这是不可能的；要是调兵遣将，凭借实力，进逼淮南，那时正在随时准备南来的蒙古大军，西破潼关，渡河南下，散漫骄悍、外强内干的金兵，更没有两面招架的可能。国家危亡已在旦夕，而宣宗犹内仗虚骄之气，外抚骄懦之军。在战事上是没有丝毫侥幸的。满朝大臣因循苟且，临事推让，有个别的明知其不可而不敢言，有的听了宣宗发问以后，竟是泄泄沓沓，相顾拱手，如此又度过一日。所以云翼一死，金必亡，女真人必然来一个大崩溃，形势已经显然。好问之诗，一挽再挽，正见到好问对于云翼的认识。

好问内乡令的工作结束以后出居县东南白鹿原，结茅菊水之上，冬十月既成，称为长寿新居。其友张仲经从好问卜邻，得王氏之败屋，为之补苴罅漏，扫除芜秽，名之为行斋，遗山作《行斋赋》：

……唯夫长剑大冠以揖让人主之前者若固有，故木食涧饮虽至于劳筋骨而饿体肤者为无伤。古有之：居不隐者志不广，身不抑者志不扬。士固有遁世而不复见，然愈掩而愈彰。南山苍苍，北风雨霜，有兰不雕，俟春而芳。伟哉造物，又将发吾子之幽光耶？

好问不是一个安贫乐道、幽居无闷的诗人。他不是陶渊明，甚至也不是苏东坡。他是愿意做官的，而且也不是认为做官以后可以发抒什么抱负的人。在高谈幽隐者也许以为这是庸俗，可是经过世难的人也许理解到在一个不够高明的时代，没有这一道护身符，那时左邻右舍也许可以趁此欺负你一下。杜甫的那个"父老四五人，问我久远行，手中各有携，倾盍浊复清"的时代久已过去了。做官不一定是要夸耀邻里，但是不做官却为邻里所鄙薄，是尽有可能的。好问的辗转内乡、镇平之间，可能是有他的苦心的。长寿新居以后，不久他又经营新斋，有《新斋赋》，首先他说：

> 余既罢内乡，出居县东南白鹿原，结茅菊水之上，聚书而读之。其久也，优柔厌饫，若有所得，以为平生未尝学，而学于是乎始。

在结语中他又说：

> 斋戒沐浴，恶人可以祀上帝；洁己以进，童子可以游圣门。顾年岁之未暮，岂终老乎凡民。已焉哉！孰糟粕之弗醇，孰土苴之弗真，孰昧爽之弗旦，孰悴槁之弗春。又安知温故知新，与夫去故之新，他日不为日新又新日日新之新乎！

这里我们看到的是好问之不能忘世和他内心的热衷。当然，热衷不一定是件坏事，但是金的地盘，只能保住河南的黄河以南和陕西的商州一带，北边的蒙古是不灭金不肯放手，南方的宋人也是不灭金不能放手的，那么好问的日新又新又怎样着手呢？

不久以后，好问又回到镇平任上，有七古一首：

此日不足惜

此日不足惜，此酒不可无。颇怪昌黎公，亦复为世儒。天生至神物，与人作华胥。一酌舌本强，二酌燥吻濡，三酌动高兴，四酌色敷腴，连绵五六酌，枯肠润如酥，眼花耳热后，万物寄一壶。十酌未渠央，百觚亦奚拘。人生一世间，忽若过隙驹。有酒不解饮，问君谁与娱。君不见东家骑鲸李，胆满六尺躯，万言黄石策。八阵夔州图，酒酣起舞不称意，长吁青云指夷吾。又不见西家紫髯郎，老气雄万夫，狂歌饮燕市，击筑声呜呜。倚天长剑插少室，颇欲四海皆东湖。鹰扬虎视今焉如，河山永隔黄公垆。衔杯直待秋井塌，青苔白骨怜君愚。少年觅计生白须，扪参历井无危途，荣不满睫良区区。就令一朝便得八州督，争似高吟大醉穷朝晡。余名安得润枯骨，四十岂不知头颅。此日不足惜，此酒不可无，太虚为室月为烛，醉倒不用春风扶。

好问为县令，辗转内乡、镇平之间，长期流转，所幸地在西南边区，为当时金、元双方兵力之所不及。宋人在四川一带是有布置的，但是还远着呢，一时也不准备挑衅进攻，因此好问尽有闲暇，读书作诗，为日后的哀歌，做出极好的准备。是时有《邓州相公命赋喜雨》：

　　　　轻阴十日暮春前，和气朝来雨沛然。
　　　　河润定应连上国，云来端合自中天。
　　　　烽零带湿闲幽障，麦垅分青入废田。
　　　　共识使君霖雨手，调元消息在今年。

所谓邓州相公指夹谷雅，是时领邓州。好问有《邓州城楼》诗：

邓州城楼
　　　　邓州城下湍水流，邓州城隅多古丘。
　　　　隆中布衣不复见，浮云西北空悠悠。
　　　　长鲸驾空海波立，老鹤叫月苍烟愁。
　　　　自古江山感游子，今人谁解赋登楼。

谢邓州帅免从事之辟
　　　　忧端扰扰力难任，世事骎骎日见临。
　　　　三载素冠容有愧，一时墨绖果何心。
　　　　首丘自拟终残喘，陟屺谁当辨苦音。
　　　　遥望朱门涕横落，相公恩德九泉深。

诗中所言"三载素冠"指继母张太君之丧，匆匆出仕，故有"一时墨绖"之句。既谢邓州之辟，好问即自邓州仍回内乡，有绝句一首：

自邓州幕府暂归秋林

升斗微官不疗饥，中林春雨蕨芽肥。
归来应被青山笑，可惜缁尘染素衣。

是不是好问从此解佩，不再做官了？当然不是。在乱世的时候，有时竟是不得不做的。做官可以避免若干烦恼。敲门索诈的不来了，夜半催租的没有了，至于中途拉夫、沿途敲诈的也没有了。这些还是体面的，即使中夜索酒，按户拉夫，也是常有的事。人生的痛苦，没有经历过乱世，是不可能理解的。

正大八年，遗山四十二岁。这一年出任南阳令，有《邓州新仓记》。妻张县君卒。见《孝女阿秀墓铭》。

蒙古对金人的进攻更积极了。成吉思汗死了，接下来是窝阔台皇帝，后世称为太宗。按照当时的规律，蒙古的领导人换了，但是继承的人必然要把战争面扩大，争取民族间更大的荣誉。就在金哀宗正大八年（1231）凤翔的战争更剧烈了。好问的七言律诗，铿锵哀感，值得千古的传诵。

岐阳三首

突骑连营鸟不飞，北风浩浩发阴机。
三秦形胜无今古，千里传闻果是非。
偃蹇鲸鲵人海涸，分明蛇犬铁山围。
穷途老阮无奇策，空望岐阳泪满衣。

百二关河草不横，十年戎马暗秦京。
岐阳西望无来信，陇水东流闻哭声。
野蔓有情萦战骨，残阳何意照空城。
从谁细向苍苍问，争遣蚩尤作五兵。

眈眈九虎护秦关，懦楚孱齐机上看。

禹贡土田推陆海，汉家封徼尽天山。
北风猎猎悲笳发，渭水萧萧战骨寒。
三十六峰长剑在，倚天仙掌惜空闲。

好问诸诗，以七律为最高；七律诸诗，又以《岐阳三首》为最高。在这三首之中，充满了情感——悲愤、惋惜、怀念、怅恨……各种各样的情绪，而又音调铿锵，居全集之首，真是自有七律以来不可多得的杰作。

自从凤翔失去以后，金人的大局已经注定了必然的失败，战事更无可挽回了。北宋失败，金人入关，连同原在陕北的西夏，死守秦岭以南的南宋，现代的陕西一省，分为三截。北边是西夏，夏人对金称臣，但是仍旧保有原来的土地。南边亏得张浚、曲端、刘子羽，特别是吴玠、吴璘兄弟的死守，南宋仍保持大散关、和尚原以南的一带土地，但是地瘠民贫，一时也谈不上收复西安一带。关中的大部分土地，为金人所有，吴氏兄弟的主要工作，只能保全四川。当然，这不是说他们的功勋仅仅在此，因为不能保全秦岭以南，那时的金人便可以直入四川盆地，对于民族的命运必然要造成极大的危害。

可是现在情形变了，凤翔失去了，蒙古的大军便可以长驱向东，取高屋建瓴之势，不但长安受到威慑，连潼关也不可保。金哀宗的帝国便可能限制在黄河以南、邓州以东、光州以北、徐蚌以西的这一个小小的范围之内，还要供养百万以上的大军和这一支大军的坐而待哺的家属。有什么办法呢？哀宗不是一个昏愦之主，但是即使遇到一个才能十倍的君主，对于当时的局势，也会感到无能为力了。

在这段愁云四起、家国阽危的日子里，好问的诗更精进了，感情愈深厚，音节愈高亢，在旧时代的诗人里，几乎取得独步的地位。

与张杜饮　自注：即仲经、仲良。
故人寥落晓天星，异县相逢觉眼明。
世事且休论向日，酒尊聊喜似承平。
山公倒载群儿笑，焦遂高谈四座惊。

轰醉春风一千日，愁肠从此不能兵。

秋夕

小簟凉多睡思清，一窗风雨送秋声。
频年但觉貂裘敝，万古何曾马角生。
寄食且依严尹[1]幕，附书谁往邓州城。
浇愁欲问东家酒，恨杀寒鸡不肯鸣。

梦归

憔悴南冠一楚囚，归心江汉日东流。
青山历历乡国梦，黄叶萧萧风雨秋。
贫里有诗工作祟，乱来无泪可供愁。
残年兄弟相逢在，随分齑盐万事休。

白屋

白屋寒多爱夕曛，静中归思益纷纷。
长门谁买千金赋，祖道虚陈五鬼文。
地尽更无锥可置，灶闲唯觉井长勤。
明年准拟莱芜住，寄谢东邻范史云。

凤翔已经失去了，军事的要求更急，这就是说军粮的要求更急，一切都是十万火急，可是当时的情况，除去了现在河南一省，其他更无可以诛求之地；即以河南一省而论，黄河北岸，已经成为战区，只剩了南岸。当然南岸还是有不少的可耕之地，但是这里照样有猛安、谋克这批从东北来的老爷们，他们自己的口份田不种，还要取给于当地的人民；老爷们是不种田的，可是不能不吃饭。除了老爷，还有兵爷，兵爷更不能不吃饭，也更无暇种田。金

---

[1] 旧注谓严尹指东平行省严实。今按遗山入京后，家属即离邓州，不应在汴州城破后仍在邓州，致劳严实之省问。严尹当指严武，用杜甫典。

朝的老爷、兵爷，连带他们的妻室子女，都要由人民供养，半个略大一些的河南省，要养这么多的有手不种田、有口要吃饭的人，人民还有生存的余地吗？这是当时的事实。

好问有《宛丘叹》一首，委婉地提出人民的呼吁：

秦阳陂头人迹绝，荻花茫茫白于雪。当年万家河朔来，尽出牛头入租帖。苍髯长官错料事，下考大笑阳城拙。至今三老背胂青，死为逋悬出膏血。君不见刘君宰叶海内称，饥摩寒拊哀孤惸，碑前千人万人泣，父老梦见如平生。冰霜纨裤渠有策，如我碌碌当何成。荒田满眼人得耕，诏书已复三年征。早晚林间见鸡犬，一犁春雨麦青青。

刘君是刘云卿，曾为叶县令。叶县在河南还是生产比较好的地方，云卿做官的时候，大兵未动，凤翔未失，"早晚林间见鸡犬，一犁春雨麦青青"，正见到云卿抚字有方，还能赢得人民的信任，虽然谈不上富庶，但是"一犁春雨麦青青"见到人民还是抱有希望，准备好好地活下去的。人总是希望在有一线希望的时候，好好地活下去。艰苦即使有些艰苦，但是活得下去总要活下去。"碑前千人万人泣，父老梦见如平生。"人民总是好人民，只要活得下去，真是万人雨泣，感恩不尽。可是真到人民活不下去的时候，这个政治机构就没有存在的价值，必然也一步一步地走向存在不下去的道路了。

好问在邓州的时间长了，他在邓州、镇平、长寿这一带也打了好几次来回。这一年秋后离开邓州，有诗一首：

出邓州

本无奇骨负功名，取次谁教髀肉生。
未到白头能几日，六年留滞邓州城。

本来他在这一年起复，迁南阳令，八月内召，擢尚书省内史，移家汴京。

擢官入京，在封建时代，本来是一件美事，但是对于好问，这一年的入京，并不是一件好事，因为蒙古的大军由汉中路东出，号称直袭荆襄，战事又在进一步地深入了。进袭荆襄当然是一种谣传，因为蒙古的战略是不容许这样做的。后人对于蒙古，往往有一些无知的看法，总以为蒙古会横冲直撞、不顾一切的，其实蒙古有他的久经考验的一定策略，在没有打下金人以前，决不会到荆襄开辟第二战场，促使金宋的联合，以致有妨日后的道路。相反，另一个可能是会有的，由蒙古、南宋联合作战，促使金人的崩溃。原因不止一个：（一）宋、金是世仇，而且事关祖宗的流放而死，所以即在平时，宋人对金也没有一丝好感；（二）宋的经济恢复得异常迅速，这是在战争中非常有力的力量；（三）宋的武力也在不断好转，彭义斌的直取正定，正见到宋人的实力，绝不是可以轻估的。从这几个方面看来，蒙古和宋人的作战，在灭金以前是绝对不可能的。至于灭金以后，那时当然有变化，但是在好问调进汴京以前是绝对没有的。

第五章　在汴京

金哀宗正大八年（1231）好问进入汴京。次年正月改元开兴，四月再改为天兴。

《金史》本传："天兴初，擢尚书省掾；顷之，除左司都事，转行尚书省左司员外郎。"

从一般情况讲，从外州知县擢为尚书省掾，不久进为行尚书省左司员外郎，这是一种特有的擢升，而在这次擢升中，礼部尚书赵秉文曾经为他尽了最大的努力。不过，时代不一样，在这个兵荒马乱中，调升要地，焉知非祸。只是当时的元好问，还没有看到这一点。

早一年，他的夫人张氏病殁。开兴三月朔，第三女阿秀又死于汴州。有《孝女阿秀墓铭》：

> 孝女阿秀，奉直大夫、尚书省令史秀容元好问第三女也。兴定乙卯，生于登封。年十三，予为南阳令，其母张病殁，孝女日夜哭泣，哀痛之声人不忍闻。明年得疾于汴梁，病已急，哭且不止。或以为言："亲，一也，母亡而父存，汝不幸而死，为弃父矣。"曰："女从母为顺，宁从母死耳。"竟以开兴壬辰三月朔死。

这里看到遗山入京以后，死丧之灾，接踵而来；而且不久而后，国家的厄运，也相继而来了。

这一年正月蒙古兵破唐州。金元帅娄室在襄城、汝坟和蒙古兵接战，娄室退至汴京，这是说金人的最后一道防线已经到了京城的周围了。本来的元帅古里甲石伦已经退休了，重行起用。军队从各个方面调到汴京附近，甚至连军士的家属也调来，这一来就是五十万人，增加了守御的力量。其余正在调遣中的还不计其数。蒙古兵也集中在郑州，前锋直指汴京。在这里我们看到的是汴京的争夺战。金人已经把可以调动的军队都集中在汴京的四围。蒙古兵也集中兵力准备结束这一仗。

在这次战争中，陈和尚的英雄气概出了名。陈和尚仿佛姓陈，以僧侣为业，其实完全不是这回事。他姓完颜，是金皇族的一员，他的部下是一群乌合之众，回纥、乃蛮、羌、浑以及中原被俘逃来的汉人甚至逃犯，无所不有，可是在陈和尚的带领下，每个人都成为战争中的英雄。三峰山一战，陈和尚走钧州。蒙古兵破钧州，遍索陈和尚不得。两日后自出，问其姓名，他说："我就是忠孝军的总领陈和尚，战胜大昌原的是我，战胜卫州的也是我，战胜倒回谷的还是我。我死在乱军中，人必谓我有负国家，今日明白死，天下必有知我者。"蒙古兵的主帅看到陈和尚不肯投降，令人开刀。有个大将一边请他喝马奶，一边说："好男子，他日再生，当令我得之。"三峰山一败以后，金兵不可复振，但是汴州仍在坚守中，蒙古兵就在汴州的周围作战。

皇帝实在不是容易做的。遇到国势昌盛，大家客客气气地称你一声皇帝；可是遇到困难的时代，那时大家就会指着背脊骂你"昏君""杀坯"。其实皇帝也真可怜，他只是同我们一样，五官七窍、饮食、男女、拉溺，没有什么特别的功能，为什么要他负这么多的责任？当然，你也可说：那么他为什么要当皇帝呢？其实他是不得已，是不由自己做主的。

哀宗的情况，当然不同于明思宗，但是他也不同于陈后主或是南唐后主，这是无可置疑的。在汴京被围时，为什么他决定要出京？汴京是一个富庶的地方，即使在这个战争频繁、蒙古的军队几乎把汴京包围的时代，究竟还是有隙可乘，自己带了大兵出城，蒙古兵是来不及一呼尽至，把他包围，那时出汴究竟是可能的。只要自己有足够的勇气，突围是必然可以成功的。但是哀宗的目标，绝对不可能只是突围。在他原定的计划里，是留着皇太后、皇后在京，假如只是突围，那岂不是把两宫白白地交给蒙古，作为人质，为自己日后的屈服留下一条后路，这是战争中的真正领导者所不屑的。至若所传请以一车两马载国史文籍自随之说，可能只是当时有这样的传说，其后哀宗自缢于幽兰轩，金之史料，遂不复全，因有此说。其实在哀宗出京的时候，即使在屡经挫败之余，必然还认为蒙古是一个组织尚未完备的部族，在作战中即使有偶然获胜的可能，但是较之于金，未必有决胜的把握。

历史不是没有偶然性的。但是在许多偶然性的巧合碰在一起时，那就成为必然性了。哀宗的渡河作战，是他的决心和当时的处境一经结合必然发生的结果，渡河作战，终归失败，汴京城中的一个小小的西面元帅崔立，乘机作乱，遂使遗山蒙不世的污名，这是无论如何洗刷不清的。假如这时他还在邓州，情况当然就不同了。

哀宗的决定亲征，是一个非常坚决而又勇敢的策略。估计到当时女真和蒙古的情况，也不失为是经过仔细衡量的决定。两方面都是新起的民族，都有一种敢于进取的勇气。所不同的是蒙古族还没有掌握过政权，因此也很少受到腐蚀的机会，在这方面是比较坚强的；女真族已经掌握政权一百多年了，因此不免受到暮气的腐蚀。

金末的太学生刘祁在他的《归潜志》里也有类似的记载：

> 南渡[1]之后，为宰执者往往无恢复之谋，上下同风，止以苟安目前为乐，凡有人言当改革，则必以生事抑之。每北兵压境，则君臣相对泣下，或殿上发叹吁。已而敌退解严，则又张具会饮黄阁中矣。每相与议时事，至其危处，辄罢散曰："俟再议。"已而复然。因循苟且，竟至亡国。
>
> 南渡之后，朝廷近侍以谄谀成风，每有四方灾异或民间疾苦将奏之，必相谓曰："恐圣上心困。"当时有人云："今日恐心困，后日大心困矣。"竟不敢言。又，在位者临事，往往不肯分明可否，

---

[1] 指宣宗徙都开封事。

相习低言缓语，互推让，号"养相体"。吁！相体果安在哉？又，宰执用人，必先择无锋芒、软熟易制者，曰："恐生事。"故正人君子多不得用，虽用亦未久，遽退闲，宰执如张左丞行信、台谏官如陈司谏规、许司谏古、程、雷御史，皆不能终其任也。

南渡之后，近侍之权尤重，盖宣宗喜用其人为耳目以伺察百官，故使其奉御辈采访民间，号"行路御史"。或得一二事即入奏之。上因切责台官漏泄，皆抵罪。又，方面之柄虽委将帅，又差一奉御在军中，号"监战"，每临机制变，多为所牵制，辄遇敌先奔，故其军多丧败。

如果还嫌刘祁的评述不够具体，我们不妨再看一个有趣的实例。宣宗在汴京时，曾经发过一次雷霆，责问丞相仆散七斤："近日纪纲安在？"七斤不知道该怎样回答，因为他根本不懂得"纪纲"就是法制的意思，还误以为是一个皇帝感兴趣的人。待回衙以后，他厉声地对属下说："皇上追问纪纲安在，你们哪一个曾经把纪纲带给我看一下？"用这样的人做宰相，锋芒确是没有，易制也不容置疑，但能够担当得起重任吗？

哀宗决意亲征，大政方略既定，这就决定以完颜奴申参知政事兼枢密院副使，完颜习捏阿不枢密副使兼知开封府，权参知政事留守京师。奴申和阿不两位是驻守京师的主要人物。还以把撒合为外城东面元帅，术甲咬住为南面元帅，崔立为西面元帅，孛术鲁买奴为北面元帅。一个开封城，负责守城的是四位，都是元帅。

当时确实是没有经过深思熟虑的。哀宗既然决定亲征了，一时却没有决定亲征的主要方向，这实在是一件不可思议的事。哀宗认为蒙古的重兵在西，破凤翔府的在西，破潼关的也在西，因此主攻方向必然在西。这里看到哀宗确实是一位决心求战的领导，但是他却没有考虑到西向求战的艰苦。幸亏巩昌元帅完颜忽斜虎从河南府来，他指出从开封往河南府，三百里之内，人民都逃完了，没有灶，也没有井，即使有井也填塞了，大兵一动，凭什么可以生活下去？这时事实胜于雄辩，哀宗决定放弃西行的计划，但是他求战心切，这是不能动摇的，他立刻决定把方向改成向北，好在哪里都有蒙古的武士，要打仗是不愁找不到对手的。

天兴元年十二月初一，哀宗出京，留守官和京城父老至城外奉辞，哀宗和留守奴申谈到原东面元帅李辛口出怨言，已经罢为兵部侍郎，要他留意。在哀宗出远以后，奴申召李辛，李辛一想，情况可能已经泄露了，下了决心向蒙古兵乞降，弃马出城，这里奴申立刻派人把他捕获，当即杀了。汴京城里的百官人民日夜盼望哀宗能把蒙古打退，蒙古没有打退，汴京的物价却在飞涨，后来传到的消息，是哀宗已经渡过黄河径造归德去了。宋代有四京：北京大名府、东京开封府、西京河南府、南京归德府。归德虽然也是京城，究竟和开封不同，相去太远了。

哀宗确实是一个值得同情的皇帝，但是在他左右却聚集了一大批承平时装腔作势、战争时一筹莫展的大臣和元帅。蒙古的军队正在从多方面包围过来，自己却封锁在归德城内，他没有可靠的后方，没有得力的大将和重臣。归德和汴京相去并不远，汴京已经到了斗米二十两白银的境地，缙绅士女行乞于市，有的甚至于自食妻子。一切用皮革做成的家具，早已煮食殆尽。王侯第宅，故家乔木，也都做了柴火。战既不能，守也难以为继了。

原东面元帅李辛因为想要投降被杀了，西面元帅崔立却能干得多。他按计划杀了阿不、奴申等人，立梁王监国，对蒙古投降，自称太师、都元帅、尚书令、郑王。计划实现以后，群小附和，请为建立功德碑。翟奕以尚书省命召翰林直学士王若虚为文。若虚自分必死，私谓左司员外郎元好问："今召我作碑，不从则死，作之则名节扫地，不若死之为愈。不过，首先和他们谈一下。"他和翟奕说："丞相功德碑当指何事而言？"翟奕大怒地说："这还要问？丞相以京城降，活生灵百万，这不是功德是什么？"若虚道："学士的责任是代君主立言。这样的功德碑，是代君主立言的体裁吗？还有一层，丞相既以汴京投降，满朝官吏就都是丞相的部下，自古有部下替主子歌功颂德而为人们所信的吗？"若虚的议论，侃侃而谈，翟奕一时竟说不上来。

但是功德碑还是要立的。崔立论出身虽只是一个泼皮，可是对于立碑的事却非常热切，他认为拥立梁王监国，向蒙古人投降，免去一城的屠杀，是一件非常的功德，因此要立碑，为自己树立一个千古的纪念。可是问题在于由什么人撰作呢？当然应该由王若虚撰述，他是学士，是当时最有名的文人。可是王若虚爱惜自己的声名，不肯为他树碑立传，那么由谁来撰述呢？当时的才子还有超过好问的吗？好问也不是不能拒绝为卖国贼立传的，但是他下不了决心，这就想起当时的最高学府太学的高才生刘祁。刘祁推卸不得，可是他也以为卖国贼撰碑为耻，不过还是作了。好问见猎技痒，他后来作过不少的辩诉，但是却无从洗刷他曾做过大量修改的事实。

刘祁对于这件事实，在他的《归潜志》里是和盘托出的：

> 崔立既变、以南京[1]降，自负其有救一城生灵功，谓左司员外郎元裕之曰："汝等何时立一石，书吾反状邪？"时立国柄入手，生杀在一言、省庭日流血，上下震悚，诸在位者畏之，于是乎有立碑颂功德议。
>
> 数日，忽一省卒诣予家，赍尚书礼房小帖子云："首领官召赴礼房。"予初愕然，自以布衣不预事，不知何谓，即往至省。门外遇麻信之。予因语之，信之曰："昨日见左司郎中张信之，言郑王碑事欲属我辈作，岂其然耶？"即同入省礼房。省掾曹益甫引见首领官张信之、元裕之二人，曰："今郑王以一身救百万生灵，其功德诚可嘉。今在京官吏父老欲为立碑纪其事，众议属之二君，吾已白郑王矣。二君其无让。"予即辞曰："祁辈布衣无职，此非所当为。况有翰林诸公如王丈从之及裕之辈在，祁等不敢。"裕之曰："此事出于众心，且吾曹生自王得之，为之何辞？君等无让。"予即曰："吾当见王丈论之。"裕之曰："王论亦如此矣。"予即趋出，至学士院，见王丈，时修撰张子忠、应奉张元美亦在焉。予因语其事，且曰："此实诸公职，某辈何与焉？"王曰："此事议久矣，盖以院中人为之，若尚书檄学士院作，非出于在京官吏父老心，

---

[1] 此指金之南京，实即汴京。

若自布衣中为之，乃众欲也。且子未仕，在布衣，今士民属子，子为之亦不伤于义也。"余于是阴悟诸公自以仕金显达，欲避其名，以嫁诸布衣。又念平生为文，今而遇此患难，以是知扬子云剧秦美新，其亦出于不得已耶？因逊让而别。

　　连延数日，又被督促，知不能辞，即略为草定，付裕之。一二日后，一省卒来召，云："诸宰执召君。"余不得已，赴省。途中遇元裕之骑马索予，因劫以行，且拉麻信之俱往。初不言碑事，止云：省中召王学士诸公会饮。余亦阴揣其然。既入，即引诣左参政幕中，见参政刘公谦甫，举杯属吾二人曰："大王碑事，众议烦公等，公等成之甚善。"余与信之俱逊让曰："不敢。"已而，谦甫出，见王丈在焉，相与酬酢。酒数行，日将入矣，余二人告归。裕之曰："省门已锁。今夕既饮，当留宿省中。"余辈无如之何。已而烛至，饮余，裕之倡曰："作郑王碑文，今夕可毕手也。"余曰："有诸公在，诸公为之。"王丈谓余曰："此事郑王已知众人请太学中名士作，子如坚拒，使王知诸生辈不肯作，是不许其以城降也，则衔之以刻骨，缙绅俱受祸矣。是子以一人累众也。且子有老祖母、老母在堂，今一触其锋，祸及亲族，何以为智？子熟思之。"予惟以非职辞，久之，且曰："予既为草定，不当诸公意，请改命他人。"诸公不许，促迫甚。予知其事无可奈何，则曰："吾素不知馆阁体，今夕诸公共议之。如诸公避其名，但书某名在诸公后。"于是裕之引纸落笔草其事。王丈又曰："此文姑使裕之作，以为君作又何妨。且君集中不载亦可也。"余曰："裕之作正宜，某复何言。"碑文既成，以示王丈及余信之欲相商评，王丈为定数字，其铭辞则王丈、裕之、信之及存予旧数言，其碑序全裕之笔也。然其文止实叙事，亦无褒称立言。时夜几四鼓，裕之趣曹益甫书之，裕之即于烛前焚其稿。迟明，余辈趋去。

　　这是刘祁《归潜志》的记载，他指出这篇碑文主要是遗山作出的，自己甚至王若虚都曾经共同商定，麻信之也参与其事。

但是，遗山的《外家别业上梁文》的记载却不是这样。

穷于途者返于家，乃人情之必至，劳以生而佚以老，亦天道之自然。方属风霜匽薄之余，而有里社浮湛之渐，兹焉卜筑，今也落成。遗山道人蟫蠹书痴，鸡虫禄薄，猥以勃窣槃跚之迹，仕于危急存亡之秋。左曹之斗食未迁，东道之戈船已御，久矣公私之俱罄，困于春夏之长围。穷甚析骸，死唯束手。人望荆兄之通好，义均纪季之附庸。出涕而女于吴，莫追于既往；下车而封之杞，有觊于方来。谋则金同，议当孰抗？爰自上书宰相，所谓试微躯于万仞不测之渊；至于喋血京师，亦尝保百族于群盗垂涎之口。皇天后土，实闻存赵之谋；枯木死灰，无复哭秦之泪。初，一军构乱，群小归功，劫太学之名流，文郑人之逆节。命由威制，佞岂愿为？就磨甘露御书之碑，细刻锦溪书叟之笔。蜀家降款，具存李昊之世修；赵王禅文，何预陆机之手迹。伊谁受赏，于我嫁名？悼同声同气之间，有无罪无辜之谤，耿孤怀之自信，听众口之合攻，果吮痈舐痔之自甘，虽窜海投山其何恨。惟彼证龟而作鳖，始予养虺以成蛇。追韩之骑甫还，射羿之弓随彀（自注：予北渡之初，献书中令君，请以一寺观所费，养天下名士，造谤者二三，亦书中叙举之类也）。以流言之自止，知神理之可凭。复齿平民，仅延残喘。泽畔而湘累已老，楼中而楚望奚穷。怀先人之敝庐，可怜焦土；眷外家之宅相，更愧前途。岂谓事有幸成，计尤私便，东诸侯助竹木之养，王录事寄草堂之赀。占松声之一丘（自注：**东皋子《北山赋》：菊花两岸，松声一丘，近桃花之三洞**自注：予此别业，与白子西所居相近）。东墙西壁无补拆之劳，上雨旁风有闭藏之固。已与编户细民而杂处，敢用失侯故将而自名。因之挫锐以解纷，且以安常而处顺。老盆浊酒，便当接田父之欢；春韭晚菘，尚愧夺园夫之利。彼扶摇直上，击水三千，韦杜城南，去天尺五，坐庙堂佐天子，盖有命焉；使乡里称善人，斯亦足矣。辄取合欢之意，演为助役之谣。

　　以刘祁和遗山两篇作品相比，他们之间是有相当的距离。但是刘祁并不讳言自己也参与其事；遗山则极力洗刷，正因遗山急于洗刷，愈觉刘祁的可信。从另一方面言之，遗山有《东平行台严公神道碑》《东平行台严公祠堂碑》《顺天万户张公第二碑》；能为严实、张柔作碑，当然也不难于为崔立作碑，因为从大义讲，三人的为蒙古前驱，其实是没有什么差别的。按照当时蒙古军的规律，在围城时，城中敢于抵抗者，城破之后，不论老幼，一概处死。遗山之兄敏之即以此被杀。因此遗山亦不敢不为崔立作碑，所以在刘祁、遗山的不同记载中，刘祁的话是比较可信的。

　　这一年是1232年，距现在七百五十年了。无论是女真，还是蒙古，甚至是汉人，大家都很幼稚，没有接触到现代的文明，因此在战争，在敌对，甚至在人与人的接触方面，是很难用现代文明的认识来衡量的。在叙述到当时的历史现实的时候，我们很难为当时的现实讳饰，甚至也不应当讳饰，因为有了过去才有现在，现在是由过去一步一步地发展而来的，而且还必然一步一步地向前迈进，共同创造更加文明美好的将来。

　　叙述汴京失陷以后的情况，遗山有《癸巳五月三日北渡三首》：

　　　　道旁僵卧满累囚，过去辎车似水流。
　　　　红粉哭随回鹘马，为谁一步一回头。

　　　　随营木佛贱于柴，大乐编钟满市排。
　　　　虏掠几何君莫问，大船浑载汴京来。

　　　　白骨纵横似乱麻，几年桑梓变龙沙。
　　　　只知河朔生灵尽，破屋疏烟却数家。

　　此外，尚有《续小娘歌十首》。既曰"续"，则当另有《小娘歌》，但是已经失传了。

  吴儿沿路唱歌行，十十五五和歌声。
  唱得小娘相见曲，不解离乡去国情。

  北来游骑日纷纷，断岸长堤是阵云。
  万落千村藉不得，城池留着护官军。

  山无洞穴水无船，单骑驱人动数千。
  直使今年留得在，更教何处过明年。

  青山高处望南州，漫漫江水绕城流。
  愿得一身随水去，直到海底不回头。

  风沙昨日又今朝，踏碎鸦头路更遥。
  不似南桥骑马日，生红七尺系郎腰。

  雁雁相送过河来，人歌人哭雁声哀。
  雁到秋来却南去，南人北渡几时回？

  竹溪梅坞静无尘，二月江南烟雨春。
  伤心此日河平路，千里荆榛不见人。

  太平婚嫁不离乡，楚楚儿郎小小娘。
  三百年来涵养出，却将沙漠换牛羊。

  饥乌坐守草间人，青布犹存旧领巾。
  六月南风一万里，若为白骨便成尘。

> 黄河千里扼兵冲，虞虢分明在眼中。
> 为向淮西诸将道，不须夸说蔡州功。

这后面十首是蔡州陷落以前的诗呢，还是陷落以后的诗？从我的认识看，是蔡州陷落以前的诗。哀宗在开封陷落以后，摆脱归德左右的蒙古侵略者，移驻蔡州，这是事实，后来他在蔡州自杀，金亡，这也是事实。但是作为一个诗人，一再劝导宋人，指出虞、虢分明的故实，那就未免是一种不切实际的浪费，因为如若蔡州已经陷落，劝导就是完全不必要的了。我的估计是汴京陷落以后，哀宗自归德南行，驻军蔡州，蒙古和宋人正在联系，因此遗山有此一诗。不过这首诗蒙古人不感兴趣，宋人又急于复仇，甚至还在计划在亡金的遗址上，画出一幅保卫自己的蓝图，对于这首诗也不是听得进的。

在《癸巳五月三日北渡三首》中，我们感到震动的是汴京陷没以后，蒙古人对于金人的处理，完全和北宋没落时金人对于宋人的处理一样，几乎是一幅破京大掠图的复印本。随营木佛、太乐编钟，对于阿骨打、吴乞买这些人是不感兴趣的。这正和对于木华黎一样。从《续小娘歌》里却看到一个新的发展。当时的蒙古已经打过中亚细亚，而中亚细亚的商贩，包括人贩子在内，却大量地涌向东方，"三百年来涵养出，却将沙漠换牛羊"。这一种人的买卖，蔡州下的时候固然有，汴州下的时候也同样有；甚至因为人口兴旺，买卖的市场来得更兴旺发达。痛苦的是这些兑换牛羊的"楚楚儿郎小小娘"之中，绝大多数不是女真人而是那第三阶级的接受女真人统治的汉人，"三百年"是从开平之初907年后梁太祖朱温以汴州为首都计算，直至1233年汴州城破为止，共三百二十七年，举大数计则为三百年；倘若从靖康元年（1126）金人入汴计算，是无论如何不能满三百年的。这就给我们上了一课，亡国奴是世袭的，不但自己宁死不能当，即为子孙后代计，也是宁可绝子绝孙也是不能当的。这里我们为遗山惋惜的，是他理解到这一点，却忘却自从936年石敬瑭割燕云十六州之日起，沙漠换牛羊的厄运久已笼罩在北方人民的头上了。每一个统治者都有不可推却或卸灭的责任，更不能单独责成这个二道贩子的金哀宗。

哀宗出汴时的策略是说不清楚的。最初他是想沿河西上，可能还有恢复西京和潼关的幻想。及至完颜忽斜虎告以京西三百里之内没有居民，没有房屋，没有井灶，这就改定方向，决心北向求战。这种临阵决策盲目求战的方法，实在是兵家的大忌。既然不能向西，大将们提出向北。天兴二年（1233）阴历正月初一渡河。哀宗和部分部队在河北，大军还在河南，蒙古兵来了，部分金兵战死，部分出降，也有部分军官不顾同僚还在死斗，乘机过河，哀宗把这些军官杀了。平章白撒引兵攻卫州。三日内，元兵自河南渡河，直至卫州，白撒大败，弃军东遁。二十日哀宗以白撒谋，夜弃六军渡河，走归德。黄河北岸的地区，全部放弃。在哀宗已经无力收复河北时，汴京的崔立举兵，乘机为乱，立梁王为监国。崔立自称左丞相、郑王，终于投降蒙古，这就成为必然的结果。四月，崔立以梁王等至青城，皆为蒙古所杀。

四月间，金人必亡的形势完全暴露了。二十二日遗山上书耶律楚材：

> 四月二十有二日门下士太原元某谨斋沐献书中书相公阁下：
>
> 易有之："天造草昧，君子以经纶。"伏惟阁下辅佐王室，奄有四方，当天造草昧之时，极君子经纶之道，凡所以经造功业考定制度者，本末次第，宜有成策，非门下贱士所敢与闻。独有一事，系斯文为甚重，故不得不为阁下言之。自汉唐以来，言良相者，在汉则有萧曹丙魏，在唐则有房杜姚宋。数公者固有致太平之功，而当时百执事之人毗助赞益者，亦不为不多，传记具在，盖可考也。夫天下大器，非一人之力可举，而国家所以成就人材者，亦非一日之事也。从古以来，士之有立于世，必借学校教育、父兄渊源、师友之讲习，三者备而后可喻。如修明堂总章，必得梗楠豫章，节目磈砢，万牛挽致之材，预为储蓄数十年之间，乃能备一旦之用；非若起寻文之屋，樠栌栒楔，楹枞薨桷，杂出于榆柳槐柏，可以朝求而暮足也。窃见南中大夫士归河朔者在所有之。圣者之后如衍圣孔公，耆旧如冯内翰叔献、梁都运斗南、高户部唐卿、王延州从之；

时辈如平阳王状元纲、东明王状元鹗、滨人王贲、临淄人李浩、秦人张徽、杨焕然、李庭训、河中李献卿、武安乐夔、固安李大翼、沛县刘汝翼、齐人谢良弼、郑人吕大鹏、山西魏璠、泽人李恒简、李禹翼、燕人张圣俞、太原张纬、李谦、冀致君、张耀卿、高鸣、孟津李蔚、真定李冶、柏人胡德畦、易州敬铉、云中李微、中山杨果、东平李彦、西华徐世隆、济阳张辅之、燕人曹君一、王铸、浑源刘祁及其弟郁、李仝、平定贾庭扬、杨恕、济南杜仁杰、洺水张仲经、虞乡麻革、东明商挺、渔阳赵著、平阳赵维道、汝南杨鸿、河中张肃、河朔勾龙瀛、东胜程思温及其从弟思忠。凡此诸人，虽其学业操行参差不齐，要之皆天民之秀有用于世者也。百年以来，教育讲习非不至，而其所成就者无几，丧乱以来，三四十人而止矣。夫生之难，成之又难，乃今不死于兵，不死于寒饿，造物者挈而授之维新之朝，其亦有意乎？无意乎？诚以阁下之力，使脱指使之辱，患奔走之役，聚养之，分处之，学馆之，奉不必尽具，饘饘粥足以糊口，布絮足以蔽体，无甚大费；然施之诸家，固已骨而肉之矣。他日阁下求百执事之人，随左右而取之，衣冠礼乐，纪纲文章，尽在于是，将不能少助阁下萧曹丙魏、房杜姚宋之功乎？假而不为世用，此诸人者可以立言，可以立节，不能泯泯默默以与草木同腐，其所以报阁下终始生成之赐者宜如何哉。阁下主盟吾道，且乐得贤才而教育之，一言之利，一引手之劳，宜不为诸生惜也。冒渎台严，不胜惶恐之至。某再拜。

这篇作品的写成，是在四月下旬，正是蒙古军队包围汴京的当中。十十五五的小姑娘正被蒙古军队掠去，准备卖给西方的回纥。她们之中，有的是还未出嫁，有的是已经有了丈夫的。"红粉哭随回鹘马，为谁一步一回头？""三百年来涵养出，却将沙漠换牛羊。"遗山的诗是写得非常动人的。这样的诗才是真正的诗史，是中国两三千年以来的作品中最能动人的一部分。要把那些花花草草、桃红柳绿的诗和遗山的这些扣人心弦的作品相比，中间的距离是不可以道里计的。凭这一点，要是我们把遗山放在中国第一流的诗人之中，那是丝毫没有愧色的。遗山采取的道路应当是怎样的呢？中国的古书也留下了一个深刻的教训："兄弟之仇不反兵。"那就是说，为了兄弟之仇，看到敌人时，来不及回去拣取武器，手中有什么杀人的武器就用什么武器，趁机先把敌人打死，然后再做考虑。这样的人才是有人性有热血的人。然而好问只会作诗，他甚至还要斋戒沐浴，献书敌人的头子，歌颂他的萧曹丙魏、房杜姚宋之功。不但他自己如此做了，还要拉上一大批人，希望敌人主盟吾道，乐得贤才而教育之。在读到这篇对于中书相公阁下的作品以后，我只感觉到困惑：怎能把《续小娘歌》和给中书相公阁下的献书作为一个作者的作品？莫非是有两个元好问，一个是同情人民，把吃苦受罪的人民认定是自己的血亲骨肉，一个是厚颜无耻，把满手血腥的敌人当作自己的再生父母？假若这就是文学，那么文学还有什么价值呢？

给耶律楚材的信是四月二十二日的。二十九日遗山被执，羁管聊城。在这数日之中，遗山有几首堪称绝唱的七律。

壬辰十二月车驾东狩后即事五首

翠被匆匆见执鞭，戴盆郁郁梦瞻天。
只知河朔归铜马，又说台城堕纸鸢。
血肉正应皇极数，衣冠不及广明年。
何时真得携家去，万里秋风一钓船。

惨澹龙蛇日斗争，干戈直欲尽生灵。
高壖出水山河改，战地风来草木腥。
精卫有冤填瀚海，包胥无泪哭秦庭。
并州豪杰今谁在，莫拟分军下井陉。

郁郁围城度两年，愁肠饥火日相煎。
焦头无客知移突，曳足何人与共船。

白骨又多兵死鬼,青山元有地行仙。
西南三月音书绝,落日孤云望眼穿。

万里荆裹入战尘,汴州门外即荆榛。
蛟龙岂是池中物,蚍虱空悲地上臣。
乔木他年怀故国,野烟何处望行人。
秋风不用吹华发,沧海横流要此身。

五云宫阙露盘秋,银汉无声桂树稠。
复道渐看连上苑,戈船仍拟下扬州。
曲中青冢传新怨,梦里华胥失旧游。
去去江南庾开府,凤凰楼畔莫回头。

次年四月二十九日遗山出京,这次是作为亡国大夫接受审查的。
遗山发遣聊城羁管是四月下旬,有《癸巳四月二十九日出京》一首:

塞外初捐宴赐金,当时南牧已骎骎。
只知灞上真儿戏,谁谓神州遂陆沉?
华表鹤来应有语,铜盘人去亦何心。
兴亡谁识天公意,留着青城阅古今。

青城在汴州城东五里,为金国初粘罕受降之处。当时宋徽、钦二帝及后妃皇族皆至此乞降,因尽俘以去。金哀宗天兴二年太后、皇后、荆王、梁王也都诣此乞降,荆王、梁王被杀,太后、皇后及妃嫔等皆北徙。遗山弟子郝天挺《陵川集》有《青城行》一首,附录于此:

坏山压城杀气黑,一夜京城忽流血。弓刀合沓满掖庭,妃主喧呼总狼籍。驱出宫门不敢哭,血泪满面无人色。戴楼门外是青城,匍匐赴死谁敢停？百年涵育尽涂地，死雾不散昏青冥。英府亲贤端可怜，白首随例亦就刑。最苦爱王家两族，二十余年不曾出。朝朝点数到堂前，每向官司求米肉。男哥女妹自夫妇，觍面相看冤更酷。一旦开门见天日，推入行间便诛戮。当时筑城为郊祀，却与王家作东市。天兴初年靖康末，国破家亡酷相似。君取他人既如此，今朝亦是寻常事。君不见二百万家族尽赤，八十里城皆瓦砾，白骨更比青城多；遗民独向王孙泣，祸本骨肉相残贼，大臣蔽君尤壅塞。至今行人不叹承天门，行人但嗟濠利宅。城荒国灭犹有十仞墙，墙头密匝生铁棘。

在这首诗里，作者首先指出金人亡国之惨正和北宋一样，其次指出金人骨肉相残之祸，至于禁锢青城，自幼至老，男女自相婚配，及至亡国之日，骈首就戮。这种惨痛，历史上不止一次，当然金人也无从幸免了。

这一年秋天，遗山有《南冠行》，所谓"南冠"，当然是指的这一大批女真的遗臣，所苦的是他们并不是女真的贵族而只是三等人民。在女真当权的时候，上面还有女真、契丹，他们即使得了一个什么学士、郎中的名称，其实在女真当道的会议中，并没有多大的发言的余地；但是一旦女真失败以后，他们同样受到南冠而囚的处分，那可是当真平等了。

南冠累累渡河关，毕逋头白乃得还。荒城雨多秋气重，颓垣败屋深茅菅。漫漫长夜浩歌起，清涕晓枕留余潸。曹侯少年出纨绮，高门大屋垂杨里，诸房三十侍中郎，独守残编北窗底。王孙上客生光辉，竹花不实鹓雏饥。丝桐切切解人语，海云唤得青鸾飞。梁园三月花如雾，临锦芳华朝复暮。阿京风调阿钦才，晕碧裁红须小杜。长安张敞号眉妩，吴中周郎知曲误。香生春动一诗成，瑞露灵芝满窗户。鱼龙吹浪三山没，万里西风入华发。无人重典鹔鹴裘，辗转空床卧秋月。宝镜埋寒灰，郁郁万古不可开。龙剑出地底，青天白日驱云雷。层冰千里不可留，离魂楚些招归来。生不愿朝入省，暮入台，愿与竹林嵇阮同举杯。郎食猩猩唇，妾食鲤鱼尾，不如孟光案头一杯水。黄河之水天上流，何物可煮人间愁。撑霆裂月不称意，更与倒翻鹦鹉洲。安得酒船三万斛，与君轰醉太湖秋。

这是好问在羁愁中的一首放歌，其实当他还在羁愁之中时，汴京的好梦已经完了，女真的皇帝还不知道在哪里跋山涉水，自己的命运全在蒙古军队的掌握之中。有的人是在汴京城里摩笛听歌，自己却在荒城颓垣中听凭蒙古士兵的呼喝。这是什么生活呢？是不是在女真皇帝统治下要好一些呢？遗山是绝顶聪明的人，不可能不知道，连王若虚、杨云翼这样高年的大臣、出群的干材，有时也得伺候女真皇帝的颜色，倒是那些"养相体""恐生事"的人成为朝廷的柱石、国家的栋梁！在这种政权之下，要想有所作为，只能是一种不切实际的幻想。那么，就到蒙古政权之下，找一个藏身之地，是不是还有一些指望呢？遗山记得清清楚楚，自己不是曾上书耶律楚材吗？书中不但为那大批的人士谋出路，而且也隐隐约约表示自己不是不准备以忠诚报答蒙古的。可是耶律楚材的答复在哪里呢？遗山准备为蒙古卖力，可是还没有来示，是不是需要这样的文人。好吧，聊城就聊城，且在这里好好地休养一番，再看将来的去就吧。

还有那个女真皇帝呢？哀宗的地面本来越缩越小，后来缩到以黄河为界，现在黄河南岸的重心汴京已经放弃了，西边的蒙古兵又打过来，眼看洛阳这座府城也在动摇了，单单剩了归德，这是北宋时的南京。万一蒙古兵一边从黄河渡过，一边再从汴京东进，归德守得住吗？他的决心是要放弃归德的，但是到哪里去呢？这正和第二次世界大战的初期希特勒绕过马其诺防线一样。本来法国人以为马其诺防线是万无一失的，然而希特勒竟把这条防线绕过了。在这个时候，英吉利海峡对岸的丘吉尔举手相招，只要法国人继续抵抗，英国人准备以英国为基地和法国休戚与共。那时以英国为基地，英法联军，同希特勒继续作战，战事还是有把握的。可是马其诺是法国的胆子，马其诺防线破了，法国眼看撑不住了，无论当时的邻国怎样支持，法国的贝当将军还是决定投降。在女真和蒙古的作战中，第二步是以黄河为防线的，汴京一失，哀宗认为无险可据，这就下定决心，放弃归德，撤兵南向，再找立足的生路。金末本来是以开封、河南、归德、正定为重镇的，现在四处都放弃了，哀宗就得找下一步的立足点了。经过考虑，最后决定迁都蔡州，当然这也只是一个初步的决定。当时的女真将帅对与蒙古的作战，已经没有任何的把握，继之而起的还是一个老策略，他们准备向南宋进攻，夺取一条出路。但是他们却忽略了一个目前的事实，宋人也在准备趁着金人衰败的当口，夺取金人的一部分，作为日后与蒙古直接接触时的缓冲。所以在这里金人和宋人走上了同一条道路，即使最凶悍的蒙古人正在旁边，随时可以发动规模更大的运动战，金人和宋人的部分接触是无可幸免的。但是，从另一方面说，这场接触绝不可能成为大规模的，因为双方都了解必须留下更大的实力，为战胜的金或宋与蒙古作最后的生死搏斗。

第一个动手的是金人，这是一位读书不熟的老童生，他总以为宋人还是一百多年以前的宋人，只要金人动手，宋人是无法抵抗的。他们也许认为宋人还是从前的那样："敌人有拐子马，我们有神臂弓；敌人有四太子，我们有韩元帅。"可是最后说到"敌人有狼牙棒"，只能答一句"我们有天灵盖"。殊不知现在的宋人不一样了，即便敌人有狼牙棒，我们也有震天雷，宋人是不怕金人的。可是金人的将帅，还不知道宋人是有震天雷。金的大将武仙率同将士，谋取宋金州，才到淅水，大众已经溃退了。八月，金人与秦州元帅粘哥完展秘密约定，以九月与哀宗会于饶峰关，欲出宋不意，夺取兴元。可是这个消息元人得到后，随即传给宋人，金不敢动。同月，蒙古召宋兵攻唐州，金的监军战死，主帅为部曲兵所食。城破，宋人求食人者杀之，余无所犯。九月，哀宗命内族阿虎带使宋借粮，想用"蒙古灭国四十，以及西夏，夏亡及于我，我亡必及于宋。唇亡齿寒，自然之理。若与我连和，所以为我者，亦为彼也"的说词打动宋人，至宋，宋不许。

哀宗和阿虎带说的话是不错的，金亡，蒙古必定侵宋，这是谁都知道的；但是宋人如若支持金人，金人立足既定，也必然要侵宋，这也是谁都知道的。同时，倘若我们再做一点不太重要的考证，也必然会知道，从大处讲，宋人的经济政策已经有了很大的成就，在军事方面，也有一定的布置，而宋人对于北方来的敌人，有决心做出最大的牺牲，争取可能的胜利，所以哀宗的言论虽然不是没有道理，但是宋人也有一定的决心。女真也罢，蒙古也罢，宋人已经准备完成了，胜利是他们要出全力争取的；失败呢，他们也下定决心，宁可牺牲一切，决不屈服。我们倘使对于南宋的历史全力研讨，是不会感到失望的。

再进一步，一百二十年以来，宋人吃金人的亏还少吗？从宣和至此，宋金之间的条约，订定的是不少的，金人哪一次守过信用呢？即使在这个紧要关头，蒙古的矛头已经指向蔡州，金人的崩溃已经指日可待，他们还在搜求宋人的弱点，准备夺取四川，一边抵抗蒙古的进攻，一边作为夺取南宋的基地。金人认为南宋的首都在临安，必然要用最大的努力保护临安及其周围；他们也知道宋人的兵力在蔡州的南边已经有了布置，第一是进则可以参加夺取蔡州的战役，二则也可防备蒙古在夺取蔡州以后，乘胜南下夺取荆襄。所以金人的目光对于东南及正南盯得不那么紧。把这两面搁开，他们的鹰眼正盯住邓州，他们幻想打开邓州，以全力扑向四川，然后在四川立国，以全川的人力物力作为最后的赌本，再为女真的统治开拓一个新局势。他们幻想倘使宋人还是和宣和以前一样，充满盲目的信任，很可能接受金人的提议，把自己的余粮，车载船运送到蔡州前线，供给这一大批粮匮草乏的女真，把他们养饱了，然后一边拖住蒙古军队的进攻步骤，一边再抓一个空隙，由巴山山岭冲向四川盆地，即以天府的丰富资源，发动新的攻势，说不定吴乞买的庞大侵略计划，还可以由这位粮已将罄、援已尽绝的完颜守绪来完成。天下事的变幻不测，本来是不能预料的。汉光武皇帝的芜蒌亭豆饭、滹沱河麦粥，本来已经到了矢尽援绝、死亡在即的时候，不是一经熬过，终于夺取了政权，开创两百年的东汉王朝吗？南宋的当局，固然是权臣在位，但是满朝还是充满了通晓古今的有识者，他们是不会闹出要"纪纲见我"这类特别幽默的。

蔡州本来是一个不甚引人注意的地方，经过哀宗的决定，作为临时的新都，地方上居然派出几十名老弱不齐的士人敲锣打鼓地到郊外十里欢迎，虽然不甚整齐，吹吹打打的倒也有一番异样的音调节奏。哀宗出京的时候，所有后妃都留京未动，崔立发动投降以后，后妃的下落当然由受降的蒙古安排，不在话下。现在到蔡州了，总不能身边没有女人，于是，哀宗下诏选室女，冠冕堂皇的理由是以备宫中使令。当然，即使在那个情形下，还是有应诏入宫的。由于右丞忽斜虎的进言，认为当时还不是备齐六宫的时候，才商定除留下识文义者一人以备整理文件以外，其余一概听其自便。至于国家大事，最主要的倒不是如何对付蒙古，因为这是已经确定的一个生死攸关的问题，而是如何对付宋人。蔡州虽然是一座小城，但是这个城里除了一些兵士以外，其余的都是官，尤其是武官，因为到了金朝的末年，钱是没有了，粮食也差不多全没有了，所有的只是官号，这是一个无尽宝藏。皇帝出了口就是官，既然是官，就可以凭着官位各显神通，强抢钱财，逼取粮食，这是说的武的一面。还有文的一面，既然是官，就可以不必当兵。当时的情况，儿子如若是官，可以不去当兵，因为他是官；父亲如若不是官，即使年满六十，还得荷戈出战，因为他不是官。这是参军之法。早在汴京的时候，哀宗就下令括粟，粮食是每家只余存粮二斗，其余一概缴公。一家只有寡妇二人，婆婆老了，媳妇为她存杂粮二斗，自己收拾糠秕粒屑，约略三升，不幸一被查出，无论媳妇怎样声辨这只是糠秕，还是当众活活打死，以儆效尤。至于钱币，那更开了一个筹款的新法。自北宋起，民间发明会子之法，如若外地需款，只要在本地殷实商户存款若干，领取收据，即可在外地联号凭据取款。这是近代汇款法的先声，是于民有利的，但是以后改为官办，就慢慢地发生流弊。宋人还好，立定年限，过期作废，但在期内是十足通用的。金人没有按此办理，因此纸币膨胀，终于不值一钱，金人除了卖官的办法外，异想天开，竟然规定只要缴纳一定的货币，即可赐姓完颜氏，算是天潢贵胄。不过这个办法没有来得及推广，金朝已经灭亡，不但没有人愿意纳款改姓完颜，连完颜氏自己也改姓了。好在他们住在中原已久，一口汉话，久已纯熟，只要能说汉话的，也不再承认是天潢贵胄，自称完颜什么了。

天兴二年六月，哀宗迁都蔡州，他虽然还想奋起余勇，夺取四川，但是已经无法实现，外面的敌人已经不仅是蒙古而是宋人和蒙古的联军。女真人还是能打几阵的，但是越打得凶，包围也就越缩得小，最后竟缩到蔡州的周围了。十二月，哀宗和左右说起："我为金紫十年，太子十年，皇帝十年，自知无大过恶，死无恨矣。所恨者祖宗传祚百年，至我而绝，与自古荒淫暴乱之君，等为亡国，独此为介介耳。"又说："古无不亡之国。亡国之君，往往为人囚絷，或为俘献，或辱于阶庭，或闭之空谷。朕必不至于此，卿等观之，朕志决矣。"不久以后，他又微服率军出东城图遁，但遇敌兵，这件事没有办通。天兴三年正月，传位于东面元帅完颜承麟，自缢于幽兰轩。末帝承麟退保子城，为乱兵所杀，金亡。

第六章　三京的失守

经过长时间的战争，蒙古乞颜部首领铁木真终于统一了各个部落。1206年，全蒙古的贵族聚集在鄂嫩河源推举铁木真为成吉思汗。从此，一个令人望而生畏、闻之丧胆的军事狂飙在中国北方出现了。

在成吉思汗的率领下，蒙古大军对金发动了年复一年的进攻。贞祐二年（1214），金宣宗被迫将岐国公主献给成吉思汗做他的第四个妻子；不久又放弃中都（现在的北京），逃往南京（汴州）。从此女真族的政治军事中心和关外女真的联系逐渐截断，世宗晚年关外之行的辛苦算是白吃了，金国的寿命不长了。幸好成吉思汗的胃口大得很，他要并吞西辽，并吞花剌子模，并吞西夏，眼光不完全盯在金国身上。不然的话，哀宗就当不上十年皇帝，他的悲剧角色就将由宣宗提前扮演了。

成吉思汗和他的继承人蒙古太宗在攻灭西辽、花剌子模、西夏之后，金国终于成了下一个主攻目标。宋理宗绍定五年（1232）十二月，蒙古派遣王檝到南宋，提议由宋、蒙对金南北夹击。对蒙古这一提议，当时南宋官员有主张接受的，有反对接受的。主张接受的理由是可以乘机雪北宋灭亡之耻，报二帝被俘之仇；反对接受的理由是徽宗联金灭辽，结果是金灭辽后乘胜灭了北宋，担心这次联蒙古灭金，最后又重蹈覆辙。双方的意见都摆出来了，各有其理由，这就要由皇帝拿主意了。理宗决定接受蒙古的提议，派遣郑伸之前往谈判，约定共同出兵，灭金后，黄河以南归宋，黄河以北归蒙古，这就是所谓以河为界。

"以河为界"的约定是宋金之间"以淮为界"的延伸。淮水浅，而且西至邓州为止，因此颍寿而东，经常是界址不明，涉水可虑；唐邓已经接近淮水的尽头，更易于挑起南北的衅端。所以以黄河为界的新计划，从表面上看，宋人是占到了些许的便宜。但是战争的事，本来要冒一定的危险，既然参加战争，不会是全无赔偿地白贴人马和军需，这一点无论蒙古是怎样涉世无多，不会不理解，也是必然要在订约的时候看得清楚的。

有了这样的相互理解，所以金人亡国的消息一来，宋理宗端平元年六月，下诏出师收复三京。所谓三京，是宋人的南京应天（今商丘）、东京开封、西京河南（今洛阳），其实都在黄河以南。实际上是把宋金后期交涉中宋人不断出入淮河以北的情况，确定为黄河以南而已。丞相郑清之力主其说，且命赵范移师黄州，刻日进兵。赵范、赵葵都主张守河据关，收复三京。当然彼时也有一些人认为"分道而趋京洛者几万，留屯而守淮襄者几万，非按籍得二三十万众，恐不足以事进取。借曰帅臣威望素著，以意气招徕，以功赏激劝，推择行伍，即可为将，接纳降附，即可为兵，臣实未知钱粮之所从出也。兴师十万，日费千金，千里馈饷，士有饥色。今之馈运，累日不已，至于累月；累月不已，至于累岁；不知累几千金而后可以供其费也。今百姓多垂罄之室，州县多赤立之帑，大军一动，厥费多端，其将何以给之？今陛下不爱金帛以应边臣之求，可一而不可再，可再而不可三。再三之后，兵事未已，欲中辍则弃前功，欲勉强则无多力，国既不足，民亦不堪，臣恐北方未可图，而南方已骚动矣。中原蹂践之余，所在空旷，纵使东南有米可运，然道里辽远，宁免乏绝？由淮而进，纵有河渠可通，宁无盗贼邀取之患？由襄而进，必须负载，三十钟而致一石，亦恐未必能达。若使顿师千里之外，粮道不继，当是之时，孙吴为谋主，韩彭为兵帅，亦恐无以为策。他日粮运不继，进退不能，必劳圣虑，此臣之所忧者三也。愿坚持圣意，定为国论，以绝纷纷之说。"这样的考虑不能说是不正确的。

是不是应当收复三京，在当时是有争论的，后人也是有争论的。张溥《宋史纪事本末》是同情收复三京的。他的主张是这样的：

徽宗之取燕云，理宗之复三京，二失同讥。然燕、冀、景、檀、涿、易等十四州，石敬瑭失之；平、营、滦三州，刘仁恭失之，地虽中国，非宋壤也。河南故都，陵寝在焉，委于蒙古，吾其忍乎！童贯伐辽，白沟败绩，再与金约，事复失期，克燕五京，宋实无功，事成背约，彼或有辞。蒙古攻金，假道乞师，马磴之战，孟珙先驱入蔡，灭金功首在宋，谓必敛手空城，坐而不取，非人情也。且辽为宋敌，金为宋仇。敌者可以存可以亡者也。仇者可以亡必不可以存者也。八陵之辱，二帝之惨，怀而不报者百余年矣，会有可乘，虽死不顾，必欲鉴宣和之海上而忘靖康之北狩，凡为臣子，其谁堪之？是故灭金之役，正也；三京之复，亦正也。其复而不果者，痛在进之太速，守之不固，非尽始谋者过也。绍定五年，蒙古遣王檝来议攻金，帝命使往报，约功成以后，归河南境地；孟珙与江海塔察尔入蔡州时，即痛哭与言，完颜氏灭，土地共分，自燕以上归蒙古，自汴以下归宋。盟无渝也，蒙古见听。即不然，李伯渊等既诛崔立以降，即走使蒙古，告以罪人授首，盟言可寻，汴京、洛阳，寝庙是宅，不敢不守，非有他志，蒙古之师其无出乎！又不然，彼兵直下，我兵坚守，赵葵等竭力捍城，史嵩之转饷无缺。持之数月，犬羊坐困，卷甲北还，或行人陈辞，画疆罢斗，皆足相当。奈何闻风即逃，不战而溃也。李全之叛，害由养痈，赵范、赵葵，再四请讨，郑清之力主其说，一举殄平，遂轻视蒙古，锐进不疑，不知鞑靼强大，非全比也。守汴之计未定而入汴之师先发，取快目前，虽得犹失，阔端分寇，益其忿耳。若谓恢复非计，专责赵、郑，令宋师不出，蒙古日大，既拥三京，保无南牧乎？殆未可与童贯北伐、张觳开衅同日而语也。[1]

王夫之的《宋论》，主张又不相同。他说：

---

[1] 《宋史纪事本末》。

会女直以灭契丹，会蒙古以灭女直，旋以自灭，若合符券，悬明鉴于眉睫而不能知，理宗君臣之愚不可瘳，通古今天下，未有不笑之者也。虽然，设身以处之，理宗之应此也亦难矣。会女直以灭契丹，非女直之为之也，女直无藉援于宋之情，亦无遽思吞宋之志，童贯听赵良嗣闲道以往约，而后启不戢之戎心。使宋闭关以固守，则女真不能测宋之短长以思凌夺。且宋之于契丹也，无君父之雠，则援而存之以为外蔽，亦一策也。不此之虑而自挑之，其咎无可委也。会蒙古以灭女直，则宋未有往迎之心，而王檝自来，其势殊矣。蒙古之蹂女直也，闻之则震，当之则靡，左驰右突，无不逞之愿欲。其将渡河面殄绝之，岂待宋之夹攻而后可取必？然且间道命使，求之于宋者，其志可知矣。女直已归其股掌，而涎垂及宋，殆以是探其情实，使迟回于为欣为拒之两途，而自呈其善败。故曰，宋之应此亦难矣。藉不许其约而拒之欤？则必有拒之之辞矣。有其辞，抑必有其践之之实矣。拒之而不以其理，则其辞先诎。如其辞之不诎，而无以践之，则为挑衅之媒，而固茶然不敢尽其辞。将应之曰：金，吾与国也，世与通好，盟不可寒。今穷而南依于我，固不忍乘其危而规以为利。如是以为辞而我诎矣。君父囚死于彼，宗社倾覆于彼，陵寝发掘于彼，而以迫胁要盟之约为信，抑将谁欺？明恃女直为外护，以缓须臾之祸，而阳托不忍乘危以夸志义，怯懦之情不可揜，而使其谋我之志益坚，则辞先诎而势亦随之以诎矣。[1]

张溥、王夫之两人的议论都是确有所本的，但是他们的议论，因为时代正在不断地变动，因此形势也必然要随着时代的变动而变动。南宋的初年，承着宣和的积衰，宽缓之至，成为屡弱，高宗仓皇南渡，奔走海上，宗泽既老，杜充亦降，韩世忠之善战，将兵不过五万；岳飞之精忠，高宗又疑其欲立太子；苗傅、刘正彦，激而拥立高宗子舅夔，并改元明受，张浚奔走海上，仅而获济。

---

[1] 《宋论》。

南宋之初，不可谓非积弱矣。自兹以后，虽牝鸡司晨，庸臣误国，韩侂胄力图晚盖而不能，史嵩之阴执大权而未敢，但是朝野之间始终以靖康为大耻，金源为血仇，及蒙古之难作而宋人之奋发蹈厉，几于空前，钓鱼台之坚守，为古今历史所未有，蒙哥之死，虽蒙古人谓为病殂，而宋人谓其死于中箭，亦无以斥之。崖山之役，宋军以全体殉国，忠贞之至，几于驾迦太基而上之。谓宋人为积弱，可也；谓宋人为终于积弱，不可也。持论者徒执一端之见，以为有宋三百年，南北十八君，始终出于一辙，此则偏固不经之论，尤不可也。

但是宋人收复三京之说，终于以洛阳之败成为空论，是历史的事实。那又是为什么？我们的答复是北方的粮食空虚，一至于此，为赵葵兄弟主张收复洛阳时所不及见而已。那么要问为什么不能预见，不能及时发现，不能立即接济？这桩公案是六百多年以前的事了，年代久远，我们固难尽见，即以我们及身之时代言之：抗战末期，河南大荒，重以纪律不严的军队的蹂躏，当时人民即有河南四大害之说，此其一。三年自然灾害，守土大吏媚上压下，河南深受其害，此其二。其后"四人帮"之害，山东、皖北、豫东大荒，此其三。及政策适当变动，人民始有温饱之望。总之，中原之灾荒频繁，为南方所少有，而其转运之繁重，道路之困难，亦为后代所不能想象，故徐子才入洛之明日，军食已竭，只有采蒿和面作饼以食。面饼皆尽，杀马而食，终于不战而退。蒙古兵又决黄河寸金淀之水以灌宋军，遂致宋军皆南退。最后是蒙古全部继承了金人的遗业，宋金的战争遂一转而为宋与蒙古的战争。

第七章　汴京陷落以后

在崔立的操纵下，汴京向蒙古投降了。官员、士兵、老百姓一概投降了。投降的保住了生命，其余一概由蒙古军安排。好问不是向耶律楚材上书投诚过吗？在汴京混乱之中，上书的人可能是上千上万，耶律楚材不一定都看到，而且即使看到，也不一定都管得着。"万人海中一身藏"，谁能保证当时的前途。平心而论，蒙古对于投降的人，还是有一定的纪律的。这一次的降民，大多数是送到聊城，听候安排。好在相距不远，只有随众且到聊城，听候分配。

好问还是得到照顾的。有《学东坡移居八首》。录四首：

谁谓我屋宽，寝处无复余。谁谓我屋小，十口得安居。南荣坐诸郎，课诵所依于。西除著僮仆，休休得自如。老我于其间，兀兀穷朝晡。起立足欠伸，偃卧可展舒。窗明火焙暖，似欲忘囚拘。屋前有隙地，客舍不可无。花栏及菜圃，次第当耘锄。东野载家具，家具少于车。我贫不全贫，尚有百本书。

壬辰困重围，金粟论升勺。明年出青城，瞑目就束缚。毫厘脱鬼手，攘臂留空橐。聊城千里外，狼狈何所托。诸公颇相念，余粒分凫鹤。得损不相偿，抔土填巨壑。一冬不制衣，缯纩如纸薄。一日仅两食，强半杂藜藿。不羞蓬累行，粗识瓢饮乐。敌贫如敌寇，自信颇亦悫。儿啼饭箩空，坚阵为屡却。沧溟浮一叶，渺不见止泊。

五穷果何神，为戏乃尔虐。

　　旧隐嵩山阳，笋蕨丰馈饷。新斋淅江曲，山水穷放浪。乾坤两茅舍，气压华屋上。一从陵谷变，归顾无复望。樵渔忆还往，风土梦闲旷。恍如悟前身，姓改心不忘。去年住佛屋，尽室寄寻丈。今年僦民居，卧榻碍盆盎。静言寻祸本，正坐一出妄。青山不能隐，俯首入羁鞅。巢倾卵随覆，身在颜亦强。空悲龙髯绝，永负鱼腹葬。置锥良有余，终身志惩创。

　　国史经丧乱，天幸有所归。但恨后十年，时事无人知。废兴属之天，事岂尽乖违。传闻入雠敌，只以兴骂讥。老臣与存亡，高贤死兵饥。身死名亦灭，义士为伤悲。哀哀淮西城，万夫甘伏尸。田横巨擘耳，犹为谈者资。我作南冠录，一语不敢私。稗官杂家流，国风贱妇诗。成书有作者，起本良在兹。朝我何所营，暮我何所思。胸中有茹喧，欲得快吐之。湿薪烟满眼，破砚冰生髭。造物留此笔，吾贫复何辞。

这些诗是乙未年（1235）作，是金亡后的第二年，这年好问自聊城迁冠氏，"去年住佛屋，尽室寄寻丈"，他还是在拘留中。"今年僦民居，卧榻碍盆盎"，看来他已经自由了。不过在此诗中，他的思想没有转变，"空悲龙髯绝"，他还是系心女真的。完颜一族的盘踞中原，在好问当时的思想里，认为是应当如此，从八百多年以后的今日看，这就完全不必了，何况他与耶律楚材的那封信，也并不是如此想的。

这一年好问有《后芳华怨》一首：

　　江南破镜飞上天，三五二八清光圆。岂知汴梁破来一千日，寂寞菱花仍半边。白沙漫漫车辘辘，鹍鸡弦中杜鹃哭。塞门憔悴人不知，枉为珠娘怨金谷。乐府初唱娃儿行，弹棋局平心不平。只今雄蜂雌蝶两不死，老眼天公如有情。白玉搔头绿云发，玫瑰面脂透肉滑。春风著人无气力，不必相思解销骨。洛花绝品姚家黄，扬州银红一国香。千围万绕看不足，雨打风吹空断肠。丹砂万年药，金印八州督，不及秦宫一生花里活。长门晓夕寿相如，尽著千金买消渴。

当然，这首诗的背景是不清楚的，但是作诗的年月很清楚。汴京之破，在好问一生中是关键性的，很可能他在这首诗中，记载了他一生的升沉。汴京不破，金源不亡，凭着遗山的族姓，要在政治上有很大的成就是不可能的。杨云翼的才能，始终只能提供一些政治的认识，何况好问只是一个文人？但是他的成就要向王若虚靠拢，还是尽有可为的。丹砂金印，不及秦宫，此中原有难言之隐了。

在这段时期中，蒙古和金的战事久已结束，但是蒙古和宋的战事正在继起中。好问有好几首诗，还在诉说兵戈撞击、骨肉分离的悲哀。

得侄搏信二首

今日鄜州侄，知从虎穴还。
百年阴德在，几日鬓毛斑。
隔阔家仍远，羁栖食更艰。
谁怜西北梦，依旧绕秦关。

虢驿传家信，坤牛玩吉占。
团圆知有望，悲喜亦相兼。
过眼书重展，伸眉酒屡添。
关河动高兴，百绕望青蟾。

十二月六日二首

伥鬼跳梁久，群雄结构牢。
天机不可料，世网若为逃。

白骨丁男尽，黄金甲第高。
阊门隔九虎，休续楚臣骚。

海内兵犹满，天涯岁又新。
龙移失鱼鳖，日食斗麒麟。
草棘荒山雪，烟花故国春。
聊城今夜月，愁绝未归人。

蔡州战役结束的时候，本来还有一些太平的希望，但是接下就是洛阳之战，蒙古和宋人之间重新燃起了战火。杀、杀、杀，无怪好问有"白骨丁男尽"之叹了。自己的一家呢，一时还谈不到重回故乡，事实上，遗山也没有想到要回故乡。聊城住过四年，他已经住惯了，这一年他又去济南一次。有《济南行记》——

乙未秋七月，余来河朔者三年矣，始以故人李君辅之之故而得一至焉，因次第二十日间所游历，为《行记》一篇传之好事者。初至齐河，约杜仲梁俱东，并道诸山，南与泰山接，是日以阴晦不克见。至济南，辅之与同官权国器置酒历下亭故基。此亭在府宅之后，自周齐以来有之……水西亭之下，湖曰大明，其源出于舜泉，其大占城府三之一，秋荷方盛，红绿如绣，令人渺然有吴儿州渚之想。大概承平时济南楼观，天下莫与为比。丧乱二十年，惟有荆榛瓦砾而已……西北孤峰五。曰匡山……世传李白尝读书于此。曰粟山。曰药山……曰鹊山……曰华不注，太白诗云：昔岁游历下，登华不注峰，兹山何峻秀，青翠如芙蓉。此真华峰写照诗也。大明湖由北水门出，与济水合，弥漫无际，遥望此山，如在水中，盖历下城绝胜处也。华峰之东有卧牛山，正东百五十里，邹平之南有长白山，范文正公学舍在焉，故又谓之黉堂。岭东十里，有南北两妙山，两山之间有闵子骞墓。西南大佛头岭，下有寺。千佛山之西有函山，长二十里所，山有九十谷，泰山之北麓也。泰山去城百里而近，特为函山所碍，天晴登北渚，则隐隐见之。历山去城四五里许，山有碑云："其山修广，出材不匮。"今但兀然一丘耳。西南少断有蜡山。由南山而东，则连亘千里，与海山通矣。爆流泉在城之西南，泉，泺水源也。山水汇于渴马崖，湫而不流，近城出而为此泉，好事者曾以谷糠验之，信然。往时漫流才没胫，故泉上涌，高三尺许。今漫流为草木所壅，深及寻丈，故泉出水面，才二三寸而已。近世有太守改泉名槛泉，又立槛泉坊，取诗义而言，然土人呼爆流如故。爆流字又作趵突，曾南丰云然。

这一年他有《与张仲杰郎中论文》一首：

> 文章出苦心，谁以苦心为？正有苦心人，举世几人知。工文与工诗，大似国手棋。国手虽漫应，一著存一机。不从著著看，何异管中窥。文须字字作，亦要字字读。咀嚼有余味，百过良未足。功夫到方圆，言语通眷属。只许旷与夔，闻弦知雅曲。今人诵文字，十行夸一目。阒颤失香臭，瞥视纷红绿。毫厘不相照，觌面楚与蜀。莫讶荆山前，时闻刖人哭。

遗山有时叙述到自己在邓州和汴州时的交游，真是不胜感慨。他有《九日读书山用陶诗"露凄暄风息，气清天旷明"为韵赋十首》，兹录五首：

> 行帐适南下，居人跼庭户。城中望青山，一水不易渡。今朝川涂静，偶得展衰步。荡如脱囚拘，广莫开四顾。半生无根著，筋力疲世故。大似丁令威，归来叹墟墓。乡闾丧乱久，触目异平素。枌榆虽尚存，岁晏多霜露。

> 宇宙有此山，阅世过鸟疾。何人不此游，名姓宁复识？兹辰世

所重，前代多盛集。柴桑有故事，二谢留俊笔。并数孟与桓，此外谁记忆。人生百年内，踏地皆陈迹。独惟我辈人，兴怀念今昔。山林与皋壤，自古长太息。

赏心古难并，暮景日易费。故人成此游，尊酒重相慰。新诗互酬唱，清谈见滋味。鲸鲵方偃蹇，蛙黾共腾沸。悬险剧褒斜，清浑杂泾渭。争教十围腹，满贮忧与畏。情亲到真率，宁复转喉讳。郑重伯雅生，藉汝聊吐气。

往年在南都，闲闲[1]主文衡，九日登吹台，追随尽名卿。酒酣公赋诗，挥洒笔不停，蛟龙起庭户，破壁春雷轰。堂堂髯御史[2]，痛饮益精明，亦有李与王[3]，玉树含秋清，我时最后来，四座颇为倾，今朝念存没，壮心徒自惊。

我在正大初，作吏淅江边。山城官事少，日放淅江船。菊潭秋华满，紫稻酿寒泉。甘腴入小苦，幽光出清妍。归路踏明月，醉袖风翩翩。父老遮我留，谓我欲登仙。一别半山亭[4]，回头余十年。江山不可越，目断西南天。

---

[1] 闲闲指赵秉文。
[2] "髯御史"指雷渊，字希颜。
[3] 李，名钦止，字献卿。王，名涯，字仲泽。
[4] 半山亭在内乡县，好问有《半山亭招仲梁饮》七言诗一首。正大初好问往来内乡、南阳、邓州间，见前。

第八章　和严实的关系

汴州陷落以后，好问被放到山东西路，这里首府是东平，主持者是严实。遗山初到东平，虽然他的诗文在当时已经有了大名，但是他的身份只是俘虏。作为降虏而又负有大名，是一件不幸的事，因此他不得不蜷缩在矮檐之下，饥寒交迫，争取当道的同情。甲午、乙未是蒙古太宗的六年和七年，好问的生活是这样度过的。事实上严实的生活也好不了多少，他在金末的时候，和李全、张柔等一样只是山东的一位群众领袖，有时也不免干些打家劫舍、冲州闯县的勾当，他的大本营在东平，山东西路的首府，也在梁山泊的附近。至于梁山泊的英雄们一百零八位，虽然在杭州瓦子里说得有声有色，解放之初，因为他们的旗号，标明要替天行道，因此许多评论家上连下串，把他们说得活灵活现，好像确实是具有叛逆思想，决心要推翻宋代的统治，其实也不尽然。他们之中有些人是见于记载的，有些人很可能是虚构的。最有兴趣的如关胜、李逵，一个是大将，一个是狱卒，他们在刘豫决心背叛南宋、投降女真的时候，因为反对刘豫的叛国行为，终于为刘豫所杀。从今天看，这两人是当时的爱国志士、赵室忠臣，那怎么会到梁山泊去和宋统治者作战呢？在完颜亮发动南侵的时候，金室的朝臣有人向完颜亮进言：听说南宋出了异人，只要画几道符篆，一经烧过，踹在上面，就可以日行千里，通风报信。完颜亮只是付之一笑，不去理他。至于水军将领，那倒确有其人，是南宋后期在襄阳与蒙古作战的张顺。一丈青也是有的，是与金人作战的，不过在历史记载里，他是男人，和平话中的女人不同。我想是男人，正见到他饱经风霜、面目憔悴；倘是女人，既然异常高大，又是满面青绿，未免言之过分了。

太宗八年丙申，好问曾到冠氏赵庄，是当时东平副元帅赵天锡的家乡。赵是严实的副手，是当地的豪强，霸王请客，还能不去吗？

在冠氏有《冠氏赵庄赋杏花》四首，其中有句：

> 荒村此日肠堪断，回首梁园是梦中。

梁园是汴京，好问对于汴京，是不胜依恋的。从今天看来，在女真人治下，和在蒙古人治下，同样是受武力的统治，同样是不受当权者信任的第三等人民，回首肠断，其实是不必要的。即以当时的实际言，杨云翼多少还能对金宣宗提出一些有分量的言论，王若虚的年龄，尽管在云翼之上，但是进言的分量便远在云翼之下，在当时，这原是不足为奇的。好问的荒村断肠，便不免言之过分了。幸而严实、赵天锡是武人，在汴京已下三年之际，好问又只是诗人，看来也不会有什么作为，因此一切都只是逢场作戏，不加追问了。

好问游泰山，作诗不多，所记亦极简。他自己说：

东游略记

> 丙申三月二十有一日，冠氏赵侯将会行台公于泰安，侯以予宿尚游观，拉之偕行，凡三十日，往复千里，而在鞍马者八日，故所历不能从容，然亦愈于未尝至焉者，因略记之，以备遗忘。

从此记最后我们看到他到泰山前后凡五日，灵岩、龙泉，皆一宿而去，这就无怪记述的简单了。有《游泰山》杂言一首：

> 泰山天壤间，屹如郁萧台。厥初造化手，劈此何雄哉！天门一

何高,天险若可阶。积苏与累块,分明见九垓。扶摇九万里,未可诬齐谐。秦皇憯威灵,茂陵亦雄材。翠华行不归,石坛满苍苔。古今一俯仰,感极令人哀。是时春夏交,红绿无边涯。奇探忘登顿,意惬自迟回。惜无赏心人,欢然尽余杯。夜宿玉女祠,梦奔涌云雷。山灵见光怪,似喜诗人来。鸡鸣登日观,四望无氛霾。六龙出扶桑,翻动青霞堆。平生华嵩游,兹山未忘怀。十年望齐鲁,登陵负吟鞋。孤云拂层崖,青壁落落云间开。眼前有句道不得,但觉胸次高崔嵬。徂徕山头唤李白,吾欲从此观蓬莱。

在这首诗里,我们能看到什么呢?实际是不多的。可注意的倒是他提到刘豫的处所,如云龙泉"下寺有石刻'刘豫阜昌三年'",好问《中州集》亦有刘豫诗。当然,这里正看到在当时的情况下,人民的生活已经到了死亡的边缘,因此只要能保证生命的安全,即使出来一个汉奸,也值得为他树碑立传。这正是我们读史传时不能不为之挥泪的。

好问论诗,曾经说过:"北人不拾江西唾,未要曾郎借齿牙。"当金、宋并立时,南北交通并未断绝,不但南北通商,书信往来亦未绝迹。但是遗山对于南宋诗词,不稍假借,这里也有一定的理由:第一,南宋诗词如陆游、辛弃疾之激昂慷慨,为金人所不乐闻;第二,南方词人的精致入微,亦为金人所不易解。遗山论诗之作,今人耳熟能详,兹不复引,引本年所作《东坡乐府集选引》——

绛人孙安常注坡词,参以汝南文伯起小雪堂诗话,删去他人所作"无愁可解"之类五十六首,其所是正,亦无虑数十百处,坡词遂为完本,不可谓无功。然尚有可论者:如"古岸开青葑"(《南歌子》)以末后二句倒入前编。此等犹为未尽,然特其小小者耳。就中"野店鸡号"一篇,极害义理,不知谁所作,世人误为东坡,而小说家又以神宗之言实之,云:"神宗闻此词,不能平,乃贬坡黄州,且言'教苏某闲处袖手看朕与王安石治天下'。"安常不能辨，复收之集中，如"当时共客长安，似二陆初来俱妙年，有胸中万卷，有笔头千字，致君尧舜，此事何难。用舍由时，行藏在我，袖手何妨闲处看"之句，其鄙俚浅近，叫呼衔鬻，殆市驵之雄醉饱而后发之，虽鲁直家婢仆且羞道而谓东坡作者，误矣。又：前人诗文有一句或一二字异同者，盖传写之久，不无讹谬，或是落笔之后，随有改定，而安常一切以别本为是，是亦好奇尚异之蔽也。就孙集录取七十五首，遇语句两出者择而从之。自余《玉龟山》一篇，予谓非东坡不能作，孙以为古词，删去之，当自别有所据。姑存卷末以候更考。丙申九月朔书于阳平寓居之东斋。元某引。

汴京的陷落在1233年，到1238年已经前后六年了。即从蔡州崩溃算起，也已经五年了。在这五年之中，蒙古和宋人的关系起了很大的变化。破蔡州的时候，蒙古和宋人是同盟的国家，蔡州既破，宋人当然要根据原约，进取三京，可是三京早已落到蒙古掌中，要从蒙古手中夺取三京，那就要看宋人的实力了。所谓实力，不仅是武力，还要看经济力量，尤其是后勤力量。

对于后勤方面的重视，是近代的概念。在古代是不够重视的。一般都说"资粮于敌"，这无疑是一个非常危险的问题。万一敌人无粮可资，或者即使有粮可资，但是在退兵的时候，付之一炬，那时又将如何。女真人不是不能打仗的，洛阳更不是可以轻易放弃的重地，但是竟退兵了。为什么？因为他们已经看到粮尽援绝，于是只有退兵。兵退了，可是粮食并不因为兵退而能自然增长，因此败兵一退，不能复振，在古代战争里，是常有的现象。

宋人是取得洛阳的，但是一进洛阳，原先满以为可以资粮于敌的，不料只是一座空城，因此一天以后，随即退出。蒙古军队是有准备的，宋兵一退，蒙古兵随即进城，汴京、归德是早在蒙古手中的，所以无论宋人怎样苦心孤诣，准备收复，其实只是为蒙古尽了一些扫除之役，最后的胜利者还是蒙古。不仅如此，蒙古还趁此声势，驱兵南下，一鼓而夺取襄阳。到了这个时候，宋人经营多年的事业，收复失地的计划，完全结束，而且连襄阳也失去了。

倘使我们认为宋人就从此甘心,放弃襄阳这个百战之地,那么我们的估计就错误了,因为蒙古太宗十年(1238)宋人从蒙古人手里又把襄阳夺回。从这里也可以看出南宋的后期还是努力作战,不甘心于失败,也不是可以轻易击败的。

就在这一年,也可以看到蒙古人对于投诚的汉人是怎样估计的。在投诚蒙古,为蒙古卖命作战的人中,严实应当算是第一等了。南宋的彭义斌带兵北伐,与金人作战中,不是曾由南方直趋山东,以后再计划夺取大名的吗?义斌未到东平的时候,看到严实盘踞东平,实力雄厚,向严实提出,共同出兵,收回大名府,并准备把宣抚使的名义让给严实,自为宣抚副使,只要收回宋人的疆土,个人名义在所不计。这样的爱国主义者在当时固然少有,在后代也是不多见的。可是严实的想法不一样,他认为服从金人,自己的地位是稳固的,至于出击大名,倒是没有把握,最后的结果,是把义斌杀了,自己保全实力,估计金人除了给他加官进禄以外,对他也无可奈何。这一着他是办通了,可是同时也损害了民族的前途。及至蒙古来了,他的办法也显然可见,能出卖本民族的当然也可以出卖异民族,因此严实立即投降蒙古。在这个用人之际,蒙古人对严实是没有亏待他。蒙古太宗二年四月,他到和林,朝见蒙古太宗,太宗赐坐,赐以虎符,并且一再地和左右说:"严实,真福人也。"当然,蒙古的领导者当时未必说的是汉话,至于他所说的蒙古话,在译传到严实的听觉里,当然是这样的。作为一个誓死投敌的严实,也自认为是福人。想来他从和林回到东平的时候,必然是飘飘然地充满了衣锦还乡之荣,从此他为蒙古更努力、更死心塌地地干下去。1234年灭金,当然也有严实的一份功劳。可是现在是1238年,四年过去了,对于严实要重新估价了。金人已灭,在这里严实是用不到了,蒙古和宋人的战场已经推进到襄阳的附近,严实的那批手下人是起不到什么作用的。"福人"吗,当然还是,现在是到他享福的时候了。这个消息一经透出,济州长官提出由蒙古直接掌握济州,大名长官提出要以冠氏等十七县改隶大名。严实虽然得到"福人"的荣誉,眼看要退归林下,颐养天年了。

那时的耶律楚材在中央是有一定的实权的,恰巧严实的掾史王玉汝因事入京,他和楚材本来认识,晚间楚材听到玉汝在那里号啕大哭,第二天问他为什么哭得这样伤心。玉汝说:"我这次到京都来,是奉了严公之命的,可是到了京都,听到严公之地全部分割,不能救止,没有面目再回东平,不由得不哭了。"楚材一片好心,为严实说了一大堆好话,地虽没有分去,但是东平却由朝廷直接统治,不能由严家掌握了。从今天看来,不论是汉人、蒙古人或是其他少数民族中的任何人,中国是一个多民族的大家庭,只要是中国各民族中的一个成员,对于这个国家曾经努力工作,都应得到全体人民的尊重和爱戴。但在当时,情况是完全不一样的。

现在重新回到好问。

自从汴京陷落以后,他一直流寓山东,主要的活动范围是在东平附近,有时远至济南,在当时的行政规划看,这里已经是山东东路了。他的身份主要是作为俘虏的。他不能不说是希冀新朝的录用,但是即使他投书耶律楚材,但是这位推荐贤才唯恐不及的要人,不知什么原因,终于无能为力,好问只有留在山东以待时局的转变。这件事是使他失望了,不过他在山东西路,却受到当地要人严实的青睐,终于以亡国的俘虏成为东平路行军万户的上宾。虽然以一代最有名的文士投向蒙古的武人不能不使后人为他可惜,但是在他却认为是一种荣幸;正同在 20 世纪初年的文人章士钊在袁世凯叛变民国、称帝投敌的时代,创办《甲寅》(这是所谓前《甲寅》),得到国人的拥护;后来在段祺瑞举办"西原借款"准备扑灭孙中山革命的时代所办的《甲寅》(当时称为后《甲寅》),宗旨完全变了,成为反对民主的作家,声誉一落千丈。文人的盛名之下,不自爱惜,实在是值得痛惜的。

在山东流转到第六年,严实终于看清楚一个书生是做不出什么大事业来的,即使他在诗文中不免有些对于女真的怀念,其实只是笔头上的功夫,在实际行动中是不可能有什么作为的。泰山之行和济南之行,都是考察的机会。严实是经过战争锻炼的,那还有什么逃得了他的观察吗?所以到了戊戌这一年(1238),好问提出要回秀容的时候,虽然约他不要忘去东平,到底还是批准由他回去了。

出东平

老马凌兢引席车,高城回首一长嗟。
市声浩浩如欲沸,世路悠悠殊未涯。
潦倒本无明日计,往来空置六年家。
东园花柳西湖水,剩著新诗到处夸。

别冠氏诸人　戊戌秋八月初二日

东舍茶浑酒味新,西城红艳杏园春。
衣冠会集今为盛,里社追随分更亲。
分手共伤千里别,低眉常愧六年贫。
他时细数平原客,看到还乡第几人。

别冠氏诸人以后,前途便是济源。

入济源寓舍　戊戌八月二十二日

未办驱车上太行,主人留此避风霜。
遗编坠简文章烂,粝食粗衣岁月长。
奋迅旧嫌扶老杖,龙钟今属负暄墙。
睡中剌剌闻人语,季子金多过洛阳。

从这里向前,望到嵩少。有《望嵩少二首》:

嵩少飞来昆阆山,山家茅屋翠微间。
鸡豚乡社相劳苦,花木禅房时往还。
结习尚余三宿恋,残年多负半生闲。
长河一苇人千里,望断西城碧玉环。

饮鹤池边万木稠,养龙崖上五峰秋。

> 藤垂绝壁云添润，涧落哀湍雪共流。
> 田父占年惊玉筛，诗仙留迹叹昆丘。
> 西风落日山阳道，空对红尘忆旧游。

从这里再向北，便是太原，是河东北路的首府，好问自秀容到开封的必经之路。在金人的时代，好问来往不知多少次了，那时怎会想到一别多年，到今天才能胜地重游呢！有诗一首：

太原

> 梦里乡关春复秋，眼明今得见并州。
> 古来全晋非无策，乱后清汾空自流。
> 南渡衣冠几人在，西山薇蕨此生休。
> 十年弄笔文昌府，争信中朝有楚囚。

不可讳言的，好问只是一个文人，满纸韬略，其实无从实现。在蒙古东破居庸关、西破潼关的时候，女真的若干元帅、行台起了什么作用呢？除了少数的几位外，哪一个不是开始腐化，甚至久已腐化的？将帅们一经腐化，什么作用都不能起，到这样的时候，还想保全山西，那只能纸上空谈了。但是在这首诗里，却隐隐透露好问即使曾经上书耶律楚材，他的内心还是忘不了女真王朝。

"楚囚"二字是有些突兀的，这里正透出好问六年以来在东平的一段经历。在东平的一段时期，除了初到的时候还不免有些隔阂外，他和严实一家的关系是很好的，但是即使在这个很好的当中，好问不会不理解到严实是新朝的佐命，自己只是一个亡国大夫。给耶律楚材他是去过信的，远谈不上西山薇蕨，但是楚材无能为力，更使他相信自己前途的坎坷。无论自己怎样曾经十年弄笔，只落得一个中朝楚囚。

是中朝楚囚了，好问是认识到这一点的。好在他认识快，决心也快，连忙赶到秀容。自己不是有一个家吗？可是丧乱之前，他的全家已经离开秀容，远客邓州了。好问在这个无可奈何的情况下，只有就外家别业之侧，自营别业，聊蔽风雨。今集中存《外家别业上梁文》一篇。文中对当日为崔立立碑之事，作了辩护，前已略见，兹录其关于建筑的部分于次：

……以流言之自止，知神理之可凭。复齿平民，仅延残喘。泽畔而湘累已老，楼中而楚望奚穷。怀先人之敝庐，可怜焦土；眷外家之宅相，更愧前途。岂谓事有幸成，计尤私便，东诸侯助竹木之养，王录事寄草堂之赀。占松声之一丘，近桃花之三洞。东墙西壁无补拆之劳，上雨旁风有闭藏之固。已与编户细民而杂处，敢用失侯故将而自名。因之挫锐以解纷，且以安常而处顺。老盆浊酒，便当接田父之欢；春韭晚菘，尚愧夺园夫之利。彼扶摇直上，击水三千，韦杜城南，去天尺五，坐庙堂佐天子，盖有命焉；使乡里称善人，斯亦足矣。

从这篇作品里，我们可以看到好问的头脑是清楚的。在据乱之世，只有托庇故里，别营巢构，如此则尔我无猜，巢穴有托，不失为一个全家室、蔽风雨之上策。时代的使命，是无可幸免的。好问有诗一首：

外家南寺

郁郁秋梧动晚烟，一夜风露觉秋偏。
眼中高岸移深谷，愁里残阳更乱蝉。
去国衣冠有今日，外家梨栗记当年。
白头来往人间遍，依旧僧窗借榻眠。

好问的住处是确定了。蒙古太宗十一年己亥，有《己亥元日》诗：

五十未全老，衰容新又新。
渐稀头上发，别换镜中人。

野史才张本，山堂未买邻。
不成骑瘦马，还更入红尘？

问题在于遗山究竟是还入红尘不成。据我的看法，他是不能不入红尘的。这一个入红尘，是因为他会看到家乡不可久居了。杜诗："父老四五人，问我久远行。手中各有携，倾榼浊复清。"正看到唐人的厚道，但是也正是由于杜甫的客居异地，外人摸不清他的底细。好问还家，人家会了解他的底细的，不入红尘，很可能引起不知者的嘲笑。其结果是可想而知的。在东平六年，虽然他不断出入于东阿、泰山、郓城、东平一带，辛苦是辛苦的，而且也没有什么官衔和任务，可他是自在的；一旦他回到秀容，虽然少时游吊之乡，一时是新鲜的，日子久了，人家看到他东游西逛，无所作为，那时的人事关系就不那么简单了。所以好问的寄家秀容是必然的，而他的只身外出，也是不得不然的。

初挈家还读书山杂诗四首

并州一别三千里，沧海横流二十年。
休道不蒙稽古力，几家儿女得安全？

天门笔势到闲闲，相国文章玉笋斑。
从此晋阳方志上，系舟山是读书山。

眼中华屋记生存，旧事无人可共论。
老树婆娑三百尺，青衫还见读书孙。

乞得田园自在身，不成还更入红尘？
只愁六月河堤上，高柳清风睡杀人。

读书山的原名是系舟山，赵闲闲为改名读书山。好问集中多处皆作读书山。好问初还之时，未必即作出游之想，但是他的处境，使他不能不出去了。

好问在南阳、内乡的时候，游宦多年，他不得不携家同行。现在形势变了，金的时代，已经变成了蒙古的时代，投书耶律楚材，又没有结果，这是使他不能不还山的主要原因；但是作为诗人，他还得看看这个世界，因此在新居已成，妻子得所寄托的时候，他重新迸发出放眼世界的要求。当然这个范围还是有限的。

宋人按照旧约，在蔡州城破、金室已亡的时候，要收复三京，这是约定在先的，但是在那个时代，一切条约都是以实力为后盾的，在后盾不足的时候，条约立即成为废纸，原是必然的事。中原地区，原来是以黄河、长江为主要分界线的，淮水也曾起过一定的作用，不过由于长度不够，由海、泗至唐、邓，作用是显著的，邓州以西，淮水便不起作用了。蔡州陷落以后，宋人曾一度收复三京，不幸由于粮秣接济不上，西京洛阳甫经收复，随即放弃，这一下蒙古趁机进攻，大军直扑襄阳，虽然不久以后，宋人夺回襄阳，但是无力再去争取三京，整个形势重行回到金世宗、章宗的时代。

是不是就能从此以淮水为界相安无事呢？当然不可能。世宗、章宗这两位女真首领是主张相安无事的。但是蒙古的领导者的看法不一样。岂但如此，即在金代，章宗的继承者宣宗的看法也不一样。在这里，强者如蒙古的宪宗，弱者如金代的宣宗倒完全一致。他们都认为宋人的重兵在江淮，巴蜀比较空虚，因此他们都想直扑四川，而出乎意料的是他们都在四川吃了败仗；而且比较坚强的蒙古宪宗，败得更加惨痛。战争的成败有可测性，也有不可测性，而不可测性因为出于人的意料之外，往往会使人目瞪口呆。

蒙古太宗十二年庚子，好问在把家属安顿在秀容以后，决定出游了。由于时代的限制，这次游踪，除了现在的山西以外，还是限在现在的山东、河北、河南三省，不过时代在动荡中，他所接触到的时代脉搏，远远超出现代的旅游者。

发南楼度雁门关二首

鸡声未动发南楼，洞水随人向北流。

欲望读书山远近，雁门关上懒回头。

棱磳石磴倚高梯，穹谷无人绿树齐。
总为古来征戍苦，宿云常傍塞垣低。

庚子三月十日作

残梦忘书帙，余寒瀸酒杯。
青铜元懒照，白纻更宽裁。
水际时独往，花边知几回。
殷勤双语燕，应自谢家来。

东山四首

半欲天阴半欲晴，层峦叠嶮各分明。
去年风雪无多景，看尽东山是此行。

自笑平生被眼谩，看山只向画中看。
天公老笔无今古，枉著千金买范宽。

锦里春光风马牛，鸟飞不到太湖秋。
一丘一壑都堪老，且具神山烟景休。

马水横陈圣皋前，滹沱陂堰远相连。
鱼多只说牛家汇，何处秋风有钓船？

四月，蒙古东平路万户严实死了。好问还在途中，当时不会知道。五月就葬，七月严实之子忠济请好问为作神道碑，这是一件非常重大的事情，关系到蒙古、金和宋三个民族的斗争，我们在这里可以照录好问碑文的一节：

东平行台严公神道碑

……癸酉[1]之秋,国兵[2]破中夏,已而北归。东平行台调民为兵,以公为众所伏,署百夫长。明年春,泰安人张汝楫据灵岩,遣别将攻长清,公破走之,以功授长清尉,东阿、平阴、长清三县提控捕盗官。戊寅[3]六月,摄长清令。八月,宋人取益都,乘胜而西。行台檄公备刍粮为守御计,公出督租,比还而长清陷,寻以兵复之。有谮于行台者,谓公与宋有谋。行台疑公,以兵围之。公挈老幼,壁青崖,因依益都主将以避台兵之锋。宋因以公为济南治中,分兵四出,所至无不下。于是太行之东,皆受实节制。庚辰[4]三月,河南军[5]攻彰德,守将单仲力不支,数求公救,公为请于主将,主将逗留不行。公独以兵赴之,比至而仲被擒。公知宋不足恃,首谒先太师[6]于军门,挈所部以献。太师时以王爵统诸道兵,承制封拜,乃授公金紫光禄大夫、行尚书省事。其年,进攻曹、濮、单三州,皆下之。偏将李信留镇青崖,尝有罪,惧诛,乘公出征,叛降于宋。公兄及夫人杜氏皆遇害。明年[7],公以太师兵复青崖,擒信诛之。进攻东平,守将何立刚弃城而奔,公始入居之。又明年[8],军上党,宋将彭义斌说青崖晁海叛公,公之家人复被略去。义斌军西下,郡县多为所胁,乙酉[9]四月,遂围东平。公间遣人会大将孛里海军,军久不至,城中食且尽,乃与义斌连和;义斌亦欲藉公取河朔而后图之,请以兄事公。时麾下众尚数千,义斌不之夺,而青崖所掠,

---

[1] 1213 年。
[2] 指蒙古兵。
[3] 1218 年。
[4] 1220 年。
[5] 蒙古军。
[6] 蒙古木华黎。
[7] 1221 年。
[8] 1222 年。
[9] 1225 年。

则留不遣也。其年七月,义斌下真定,道西山,与孛里海等军相望,分公以帐下兵,阳助而阴伺之。公知势已迫,即速趣孛里海军而与之合。战始交,宋兵崩溃,乃擒义斌。不旬月,先所失部分尽复之。是冬,郡王戴孙取彰德,明年,取濮、东平,又明年,太师攻益都,凡公之功,所在皆为诸道之冠。

……从这里,我们看到当时的东平,实在是南北的要冲,是宋、金、蒙古三个方面必争之地,彭义斌是始终站在民族立场上,为宋孤军北上,一连夺取东平,威胁大名。假使他能成功,必然可为宋争取更大的荣誉;不幸为严实所卖,终于以自己的牺牲赢得后人的崇敬。

但是就当时的形势论,蒙古族以较强的实力,举兵南下,作战则有战必胜,用人则阳与阴夺,一手持橄榄枝,一手持利剑,随时可以擢用,也随时可以杀却。女真族剽悍的固然剽悍,并不让于蒙古;腐化的已经腐化,甚至超过宋人。这三个民族纠缠在一起,进行生死的决斗,在中国历史上是非常罕见的。

在好问的地位,正因为一百余年一家生活在女真的严格统治之下,他的思想已经僵化了,甚至麻木了。他的心目之中,只有女真的主子;及至女真灭亡之后,蒙古族又进入了他的思想,他心目中又添了一个蒙古的主子。在蒙古和女真作战中,由于目见战争的残酷,他确实同情女真,同样地也同情受到蒙古和女真双重压迫的汉人。在女真坚强的时候,他歌颂女真的武士;待到蒙古强大起来以后,他同样地歌颂蒙古的武士。可惜彭义斌率领所部的武士冲破女真的包围,挥兵北上,甚至为了争取严实,不惜放弃名位要求他齐头并进的坦荡,好问没有仔细体会,没能为我们塑造一个襟怀坦荡的汉族名将,实在是非常遗憾的。遗山对于严实不仅如此,还有一篇《东平行台严公祠堂碑铭》:

山东重地所在,天下莫与为比,杜牧以为王者不得之则不可以王,伯者不得之则不可以为伯。古之山东,今河朔燕、赵、魏。是以就三镇较之，魏常制燕赵之生死而悬河南之重轻，故又重焉。方天兵南下，海宇震荡，雷霆迅击，无不糜灭，燕城既开，朔南分裂，瞻乌爱止，不知于谁之屋。公拥上流，握劲锋，审大命之去就，一群疑之同异，乃以庚辰[1]春籍所统彰德、大名、磁、洺、恩、博、滑、濬等州户三十万，献之太师之行台。形势既强，基本斯固，国家所以无传檄之劳、亡镞之费，而成包举六合之功者，公之力为多。昔淮阴袭历下军，尽有齐地，高祖因之以成帝业，耿弇攻祝阿，窦融合五郡兵，光武因之以集大统。以公方之，尚无愧焉。好问客公幕下久，故能知公所以得民者。盖公资禀沉毅，威望素著，且严于军律，少所宽贷，见者流汗夺气，莫敢仰视。中岁以后，乃能以仁民爱物为怀，郡王兵破相下之水栅，继破曹、濮，怒其翻覆，莫可保全，欲尽坑之。公百方营救，得请而后已。兵出荆襄，公自邳徐赴之，谓所亲言，河南受兵，杀戮必多，当载金帛以赎之。灵壁降，民方假息待命，公馈主兵者，下迨卒伍，亦霑膏润，一县老幼皆被更生之赐，且纵遣之。计前后所活，无虑十数万人。生口北渡，无从得食，糜粥所救者，尚不论也。

画境之后，创夷之人新去汤火，独恃公为司命。公为之辟田野，完保聚，所至延见父老，训饬子弟，教以农里之言，而勉之孝弟之本，恳切至到，如家人父子，初不以侯牧自居。官使善良，汰逐贪墨，贷逋赋以宽流亡，假闲田以业单贫，节浮费以丰委积，抑游末以厚风俗。至于排难解纷，周急继困，收恤孤嫠，饮助葬祭，菽粟易于水火，冰霜化而纨绮，人出强勉，我则乐为，故薨谢之日，境内之人号泣相吊，自谓一日不可复活，非策虑幅亿、洞见物情，权刚柔之中，持操纵之术，始以重典立威，终以仁心为质者，能如是乎？

壬子孟冬，公之嗣子某走书币及好问于镇阳。书谓好问，言先公功著兴王之初，名出勋臣之右，虎符龙节，长魏、齐、鲁五十城

---

[1] 1220年。

者逾二十年，官有善政，政有遗爱，敬者比之神明，报之欲其长久。某猥嗣世爵，大惧弗克奉扬先德，辄与参佐部曲、士庶耆寿，同力一志，作为新庙，以致杓祠烝尝之敬。宜有文辞昭示永久。惟吾子惠顾之。

好问以为祠祭之为大事尚矣。以劳以功，三代不易之道，若栾布之五社，甄子然宋登之配食，后世亦有以义起者，蜀人祭忠武侯于道陌，而博士拜章，王圭通贵，不营私庙，而法官劾奏，礼固不可以变古，而亦贵于沿人之情。况乎时则绵莼未遑，人则焄蒿将见，如公之庙貌独不可以义起乎？祀典废于一时，公议存乎千载，异时有援表忠观故事言于朝者，尚有考焉。好问既述公之事，又系之以诗，使歌以祀公。其诗曰：

天造革昧福有几，风云感会神与期。乾龙用九方奋飞，潜蛟岂得留汙池。王伯之柄魏所持，金城千里山四维。公籍盈数数有畸，燕赵廓廓无藩篱。六合遂入天戈麾，犹之历下开汉基。楚破竹耳将安归，天官葵功绝等夷。介三大藩画郊圻，大帛之冠大布衣。煌煌德星出虚危，扶伤合散倾复支。民恃保障轻茧丝，年谷屡丰物不疵。诸侯代兴公维师，谁谓华高可齐而。武公司徒屈于斯，眉寿保鲁止于斯。昔歌且舞今涕洏，人畴依乎遽夺之。甘棠之荫公之祠，丽牲有碑碑有诗。战功日多民政慈，尸而祀之宁我私？公福我兮无已时，子孙众民其世思。

在这篇碑文中，好问认为魏为中心，北赵南齐，严实手挈三十万众归于蒙古是立了大功，但是在这里也看到，1213年严实归顺南宋；七年以后，又归顺蒙古，数年之间，反复无常，其人实不足取。好问出生于金的时代，在金朝做了官，他的忠于金朝还算是可以理解的，但是他对于严实、张柔这批朝秦暮楚，终于为蒙古屠戮中原人民的将士，周旋往来，尽情歌颂，要从民族立场上看，是不无遗憾的。不过，这一切都是七八百年以前的事了，当时人的看法和我们今天的看法是有距离的，我们一定要以今天的看法责望于好问,似乎也过分了一点。

好问这一次的出游,可能正如他所说的,是要了解当日的形势。不过好问心目中的中国和蒙古领导者的看法是有很大的距离的。好问所看到的,主要是指女真统治者原有的部分,甚至也没有计算到吉林、黑龙江的广大区域。蒙古统治者心目中所及是以他们的兵力所及为限的。无论宋人与蒙古是不是因为争夺三京发生了矛盾,蒙古在灭了西夏、女真以后,他们的眼光已经着落到南宋。在南宋这个广大的区域里,他们的眼光,正和金宣宗一样,首先着落在四川。为什么首先着落在四川呢?他们认定四川距离南宋的政治中心杭州最远,南宋鞭长莫及,因此无论金和蒙古,都想把兵力渗透到四川。到四川的道路有两条,溯江直上这条路因为水流湍急,山高滩险,不算在内。

一条是由邓州向西,穿过巴山山岭,一条是由周至而南,穿过秦岭,这两条路都是崎岖险阻、艰苦万分的,不过从统治者看来,成功是天子的神威,艰苦是老百姓(尤其是不甚爱惜的汉人)的本分,是不值得计较的。因此到1251年蒙哥皇帝即位以后,就决定了进攻四川的策略。时代在前进了。南宋方面,无形中呈现出全民抗战的形势。这和当日吴玠、吴璘抗击女真的情形完全不同,而是大大地迈进了一大截。吴玠兄弟守四川,当女真人进攻,准备接战的时候,将军们常把绸帛堆成几座小山,然后召集军队,指明战鼓发动以后,军士们奋勇进攻,胜利的随即计功分发绸帛。吴氏兄弟守住四川,主要是靠当面发奖解决的。但是那是对付女真的侵略者,事情简单得多。现在要面对蒙古人和被蒙古人指挥的汉人,情况是完全两样了。蒙古人是百战百胜的,被蒙古人指挥的汉人也是不胜不能住手的,这次的战争便是生死之战,是有我无敌、有敌无我的战争。仗是要打的,而且只能成功不能失败。这个问题提到余玠面前,是不能回避的。余玠准备尽力,但是急切之间,想不到应付的办法。

从宝庆三年(1227)到淳祐二年(1242)十六年间,南宋临安方面是知道四川西路的危急的。最初的时候,女真还在,南宋和女真的关系是不可能调和的,而女真人的每一次的失败都促进他们向四川进兵,以避免和蒙古的正面战争;这件事幸而因为金哀宗没有两面作战的勇气,因而是避免了。及至 1234 年，蔡州覆灭，宋人和蒙古发生了夺取三京的争执以后，宋蒙之间的战事开幕了。那时好问的目光放远一点，他也许可以看到四川西部的战事，可惜他的眼界限于山东、河北、山西、河南一带，因此他虽然不止一次地由秀容出来，竟没有看到川西的特种战事，更谈不到看到蒙哥皇帝的死于四川钓鱼台下、元世祖和宋人订立的十二年互不侵犯的条约，以及南宋的转弱为强，一直战到最后，甚至在全国失败以后还曾发动过万人的大起义。历史是不断向前的，谁能有这样的长寿披览这个无穷无尽的画卷呢？要是以尺寸的眼光来观察，总是难免产生错误的认识，做出不切实际的结论的。

蒙哥皇帝在蒙古定国号曰元以后，称为宪宗。蒙哥死的时候，遗山已经去世，他当然不知道；但是蒙哥进攻四川之初，余玠领导宋人顽强抵抗的情况，倘使遗山的眼光放得远一些，能看到一星半点，那么如他在《中州集》所称的"亡宋""故宋""宋末"这一类的不留余地的语词，是可以更慎重一些的。

蒙古窝阔台（后称太宗）七年（1235），命张柔等七个万户率兵南下，进攻南宋。这一次好问有诗：

十月二十日雪中过石岭关

老天黯惨入平芜，朔吹崩奔万窍呼。
雪意旋妆行路景，诗家新有入关图。
地炉围坐惭田父，絮帽冲寒怨仆夫。
故国烟花重回首，蜀橙山麝记金壶。

事实上十月下旬非出游之时，由秀容至东平，亦非出游之地；严实已死，忠济年不过三十余，亦未必是同游之人；幕中诸人，更无遗山同游之士，而冒寒外出，雪满行装，遗山必作此行，当有难言之隐。世乱多故，可以想见。遗山入元，尽多歌颂之词，而言及女真，不无怆然之感。古人云"诗言志"，读者以此推之，其志或可以想象。

1242 年蒙古太宗死，七月间，乃马真皇后称制。在中国史上，这样的事是不多的，武则天执政是有的，随即改国号为周，实际等于改朝换代，和乃马真的执政还是有区别的，关于这里的情况，旧时代的史家一般是置之不论的。有《与严大用万户书》，这是告别的，看来好问和严大用关系并不深刻，和他对严实是有所不同的。严实是起事之人，对于好问这样的大名士，一边要审慎，一边也很推重，这样的手法，严大用是未必理解的。

是年家居。

感兴

倚梯从昔望烟霄，七叶何人竟珥貂。
道路常教车历碌，功名唯有鬓飘萧。
勤如韩子初无补，晚似冯公岂见招？
五十三年等闲里，一窗风叶雨潇潇。

留月轩

丈室何所有，琴一书数册。花竹结四邻，繁阴散芳泽。闲门无车马，明月即佳客。三人成邂逅，又复得欢伯。欢伯属我歌，蟾兔为动色。商声隐金石，桂树风索索。乾坤月与我，光灭即生魄。元精贯当中，宁有天壤隔。卯君尚奚待，言论累数百。多谈令人厌，坐睡惊堕帻。一笑鸡未鸣，虚窗自生白。

送王亚夫举家归许昌

一日两食藜藿葵，三冬一褐骭与齐。监河贷粟困欲死，望望江水湔尘泥。故书一束手自携，汴儿跳梁翠女啼。出门疾走勿反顾，正恐五鬼从之西。马中岂是无龙媒，世人徒知牝牡黄与骊，只如黄金勒头亦不恶，谁谓茅索能相羁。天公醉著百不问，汝偶而偶奇而奇。前途兀兀黑于漆，昨日把笏今扶犁。乃知世间倚伏不可料，井底容有青云梯。春风两淮多鼓鼙，军中少年舞荒鸡。因君南望一大笑，落日澹澹青山低。

这里"春风两淮"一句指出宋蒙双方正在准备战争或是已经发动战争。本来蒙古和宋的两方面从争夺三京以来，发动大战是不可免的，蒙古的军队是战争的军队，没有战争就没有蒙古。宋人的军队也是战争的军队，没有战争宋也就不复成其为宋。是不是蒙古和宋之间还有和平的可能？没有，因为在 13 世纪，尽管宋人已经开始甚至发展了海上的贸易，宋人和南洋诸国间已经有了文化的交往，但是蒙古人也开始同中亚细亚，甚至更西的国家有了交往，只不过这种交往是以"三百年来涵养出"的"楚楚儿郎小小娘""却将沙漠换牛羊"为内容的，这个交往是兵戈不断的交往。所以为了争取生存、争取种类的繁衍，只有战斗。在这两个民族之间是不是有过合作的？有过的，是在对于女真人的战争中。待到女真政权已经灭去之后，宋人才明白自己只作了蒙古人的帮凶，女真政权灭去以后，接下来自己要和蒙古人直接作战。战争是生和死的斗争，是死吓不退的斗争，也许暂时停一停，喘一口气，待到喘气一定，那时还是死斗，直到一边打死，不能再行还手为止。从那时到现在，几百年过去了，人类要聪明得多了，世间还大得很，有你活的场面，也有我活的场面，用不到打个死去活来。好问这首诗的结尾是"春风两淮多鼓鼙，军中少年舞荒鸡。因君南望一大笑，落日澹澹青山低。"大笑的是什么？可能意义还很复杂。

次年是癸卯，是乃马真皇后的第二年。这一年好问七月间游北岳，因为北岳比较偏僻，这当然是一个壮举，有纪行诗若干首。

七月十二日行狼牙岭

狼牙路滑马伶俜，老鹤超超欲上征。
一曲松风写幽致，九秋云物怆离情。
天开员峤方壶境，涧落银河月窟声。
觌面青山入渠手，定谁胸次玉峥嵘。

十三日度岳岭

神岳规模亦壮哉，上阶绝境重徘徊。

丹青万木秋风老,金翠千峰落照开。
川路渐分犹暗澹,湍声已远更凄哀。
石门剩比灵丘远,正坐登临欠一来。

岳山道中

野禾成穗石田黄,山木无风雨气凉。
流水平冈尽堪画,数家村落更斜阳。

岳祠斋官夜宿

煌煌德宁宫,望秩年祀永。唐来几焚荡,规制仍峻整。龙旂严黼座,金蠡散光炯。岳拜行且周,伟观窃欣幸。青红留坏壁,兵卫自驰骋。木杪见龟趺,雄笔映钟鼎。中和昔丧乱,已溺宁再拯。有来雁门公,赤手探虎鲠。经营入惨澹,洒落出锋颖。凶竖竟自摧,神鉴益彪炳。青山阅人代,今古一炊顷。摩挲盘根槐,甲子谁记省。揭来石门道,烟岫接云岭。霄汉瞻上阶,浓碧插秋影。青林雨声集,悬瀑激奔猛。森然心魄动,冰雪凄以耿。飘飘想仙袂,飞下玉莲井。昨梦知是非,复此造真境。妙香净余习,灏气发新警。鹤书来何迟,素发迫垂领。玄坛展衰步,似欲遂幽屏。高柯月纷纷,裴回惜清景。

好问自秀容出发,北游恒山以后,取道燕京而回。在燕有《答中书令成仲书》。成仲名铸,为耶律楚材之子。答书附此:

张子敬处备悉盛意,未几,张伯宁来,招致殷重,甚非衰谬之所堪任。其还也,不得不以书通。癸卯之冬,盖尝从来使一到燕中,承命作先相公碑,初不敢少有所望,又不敢假借声势,悠悠者若谓凤池被夺,百谤万骂,嬉笑姗侮,上累祖祢,下辱子孙。与渠辈无血雠,无骨恨,而乃树立党与,撰造事端,欲使之即日灰灭。固知有神理在,然亦何苦以不赀之躯,蹈覆车之辙而试不测之渊乎?君

> 侯材量闳博,蔼有时望,士大夫出于门下者有何限量。朝夕接纳,足以广见闻,益智虑而就事业,顾仆何人,敢当特达之遇乎?复有来命,断不敢往,孤奉恩礼,死罪死罪。某再拜。

从好问和耶律楚材父子的两函以及他为耶律公所作追悼先人青词看,两家关系不妨说是比较密切的,但是在蒙古开国之初,派别斗争即已开始,好问之不得进用,可以想见。从另一方面看,即使蒙古对于楚材,宠以中书之重,其实政权未必能在耶律之手,此则完颜氏当日之故智,对汉人虽假以名号,实则事权并非如此。岂独金元,即至清朝,亦复如是。六龙御天,自有捧日之人在,则为之奔走疏附者,亦何贵于为此!

这一年四月,王若虚卒。五月,耶律楚材卒。若虚是一个书生,虽官至直学士而持正不阿。崔立之变,誓以身死,不为立着一字,在金代文人中,是有以自立的。楚材虽以异族仕于蒙古,官至中书令,不过,蒙古的统治者对于其他民族,虽宠以高官厚禄,然名与实不与。楚材虽起不了小的补偏救弊的作用,蒙古的统治者对他也未必完全信任。这两人对于好问都极为推重,好问是有知己之感的。

是年好问有《感事》一首:

> 富贵何曾润髑髅?直须淅米向矛头。
> 血雠此日逢三怨,风鉴生平备九流。
> 瓢饮不甘颜巷乐,市钳真有楚人忧。
> 世间安得如川酒,力士铛头醉死休。

这里牵涉到耶律楚材碑的事。在金人亡国后,由于楚材在蒙古军中的权位,好问曾为楚材之父耶律履作神道碑,凡二千余言,词事相称,极见材力。"血雠"二句,见自己所见,不必与众相同;"瓢饮"二句,见自己卖文为活,不意为当世所苦。古人生活,其背景与现代全不相似,然亦有偶然相似者。卖文即其一端,褒贬之间,遂亦不免有轻重不能相称之处。以今人衡量古人,不必为好问讳，正亦不足为好问累。

次年为甲辰（1244），蒙古乃马真皇后称制后之第三年。好问自燕京取道还乡。春后有诗三首：

甲辰三月旦日以后杂诗三首

应接纷纷又浃旬，枉教虚负杏园春。
寻芳自分无闲日，载酒宁知有故人。
花柳得时俱作态，川原经雨更无尘。
凭君莫惜尊前醉，看即青梅入座新。

溅溅猩红闹晓晴，攒头真似与春争。
舒开杨柳聊相映，瘦杀寒梅枉自清。
粉艳低回工作态，绛唇寂寞独含情。
画图只爱残妆好，未信徐郎解写生。

密雾轻尘细洒匀，绿云红雪一番新。
风光烂漫供欢席，酒味清醇似主人。
落落湖山如有喜，欣欣鱼鸟亦相亲。
新诗写入奚奴锦，从此他乡不算春。

遗山诗句是平淡了，中年已过，怀才不遇，这些都造成写诗的背景。五月以后，积雨不晴，又有诗：

甲辰夏五月积雨十余日不止遣闷二首

甲子霖霖雨，巡檐闷不禁。
幻泡成实相，水乐激哀音。
瘴海闻天漏，尧年见陆沉。
骞飞想云表，痴坐若为心。

> 甲子霖霖雨，农郊搏手空。
> 排墙宁有礼，为壑竟何功。
> 战蚁侯王上，鸣蛙意气中。
> 扫晴应晓夕，少忍待秋风。

这真是一场大雨，特别在北方是少有的。有什么办法呢？诗人告诉我们："忍耐着吧，秋风来了以后，天气总会好转的。"在这里，我们没有根据把他的指示联系到政治上去，但是倘使我们联系起来，披着蓑衣排水，总会好一些吧？即使只排出一些，总比坐待"排墙""为壑"好些。

这一年好问北游，行踪所至皆有诗：

天涯山

> 九州上游推大卤，独恨山形颇椎鲁。天涯一峰今日看，快似昂头出环堵。何年气母此融结，鬼凿神镵未奇古。八窗玲珑透朝日，洞穴惨澹藏雷雨。苔花锦石粲可喜，乞与云烟相媚妩。半空掷下金芙蕖，想得飞来自玄圃。传闻绝顶更灵异，云是清都群玉府。五云飞步吾未能，风袂泠泠已轻举。东州死爱华不注，向在陋邦何足数。敬亭不著谢宣城，断岸何缘比天姥！酒船何时朝复暮，倒卷漙沱浣尘土。唤起山灵捶石鼓，汉女湘妃出歌舞。诗狂他日笑遗山，饭颗不妨嘲杜甫。

前高山杂诗七首

> 梦寐烟霞卜四邻，眼明今日出红尘。
> 山中景趣君休问，谷口泉声已可人。
>
> 山经地志总难凭，乡社流传太俗生。
> 前后两高从我改，合教松海作新名。

蚊聚蛙喧杳不闻，已甘麋鹿与同群。
胸中所得知多少，半是青松半白云。

天池一雨洗氛埃，全晋堂堂四望开。
不上朝元峰北顶，真成不到此山来。

世上初无物外缘，人间却有洞中天。
如何长伴王居士，买尽青山不用钱。

白驴前日凤山回，为爱朝元复此来。
却忆广陵刘老子，醉吟应在钓鱼台。

白首同归未省曾，青山独往竟谁能？
莫嫌麋鹿无情识，比似人间少爱憎。

好问文集又有《两山行记》一篇。诗人自谢灵运以来无不爱山水者。好问好游，金亡后多放于山水之间，这样一则可以陶写性情，二则可以忘怀家国，此中情事，固可想象得之。自东平归来以后，往来于长河南北、大山东西，其故正在于此。

从燕京出都，也有诗：

出都

汉宫曾动伯鸾歌，事去英雄可奈何。
但见觚棱上金爵，岂知荆棘卧铜驼。
神仙不到秋风客，富贵空悲春梦婆。
行过卢海重回首，凤城平日五云多。

历历兴亡败局棋，登临疑梦复疑非。
断霞落日天无尽，老树遗台秋更悲。
沧海忽惊龙穴露，广寒犹想凤笙归。
从教尽划琼华了，留在西山尽泪垂。

从这些诗篇里看得清楚，好问是没有忘却金朝的。

第九章　取道河南

好问这一次回乡，是取道洛阳的。路是回远了，但是一入河南，他的故国之情，汹涌澎湃，激荡满腔，竟是不能自抑。人的思想感情，都以为是可以自己控制的，其实在感情触发时，是无法控制的。好问的上书耶律楚材，亟于出仕新朝是真的；他的趋附严实、张柔，委蛇新贵，也是真的，这都是不可为讳的。假如认为他是张巡、许远，他固然无此胸襟，无此气魄；即使认为他是杜甫、元结，他也未必有此深情；他不是司空图，甘心饥渴，他也不是韦庄，痛心他乡。在他追求聊寄一枝的时候，他是求过一时权要的，但是他毕竟是一个有血有肉的人，在他看到"洛阳宫殿化为尘"的时候，他能不痛心？在他看到"三百年来涵养出，却将沙漠换牛羊"的时候，他能不流涕？人是从原始动物演化而来的，但是自从元谋人出现以后，毕竟已有一百八十万年，这一百八十万年固然在星球世界之内不过是一刹那，但是我们不是星球而是有血有肉的人，这一百八十万年，究竟已经把我们教训得比禽兽高明了一些。即使只是一些，然而有了这一些些，和两鳍划水，或是四脚着地的时候，已经高明得很多很多。

我们不妨好好地读好问这一次旅途中的诗。

洛阳

千年河岳控喉襟，一日神州见陆沉。
已为操琴感衰涕，更须同辇梦秋衾。

城头大匠论蒸土,地底中郎待摸金。
拟就天公问翻覆,蒿莱丹碧果何心。

大简之画松风图为修端卿赋二首

董元老笔郁盘盘,万壑苍云复此看。
绝似凤凰山下路,秋风无际海波寒。

新亭相泣血沾襟,一日神州见陆沉。
好就崆峒山叟问,醉眠春昼果何心。

过三乡望女几村追怀溪南诗老辛敬之二首

云际虚瞻处士星,案头多负读书萤。
笔端有口传三箧,石上无禾养百龄。
从昔葛陂终变灭,只今韩岳漫英灵。
因君重为前朝惜,枉破青衫买一经。

万山青绕一川斜,好句真堪字字夸。
弃掷泥涂岂天意,折除时命是才华。
百钱卜肆成都市,万古诗坛子美家。
欲就溪南问遗事,不禁衰涕落烟霞。

高门关

高门关头霜树老,细路千山万山绕。
乱余村落不见人,霰雪霏霏暗清晓。
莘川百里如掌平,闲田满眼人得耕。
山中树艺亦不恶,谁遣多田知姓名。
许李申扬竟何得,只今唯有石滩声。

从蔡州破后,到乃马真皇后称制,现在已经十年了,中原还是一片荒凉,兵祸连天,闲田满眼,这个责任是谁的呢?然而兵祸还得继续下去,闲田还得荒芜下去。遗山为修端卿赋"新亭相泣泪沾襟,一日神州见陆沉",前面的日期还长呢,神州陆沉,真不知伊于胡底?

五律有《旧国》一首:

> 旧国分崩久,孤儿展省初。
> 客衣留手线,驿传失肩舆。
> 梦拜悲兼喜,心飞疾亦徐。
> 殷勤南去雁,先为到商於。

"手线"当指陇城夫人。好问岁余即由叔父抚养,及叔父去世后始归秀容,诗中言"南雁商於"者其故在此。

好问重过河南,感怀今昔,悲慨独深,其诗虽不记年月,但为怀旧之作则一望而知。大都为七律,以其恻怆感喟,情见于辞,不独诗为心声,好问亦以此见长。

为邓人作诗

> 再见州人本不期,相留相挽忍相违?
> 携盘渭水空流涕,种柳金城已合围。
> 事去恍疑春梦过,眼明还似故乡归。
> 题诗未要题名字,今是中原一布衣。

时代是大变了,十年以前,好问是邓州属县的一位县令;十年以后,好问只是中原的一个布衣,地位完全不同了。但是去职十年,还能回到故地,官位已空,人情犹在,这里正见出好问在邓州还是一位不负众望的地方官。

赠张主簿伟

江岸坟荒草棘秋，朱阳南下重君忧。
弓刀近塞人烟少，林壑经霜虎迹稠。
究竟畏途知有渐，激昂高义报无由。
从今弟侄通家了，莫向瓜田认故侯。

这里点出他这次来邓，主要是为的迁墓，同时他也不断地提出自己是"故侯"了，对于当前的政治他不再过问，事实上他也无从过问了。战事正在积极地重新进行。正大以前，宋金边界不是太平无事的，但是宋金双方都无意大战，在金虽然有人提出要向南方扩大以补偿北方的损失，但是究竟没有两面作战的魄力；在宋则主要致力于经济发展，同时也不免有一些下庄子刺虎的用心，蒙古和金人的斗争，势必一死一伤，坐待收拾两个北方民族的斗争结果。现在情形不同了。金人已经失败了，一部分已经各投南北，自谋出路，一部分则已改汉姓，不留踪迹。蔡州之破，好像是一场魔术表演的终止，什么都没有了。

是不是完全都没有呢？不是。现在的战场上出现的是蒙古和宋的对立，无论宋人是怎样地只愿意在对外贸易、在海上交通方面争取强大，蒙古是准备在南北战场上决定胜负的。严实虽死，张柔还在，这个汉族出身的鹰犬正在磨喙展翅，准备为蒙古主子卖命，向南宋积极进攻。蒙古人中更有不少的英雄名将，各自争取立功报国的机会。在蒙古积极南进的当中，宋人当然也作相应的准备，在瓦舍的说书会上，从关胜到李逵，从戴宗到一丈青都出现了。西北战场上的杨雄，东京纷乱中的燕青也都出现了。他们是四面八方之人，时代相距三五十年，甚至八九十年，可是在南宋的瓦子这样的说平话的摊子上都出现了。这是偶然吗？是偶然，是由瓦子说书人偶然地想起才会出现的，然而也是必然，因为说书人如王六大夫之类，他的脑神经里只有这几个人，一旦要他列数宋代中兴名将，脑细胞里仅有这几位，于是他们汇聚一起便成为中兴名将，而他们的大功，当然就是在徽钦二帝被俘北上以后，能在南方集合，重行举起独立的大纛，杀退那个使用拐子马、铁骨朵的女真武士。这样的乱抓挈，胡凑合，在我们今天看来，确实幼稚得非常可笑，但是，在战争的狂热中，各式各样的思想趁机出现，原是意中的。

对当前的政治，好问是无从过问了；但诗还是可以写的。他不但感怀故人，流连光景，而且也能看到现实了。

赠答要襄叔二首

长洲连日远相迎，展读新诗眼倍明。
邓下旧人多念我，感君兼有故乡情。

文拟邳侯下笔难，韬春一读不知寒。
名家未觉风流减，洗眼青云看阿端。

下黄榆岭

北崖玄武暮，黭黑如积铁。东厓劫火余，绚烂开锦缬。就中岭头一峰凸朴奇，剩费寒云几千叠。摩围可望不可到，青壁无梯猿叫绝。林烟日射彩翠新，跬步疑有黄金阙。画工胸次墨汁满，那得冰壶贮秋月。直须潮阳老笔回万牛，露顶张颠挥醉帖。石门细路无涧泉，行人饥渴挽不前。辛苦黄榆三十里，岂知却有看山缘。

驱猪行

沿山莳苗多费力，办与豪猪作粮食。草庵架空寻丈高，击板摇铃闹终夕。孤犬无猛噬，长箭不暗射。田夫睡中时叫号，不似驱猪似称屈。放教田鼠大于兔，任使飞蝗半天黑。害田争合到渠边，可是山中无橡术。长牙短喙食不休，过处一抹无禾头。天明垅亩见狼藉，妇子相看空泪流。旱干水溢年年日，会计收成才十一。资身百备粟豆中，担石都能几钱直。儿童食糜须爱惜，此物群猪口中得，县吏即来销税籍。

什么叫"销税籍"？这不是免税而是没收土地。就是说豪猪糟蹋之余的一些残剩，儿童还得要好好地爱惜以备公家的需索。万一县吏来了，没收土地，我们还怎样生活下去呢？

雁门道中书所见

金城留旬浃，兀兀醉歌舞。出门览民风，惨惨愁肺腑。去年夏秋旱，七月禾穗吐。一昔营幕求，天明但平土。调度急星火，逋负迫捶楚。网罗方高悬，乐国果何所！食禾有百螣，择肉非一虎。呼天天不闻，感讽复何补。单衣者谁子，贩籴就南府。倾身营一饱，岂乐远服贾！盘盘雁门道，雪涧深以阻。半岭逢驱车，人牛一何苦。

好问的诗，到这样的一首，真是可谓绝唱了。一般论者都推重他的七律，固然一些也不错，因为他的律诗，不独音节苍凉悲壮，而且带着史诗的意境，把金代的政治、军事，一一都提出，在史诗里算是最有地位的。但是还有缺陷，因为他没有提出自己最高的意境，好像在那里说出一些悲痛，但还是有所偏重。他诉说了金朝的悲哀，而忘却了金朝正是把汉人踹在脚下的朝代。他们是悲哀的，但是还有一大片脚下石，他们受到压迫，但是压迫却通过物理的规律，最后仍传到脚下石。可是在这首诗里，脚下石固然还在那里，但是没有了中间阶层。"食禾有百螣，择肉非一虎"，到处都是害虫，都是老虎，那怎么办呢？对天号呼，天是听不到的；作诗讽刺，一点寒气也赶不了（泰兴话，犹言一点用也没有）。好问的晚年，确实是看到一些现实了。

第十章　从邓州取道东平回家

次年乙巳（1245）是乃马真皇后称制以后的第四年。好问有《与枢判白兄书》，略云：

某顿首：自乙巳岁往河南举先夫人旅殡，首尾阅十月之久，几落贼手者屡矣。狼狈北来，复以丧事往东平，连三年不宁居，坐是不得奉起居之间。吾兄亦便一字不相及，何也？如闻：曾定襄人处寄书，然至今不曾见。但近得仲庸书：报铁山已娶妇，吾兄饮啖如平时，差用为慰耳。去秋七月二十三日，忽得足痿症，赖医者急救之，仅免偏废，今臂痛全减，但左右指麻木仍在也。比来数传某下世，已有作祭文挽词者，此虽出于妒者之口，亦恐是残喘无几，神先告之耳。向前八月大葬之后，惟有实录一件，只消亲去顺天府一遭，破三数月功，披节每朝终始及大政事、大善恶，系废兴存亡者为一书，大安及正大事则略补之。此书成，虽溘死道边无恨矣。更看向去时事稍得放松否也。王先生碑今送去，中间有过当处，吾兄细为商略之。碑石想亦未便立得，他日改定，亦无害也。所欲言者甚多，聊疏三二事，欲吾兄知之，有便望一书为报也。时暑自爱，不宣。

从这里我们看到遗山的再到邓州，主要是为迁葬。是后，又以丧事复去东平。

书中所言，最关心的是金实录。可能想向张柔家借阅当时邸报。张柔、严实同为当年投顺蒙古之土豪，自杨安、李全及严实等反对金人统治以后，汴京遂与关外之女真隔断，金之兵力遂衰，不足与蒙古抗衡，金、元之递兴，此事成为一大关键，遗山之痛心，不为无故。不过，这只是一种猜测，但此事有关张柔出处，张万户是不能同意的，其结果必然托之空言，原是意中的。

由邓州往东平有诗：

乙巳九月二十八日作
关山小雪后，絮帽北风前。
残月如新月，今年老去年。

大名赠答张简之
营平豪宕变温文，所见今知胜所闻。
只道生涯无长物，争教诗垒策奇勋。
伐薪未敢烦名士，载酒能来过子云。
后日山阳养衰疾，药笼仙品正须君。

赠张文举御史
安稳藜床坐欲穿，合教绝学到真传。
清贫自苦知何负，神理无凭恐未然。
麋乳尚怜孤竹饿，龙头谁识管宁贤。
无穷白日青天在，会有先生引镜年。

这一位张御史，还是金代的御史，和遗山同在汴京围城之中，汴京降后，大约是与遗山同赴东平的。

云岩　并序
观州倅武伯英，崞县人……尝得宣和湖石一，窾窍穿漏，殆若神剜鬼凿，炷香其下，则烟气四起，散布槃水上，浓淡霏拂，有烟江叠嶂之韵。吾乡衣冠家法书名画及藏书之多，亦有伯英相上下者，伯英独恃宝石以擅奇汾晋间耳。兴定末，伯英殁于关中，杨户部叔玉购石得之。壬辰围城中以示余，且命作诗，危急存亡之际，不暇及也。乙巳冬十一月来东平，过圣与张君之新轩，而此石在焉。圣与名之曰云岩。余问石所从来，圣与言夏津王帅得之汴梁泥涂中而以见贻。余因叹一物之微，经历世变，迁徙南北，乃复为好事者之所宝玩，似不偶然，乃为诗道其故。圣与三世相家，以文章名海内，其才情风调不减前世贺东山、晏叔原，故卒章以萧闲明秀峰故事属之。

壶中九华玉屏颜，紫烟著水往复还。小窗虚明澹相对，不数汉宫铜博山。会稽禹穴深无底，宝石偷来定山鬼。一堆寒碧殊不凡，满谷春云更堪喜。阿欣秀发见眉宇，小杜才情沦骨髓。摩挲不作几上看，缭白纡青便千里。浑沌日凿余空嵌，漏天蒸湿绕风岚。世外元无种香国，海内真有补陁岩。观州爱玩频湔祓，民部平生几薰沐。藏舟夜壑未厌深，竟作新轩坐中物。一天星月入金尊，翠射婷婷自有人。只欠宣和郑先觉，为君留写五湖真。

这只是一块玲珑的青石，但是从宣和到金，从金再到蒙古，两百年间虽然经过不少的沧桑变迁，但是较之人民所受的痛苦，是不可以道里计的。好问此诗叙述淋漓，确实是一篇佳作，但是还有许多是他要写、能写而没有写出的。是不是他还有所忌讳呢？还是他要为完颜族破汴京的残毒留一些余地呢？从我们今天看来，历史是充满血泪的，有民族的血泪，有阶级的血泪，人生必须经过不断的斗争，然后才能得到一个自由自在的生活环境。

在这一年的诗中，值得注意的有《感事》一首：

壮事本无取，老谋何所成。
人皆传已死，吾亦厌余生。

> 潦倒封侯骨，淹留混俗情。
> 百年堪一笑，辛苦惜虚名。

在好问诗中，这不是一首传诵千古的作品，但是却透露了他的抱负。"封侯"不是他不期望的，辛苦一生，其志正在用世。可惜的是他没有认清，这个时代不是用世的时候。七倡八优，九儒十丐，一般人都认为是元代用人的大政方针，其实这个方针，正同杂剧一样，并不是元人的发明，而是从金人沿袭过去的。历史的记载，尽管是作为历史而存在，其实正同今人挖掘古物一样，其中当真是层次分明吗？就如金代，他们表面上也尊重孔子，保护曲阜，但事实真是如此吗？爱新觉罗的皇帝，每当即位以后，就到曲阜大成殿上挂上一块大匾，表示尊师重道的意思，其实意不在此，不过借此欺骗汉人，说明他们是崇拜孔子的。一切的一切，都经不起拆穿。拆穿之前，尽管是望之俨然；拆穿之后，只是一堆垃圾。

乱后好问常来东平，这个当然是由于汴京陷落以后，作为俘虏，好问是首先放逐到东平的。东平的干将严实不但没有按照当局的意图加以摧残，反而加以礼遇，这就必然会使好问安下心来，甘愿作为东平的食客。凡是经历世故的人，当然会理解到在这个兵荒马乱的时代，整个的社会会发生一个大动乱。这种动乱，无论古代或现代都称之为革命。中国古书里动称"汤武革命，顺乎天而应乎人"，其实当时人已经有过"血流漂杵"的结论。漂杵的血，不一定都是昏君贪官的血，因为他们的人数究竟是有限的，漂杵也不是那样的容易。其中必然有若干无辜的人民，因为和他们有联系而流血，也必然有若干和他们什么联系也没有，也在这昏风暴雨中连带地流尽了血。这一算，漂杵实在不是一种夸大之词，而是切切实实的。

在这首诗中，好问说："人皆传已死，吾亦厌余生。"按专工平平仄仄的诗人看，殊不成为佳句，但是却是一句切切实实的至理名言。五六十岁以后，驾车策马，从山西的秀容赶到山东东平，甚至还要跟这些略识之无的小辈唱诗和句，在好问也许自己还不觉得，但在后人看来，究竟比柳敬亭高出多少，不能不说是一个问题。

是年有《出镇州》一诗：

汾水归心日夜流，孤云飞处是松楸。
无端行近还乡路，却傍西山入相州。

镇州即真定，相州即彰德。 看来他正在准备还乡了。又有《水帘记异》一首，估计是据道中所见写的：

黄华绝境探未穷，道人曾约山樱红。镜台悬流不易得，世俗名取香炉峰。七年长路今一到，刺鲠欲满平生胸。岂知旱久泉脉绝，快意一濯无由供。神明自足还旧观，涌浪争敢徵灵通。何因狡狯出变化，胜概转盼增清雄。天孙机丝拂夜月，佛界珠网摇秋风。称奇叫绝喜欲舞，恨不百绕青芙蓉。银桥清凉巅，玉镜崧丘东。世外果无物，邂逅乃一逢。书生眼孔塞易破，勺水已复夸神功。东坡拊掌应大笑，不见蛰窟鞭鱼龙。

这一年好问由东平回忻州。

乃马真皇后当国到第五年，她倦怠了，把国家大事交给儿子定宗，这一年是1246年丙午。为什么要交出呢？在史书里没有记载，因此我们也无从推测。所可以指出的是皇后当国的年代，历史的记载特别简略。当然，这并不说明当时的朝政特别安定，因此没有什么可记的国事。我们不妨假定当时的朝政，争执得特别厉害，因此没有留下可资推敲的记载，史家也乐得从简，以免见好一个得罪一个。从另外一面说，乃马真皇后是第六皇后，按照中国的传统，无论正宫皇后有子无子，在临朝听政的时候，理所当然地由正宫皇后用垂帘听政的名义统治国家，谈不到由第六皇后临朝执政。不过这是中国千百年来相沿的传统，在蒙古族统治国家的时候，他们是没有责任一定要遵守这个传统的。

这年好问有"燕子"诗三首，题云：

益都宣抚田侯器之燕子图诗传本，已亥秋七月予得于冯翊宋文通家。会侯之子仲新自燕中来，随以归之。仲新谓余言，兵间故物一失，无所复望，乃今从吾子得之，焕若神明，顿还旧观，似非偶然者。方谒时贤以嗣前作，幸吾子发其端。因赋三诗，丙午春三月河东元某谨题。

红线还惊掌上看，十年音息海漫漫。
渠家王谢堂前惯，暗认曹刘可是难。

古锦诗囊半陆沉，吴枫句好入江深。
世间妾妇争相妒，禽鸟区区却赏音。

才气田侯绝世奇，山丘零落更堪悲。
休惊燕子诗留在，化鹤归来未可知。

1248年蒙古主定宗死。定宗是一个没有主张的君主，因此在位的时候固然没有特殊的成就，死了以后，也没有起令人注意的波澜。此后由定宗皇后称制近三年。在这近三年之中，显然也没有什么成就，蒙古的前途已经到了一个不能令人注意的阶段，但是就在这时候，出来了一个蒙哥皇帝，后来称为宪宗。蒙古的前面，再一次发出令人震慑的光芒。

在宋、金对峙的时候，由于宋高宗的怯弱和女真人的实力不够强大，最后的结果是造成南北的对峙，以沂泗、唐邓、商秦为界。沂泗以东固然无可争之地，商秦以西，中间隔了西夏，地势复杂，也开辟不出多大的战场，因此两国虽然有时还要争名分，争岁币，其实除了海陵王亮曾经一度萌发出统一南北的野心，边境有过不止一次的冲突以外，其他并没有发生剧烈的斗争。及至金宣宗时代，情形起了很大的变化。金人在居庸关和蒙古作战以后，自己已经看清不是蒙古的敌手。但东北的边境，还有不少的女真人。世宗的东巡，其目的原在拉拢更多的同族健将，来为他维持这个女真国家。然而他错了。

这批新女真来了，而且也很踊跃，为他布满了女真族的世界，特别是如今的山东、河南、淮北、皖北等地方。但是他们却是一批纨绔，不是来为他打天下，或者是维持天下的，他们是为他压迫汉人的。他们不耕不种，甚至也不习武，不备战。他们来吃汉人的粮食，住汉人的房屋，甚至掠夺汉人的妇女，盘踞汉人的家室。世宗的目的，一个没有兑现，只为淮水以北的汉人找来了成批成批的主子，破坏了北方人和女真人的感情，同时也把朴实无华的女真族养成了不耕而食、不织而衣的懒虫。不但女真的武士，连带也把女真的妇女、女真的儿童都养成了这样的一群。说得好听一点，是大批大批的天之骄子；说得直接一点，是大批大批的废物。因此只要蒙古发动的战争一起，金人几乎没有抵抗之力，哀宗的北走归德，南走蔡州，其实正是一幅走投无路的丧家图。而那批在兴安岭和柳条边之间的女真人，由于北方蒙古民族的勃兴和河北、山东大批大批不堪压迫的汉民族受尽虐待，铤而走险，他们无法飞渡，一些也不能帮到女真贵族的大忙，只有坐在兴安岭深山老林的道边，坐听女真灭亡的消息。

蒙古族聚居塞外，中间虽然隔了一条万里长城，其实这条城始终没有完成。在河北、甘肃这些起讫的地方，我们看到的确实是巍巍峨峨，可是在陕西有些地方，我们不是没有看到东缺一方、西残一块的所在。我们不可能提出一切都要求目见，但是也确实有些地方，目见的比书本所记的更实在、更可靠。强不知以为知，这样的病态，在古人中也不是绝无或少有的。

遗山在邓州做地方官，前后几乎十年，离开邓州以后，经过国变，还曾经因为迁葬的事到过邓州。假如他在宪宗即位之初，再到邓州，保证他可以看到许多他没有经见的军事行动。

蒙古王朝是靠军事行动起家的，因此只要内部关系一经调整，他们便立即发动对外进攻。宪宗——原称蒙哥大汗——即位以后，不久就发动了对宋人的进攻。宋是一个文化比较成熟的国家，因此有许多的考虑，一边要抵御北方来的蒙古，一边还得争取向南洋的发展，壮大自己的经济力量。而中间最大的致命伤是在国境以内，东方和西方的贸易被切断。这个情况在三国时候就已经显露了。以刘备的枭雄、诸葛亮的贤明和孙氏父子兄弟的果断，始终为曹操以及司马氏父子兄弟所制,就是一个明显的实例。南宋之初,高宗播越于东南,张浚踯躅于大散关、和尚原一带,宋室之所以南渡而存,主要还是由于女真的实力薄弱。是什么力量造成这样的?主要还是由于三湘七泽。湖北、湖南之间,找不到一条直贯东西的大道,这就为南方的兵力集中造成最大的困难。即如近代,五十年前,武昌城里还有不止一个的若大若小的湖泊,当然,经过半个世纪,情况必然要起不少的变化。又如在我求学的时候,课本上还说中国有五大湖,岳阳湖(即洞庭湖)为第一,其次才说到彭泽湖(即鄱阳湖)。现在的教科书变了,彭泽湖上升为第一大湖,岳阳湖则由于泥荽蟠结,已经不能算是第一大湖了。这都是近几十年中我们亲眼看见的事。倘使我们回想到五百年以前,甚至八九百年以前,那情况又怎么样呢?陆游的《入蜀记》正是一本最好的记载。从那里我们可以看到湖北的荒凉,几于大片大片的没有人烟,正和我们现在读到戈壁沙漠或是唐古拉山一样。

让我们回到当前的课题。宪宗是一个雄心勃勃的英雄。他的雄图大略是把当时的中国交给张柔和他的部下。这里正面对着南宋的核心,当时的都城。杭州虽然是南宋的首都,但是僻在东南,对于南宋其实起不到直接指挥的作用,因此宪宗并没有用全力对付他。相反,他却用强大的力量对付西南。攻打南宋,淮南是第一路;其次是襄阳,他把兵力集中到邓州,首先是要对付樊城;第三路是四川。四川是一个大区域,他再划分成都为第一路,嘉州为第二路,泸州为第三路。他认为在这三个地区攻下以后,四川的大局便可以稳定了。泸州以南,便进入云南,云南的边徼是大理,宪宗认定只要把大理攻下,整个西南便在蒙古的手掌之中,那时要扑灭南宋,可算是不成问题了。

扑灭大理是不成问题的,无论地方是怎样偏远,行军是怎样艰苦,对于雄才大略的宪宗、艰苦备尝的蒙古民族都是不成问题的。宪宗以1251年即位,次年由他的唯一的同胞弟忽必烈出征,1253年大功告成。好问有诗一首:

刘时举节制云南

云南山高去天尺,汉家弦声雷破壁。
九州之外更九州,海色澄清映南极。

> 幽并豪侠喜功名，咄嗟顾盼风云生。
> 今年肘后印如斗，过眼已觉乌蛮平。
> 谕蜀相如今老矣，不妨铜柱有新名。

当然，这次的进攻云南，主要目的还是四川。从靖康以来，四川便是东南的支柱。张浚的出师西北，主要是为的吸引金人的兵力，减轻东南的压力。及至吴曦叛变，这时的东南真是人人变色，手足无措，竟不知道怎样安排兵力，恢复失土。幸亏杨巨源、安丙出来，总算保住西南的岩疆。现在蒙古来了，他们是什么苦都能吃，什么艰险都吓不倒的，临安又在东方的极端，用什么办法抵住这一场灾祸呢？幸亏当时的朝廷总算是知道用人的，蕲州余玠的任命发表了，他是兵部侍郎、四川安抚制置使，兼知重庆府，兼四川总领，兼夔路转运使、四川屯田使。四川的兵权、财权和用人行政权，一切集中到余玠一个人身上。余玠看来无可推辞，也不提出推辞，他把四川的全部责任一个人挑起。这边蒙古的大军，用人行政，当然也由宪宗皇帝自己部署，在大理平了以后，他更可以把全部的兵力集中到四川来，由他直接指挥。一场两个民族、两个国家、两种不同文化的生死攸关的大搏斗，由余玠、蒙哥两位领导决定着。

余玠的第一件事，是扑灭内部的叛将。当时的四川将领王夔，素行凶悍，不受节制，所至劫掠，每得富家，穴箕加颈，四面燃箕，称为"蟆蚀月"；或以弓弦系鼻下，高悬于格，称为"错系喉"；缚人两股，以木交压，称为"干榨油"；以至用醋灌鼻、恶水灌耳目等等，以榨取金帛。玠至嘉定，夔率所部迎接，才二百人。玠曰："久闻都统兵精，今疲敝若此，殊不称所望。"夔对曰："夔兵非不精，所以不敢即见者，恐惊从人耳。"说过以后，鼓声如雷，江水如沸。声止，圆阵即合，旗帜精明。沙上之人弥望若林立，无一人敢乱行者。舟中人皆战栗失色，玠泰然自若。

玠久欲诛夔，独患其握重兵于外，恐轻动危蜀。他和亲将杨成谋之。杨成说："王夔在蜀已久，所部兵精，前时大帅，夔皆势出其右，意不止此。他视侍郎为文臣，必不肯从命。现在的计划，唯有趁此把他杀了。万一不杀，王夔看到形势有利，那时西蜀就没有办法了。"

余玠说："事实是如此，我也久已下定决心，要杀王夔，但是他的党羽太多，因此一时才没有下手。"

杨成说："话是如此。请侍郎估计一下，王夔在蜀的威望，比吴曦何如？这是不可能比的。吴玠、吴璘在中兴危难之时，出百战以保蜀，传之四世，恩威益张，根本益固，四川人只知有吴氏而不知有朝廷。待到吴曦反叛，部下把他杀了，正和杀了一只豚犬一样。目前这个王夔没有吴氏之功而心有吴曦之逆，居然背叛法度，纵兵残民，把同辈看成奴婢一样。这和当日的吴曦是无法比较的。今日要杀王夔，只要一夫之力。待到王夔发动叛乱以后，再行调兵遣将，举兵扑灭，那困难就多了。"

经过杨成一番讨论，余玠下定决心，当晚招王夔计事，同时让杨成接任。待到王夔出营，杨成已经到营视事，将士相顾，不知所为。在听到杨成已经奉命就任后，将士们相率拜贺；那边王夔正到大营请见，余玠一见面就面数其罪，下令就斩。也就在这一晚，蜀中军事大定，布置对付蒙古进攻的计划。

蒙古宪宗皇帝率领大兵攻川，是有一个伟大的计划的。在东边他派唯一的同母弟忽必烈包围襄樊，截断宋人支援西蜀的道路。在西边他破灭大理，把宋人南进的大路也截断。同时兵分三路，占领了成都、嘉定（今乐山）、泸州三路一带，把宋人的道路完全堵塞。读史的人最忌是把古人看得太简单了，在这里，我们正看到蒙古宪宗的雄图大略和他处分细致的结合。用兵到了南宋末年的这个阶段，军事思想确实已经发展到了相当详密的阶段。

余玠的奉命入川，主要的是为了抵制蒙古的入侵，至于斩除王夔，只是中间的一个插曲，虽然这是一个不可忽视的插曲，因为有了王夔，他不可能完全执行他的计划，甚至还会导致他的失败。

余玠入川以后，第一件事是筑招贤馆，一切供张都和帅府一样。他下令说："集众思、广忠益，诸葛孔明所以用蜀也。士欲有谋以告玠者，近则径诣公府，远则自言于州郡，所在以礼遣之。高爵厚赏，朝廷不吝以报功。豪杰之士趋期立事，今其时矣。"果然，在这个情况下，播州冉氏兄弟冉琎、冉璞二人来了。他们是有文武之才的，前此边帅，也有知其才具设法招致者，可是他们坚不肯至。现在看到余玠是可与有为的，因此二人来了。余玠素知有此二人，现在听说二人来了，立刻出见。一切都是极其隆重，可是二人还是没有谈到时局上来。如此数月，二人竟是没有提出任何主张。余玠知道二人是当时少有的人才，因此想起二人所以没有提出意见，不是没有意见，而是要看对他是不是值得提出。到第二天，他把冉琎兄弟的行囊更迁到内室来，一边亲自接待。在座的陪客，正在陆续发言，但是冉琎兄弟还是不赞一词。余玠考虑一番，认为这正是冉氏兄弟要看他是否有安定四川的诚心。不管这个，第二天他把他们安排到一个更机密的所在，一边吩咐左右更加小心地伺候。可是也怪，冉氏兄弟终日一言不发，只以白粉在地面上画圆圈。画好一幅，随即涂去，重行作画，看来是些山川城廓之形，但是经不住一番踌躇，兄弟二人又把粉画涂去了，就是这样地涂涂画画，大约经过了十多天，他们主动和余玠说："我们兄弟其实没有什么成就，不过经过明公如此的款待，确确实实也想有所裨益，不敢自同于众人。"

余玠跳起身来，握着冉琎的双手，他说："老大哥，这正是余玠的一点用意，但是不知道究竟怎样才能保全四川，报答皇上的厪念。"

冉琎说："侍郎自己也明白，四川的险要，最重要的是合州城。为今之计，要保存西蜀，第一是把合州城搬去。"

"是呀，"余玠不觉地站起来，拉着冉琎的双手，他说，"我也看到这一着，但是不知道应当搬到哪里，这件事还得请教。"

冉琎握着余玠的双手，他说："整个四川的地形，冉琎兄弟都考虑过了，最适合的是钓鱼台，把合州州治徙到钓鱼台，聚积粮草，守住钓鱼台，那声势比十万大军要强多了。"他的主张是守城不如守山。这套理论是以往论兵法的人没有提过的，也是除了四川以外，在其他地方行不通的。金哀宗守蔡州，把人民所有的粮食搜括尽了，供兵士们吃了两个月。待到吃完，只有吃老弱者与败军的肉；到了这一步，城是没法守了。哀宗只得自缢于幽兰轩。可见积粮死守，待到粮食吃完，大家只有束手待毙，没有更好的办法。

可是四川是一个坑坑洼洼，山抱着水、水抱着山的地方，和别处不一样。四川靠的是坝子，这里是一个山环水抱的坝子，那里照样也有一个山环水抱的坝子，坝子没有终了的地方，粮食也就没有终了的地方。冉琎兄弟的主张是把四川宣抚使的衙门移到钓鱼台，然后靠着钓鱼台前后左右的无数坝子，和蒙古的宪宗皇帝作一个漫长时期的周旋。好在四川的坝子多，山连着山，水连着水，出产又丰富，有吃不完的粮食，足够支援这个打不完的仗。

宪宗是沙漠中培养出来的英雄，可是对于这种打不完的仗，他是没有经验的。他懂得的是包围新移到钓鱼台的军事重心，把乱箭射上去。那时大炮已经发明了，再把石头屹嶝轰上去。可是积年累月，城轰破了，宋人会用乱石碎块补上来，环城的粮食烧尽了，不知怎的宋人的粮食还是可以由地道里源源接济上来。小小的合州城，竟挡住了宪宗皇帝的道路。这真是会气死人的。宪宗皇帝真个地死在合州城下。据元人的记载，他是病死的；但是据后人的记载，他是被乱箭射死的。总而言之，蒙古宪宗的进攻四川，是用了最大的心计费了极大的气力的。他一面扼死襄阳的道路，一面从西边和南边打过来。竹篮是一个密匝匝的竹篮，但是竹篮打水一场空，白白送了自己的性命。

少数民族对于中原的进攻，主要全仗着兄弟齐力，上下一心。金人之破东京，一边是仗着阿骨打的努力前进，但是一边也仗着吴乞买的努力支持。宪宗皇帝对于四川的进攻，一边是仗着自己的威力，一边也仗着同母弟忽必烈的威慑襄樊，截断南宋东西两方的联系，以便自己能在四川极力吞噬。现在宪宗一死，忽必烈在襄樊孤掌难鸣，而且还有不少的叔伯和从兄弟，每个人都有相当的威势和相当的兵力，而这些威势和兵力又可能转化为政治野心。现在宪宗皇帝死了。但是他的一死并不能保证忽必烈的继承权，只要是成吉思汗的后人，谁都可以指望这份遗产或是遗产的一部分。

忽必烈是一个英明的统治者，宪宗在时，他是努力工作，同时他也是谨慎小心。他知道必须努力才能保证蒙古的胜利，同时他也知道倘若不是谨慎小心，也可能来个变生意外，所以他实在是一个适应各方的人才。他对于自己的地位也是谨慎小心。宪宗给他的任务是节度襄樊兵马。一切从临安或武汉来的宋军，他都有抗御或阻止的责任，因此他负有军事的重任，但是他又不能不把自己的军事声望降低一些，因为提高一步便威胁到宪宗的声望。虽说他们是同胞的兄弟，但是同胞兄弟的声望威胁到自己，亲兄弟不是没有发生衅隙的可能。及至宪宗死了，凡是成吉思汗的子孙都要去参加忽里勒台大会。在那个情况下，是由自己统治或是各自采取合适的方向分道扬镳，都有可能。所幸忽必烈依靠自己的精明和谋士们的协助，取得了汗位。他认清自己下一步的任务是在南宋，特别在襄樊方面。大元帝国的基础是稳定了，虽然还得准备几场苦战。

忽必烈也就是后来的元世祖，他的前途是看到了，可是元好问的前途却不是这样。

蒙古兵围汴京，金哀宗北渡，与蒙古鏖战归德间，在归降蒙古的将帅中，最强者为严实，其次则为张柔。严实以真定为后方，张柔以顺定为后方，在蒙古兵入中原后，这两人都出了最大的力，为蒙古兵作为前驱。不幸的是严实的才干比较外露，因此在上结蒙古方面究竟比张柔落后一步，及至严实一死，蒙古执政者决不愿意留一个地位比较强大的汉军，于是按计划把他的根据地加以割裂。嗣子严忠济虽然保留了一小部分，但是忠济的才能，比严实差远了，对于蒙古人的统治，他的贡献也就差远了，所以在宋亡时，他并没有出色的表现。相反地，在这一些强者之中，张柔的地盘较小，兵力较弱，因此他也比较安全。由于他对于蒙古最卖力，因此在金灭以后，他便担起扰乱江淮的责任。最后灭宋之后，他后人的成就也最大。在崖山之东，宋人的兵力曾经作过一次高度的集中，和蒙古（那时已经改称为元）的兵力作过最后一次的较量，其结果是宋人失败了。失败以后，宋室诸人，从皇帝到宰相、大将以及所有士兵全部投海报国，这比古代英勇的迦太基在失败以后，士兵人民全部投海还要伟大到一百倍。这次战争的胜利者是元将张弘范，就是张柔的儿子。张弘范在崖山立石纪功，自称"张弘范灭宋于此"。有人在张字前面加了一个"宋"字，这是一种贬斥，一种入骨的讽刺，但是却错了，因为张弘范的前面是不配加上"宋"字的。

在这段时期内，元好问在哪里？好问是看到蒙古破灭大理的。宪宗七年九月，他从东平准备回秀容，九月四日卒于获鹿（今河北鹿泉）寓舍，享年六十七岁。千古诗人，经历金、蒙古两个时代，终于在寓舍里结束了他的生命。